일본 백제계
지명과 신사

2

일본은
왜
한국역사에
집착하는가

일본 백제계
지명과 신사

2

홍성화 교수의
한일유적답사기

홍성화 지음

일본은
왜
한국역사에
집착하는가

시여비

들어가며

"일본이 왜 한국역사에 집착하는가라는 물음에 대한
가장 원초적이면서 기초적인 내용이다."

작년 봄, 『일본은 왜 한국역사에 집착하는가』를 출판하고는 1년여 시간이 지났다. 당시 후쿠시마 오염수 방류 문제 등으로 일본과의 관계가 썩 좋지 않았을 시기였기 때문인지 예약 판매부터 베스트셀러에 오르는 기염을 토하기도 했다.

이 책에서 나는 현재 나타나고 있는 한일 관계의 불신이 비단 근현대사의 문제만이 아닌 고대사에 대한 문제로부터 시작되었다고 역설한 바 있다. 때문에 우리가 문제 해결을 하려면 고대의 역사에서부터 관심을 가져야 할 것이고 애당초 고대부터 잘못된 일본의 인식을 고쳐나가는 것이 논의의 출발점이 되어야 한다고 강변하였다.

오랫동안 일본을 답사하면서 틈틈이 글을 쓰고 사진을 찍었던 내용을 통사적 의식의 흐름 속에서 다루어본 것이지만, 일본과의 관계가 악화일로에 있을 때 주목받게 된다는 사실이 씁쓸하게 다가오며 안타까움을 자아내기도 한다. 그러한 측면에서 보면 오히려 독자들로부터 과분한 사랑을 받았다는 느낌이다.

그럼에도 불구하고 지금 내가 일본 열도를 종횡무진 돌아다니고 있는 이유는 사람들에 대한 상념 때문이다. 오래전 자의건 타의건 간에 이 땅을 떠나 일본 열도에 정착했던 이들에 대한 생각이 좀체 가시질 않는다.

2017년경 충청남도역사문화연구원에서 『일본 속의 백제』라는 책자를 만든다고 하여 자문위원으로 참여한 적이 있었다. 당시 충청남도역사문화연구원에서는 국내, 일본의 학자를 포괄하여 일본 내 백제계 유물, 유적을 종합적으로 정리하고자 하는 야심 찬 기획을 하고 있던 터였다.

백제계 유물, 유적에 대한 정리이니만큼 당시에 거론되었던 대부분의 자료가 고고학과 관련된 내용이었다. 하지만, 나는 논의를 하는 와중에 이 책자 안에 고고학 자료뿐만 아니라 문헌학의 입장에서 조명할 수 있는 자료도 넣을 수 있겠다는 생각을 했다. 그것은 고대 일본 열도로 건너갔던 백제계 도왜인(渡倭人) 씨족에 대한 계보와 그들의 흔적에 관한 것이었다.

과거 백제로부터 많은 이들이 일본 열도로 건너갔지만, 백제가 멸망한 이후 이들은 일본인으로 편입되어 그 후손들은 현재 일본인으로 살아가고 있다. 그러다 보니 씨족의 계보가 흐트러져서 원래 백제인이었음에도 불구하고 일본인화되었기에 백제의 정체성을 찾을 수 없게 된 경우가 많다.

일본의 사서가 일본 중심주의적으로 왜곡·윤색된 것도 어찌 보면 한반도계 도왜인들이 일본인화되는 과정에서 일어났던 일이다. 그렇기 때문에 한일 역사 문제의 실타래를 푸는 데 있어서 백제계 도왜인에 대한 조사는 필수적일 수밖에 없다.

주지하다시피 일본에는 많은 신사(神社)가 자리하고 있고, 그중에는 한반도 도왜계 씨족의 신을 모시는 신사도 상당수 존재하고 있다. 이들 신사를 돌아다니다 보면 도왜인의 자취뿐만 아니라 시간의 흐름 속에서 변용되어 가는 도왜계 씨족의 모습을 확인할 수 있다. 또한 일본 열도에 남겨진 지명을 찾아가다 보면 도왜계 씨족의 터전과 이동 경로를 확인할 수 있는 경우도 다수 목격된다.

그래서 이번에는 일본이 왜 한국역사에 집착하는가라는 물음에 대해 가장 원초적이면서 기초적인 자료라고 할 수 있는 일본 속 백제계 씨족에 대한 내용을 두 번째 이야기로 정리해보았다.

일본에는 고대 씨족의 계보를 정리해 놓은 『신찬성씨록(新撰姓氏錄)』이라는 책이 있다. 815년 편찬된 『신찬성씨록』은 교토와 기나이에 사는 1,182씨족을 그 출신에 따라 황별(皇別), 신별(神別), 제번(諸蕃)으로 분류하여 그 조상을 밝히고 씨명(氏名)의 유래를 밝힌 책이다. 이 책에는 한반도 도왜인과 관련된 내용도 다수 실려 있지만, 일본인으로 변용되어 감추어진 씨족도 발견된다. 따라서 일반인에게는 다소 복잡하기도 하고 생소하게 느껴지는 책일 수 있을 것이다. 그렇기에 복잡다단한 씨족 계보에 대해 일본 열도를 여행하면서 톺아볼 수 있는 기회가 된다고 하면 조금은 쉽게 다가갈 수 있지 않을까? 그런 의미에서 이 책은 가히 『답사로 보는 신찬성씨록』이라고 할 수 있을 것이다.

이번에 출간하는 책은 긴키 지역, 규슈 지역, 혼슈 지역을 3년에 걸쳐 정리한 『일본 속의 백제』에 실렸던 글을 수정하고 또 빠진 부분들은 새로이 보완하면서 모은 것이다. 그렇기에 이 책이 나오기까지 충청남도역사문화연구원 박재용 실장님으로부터 많은 도움을 받았다. 특별히 감사의 말씀을 드린다. 또한 박지현 선생님과 최은영 선생님께도 감사를 표한다.

그리고 이 자리를 빌려 일본 열도를 답사하면서 도움을 받았던 야토오시이우코상과 전 히라카타교육위원회의 오타케 히로유키상께도 심심한 감사의 말씀을 드린다. 또한 1권에 이어 두 번째 책의 출판을 위해 힘써주신 시여

비의 곽유찬 대표님께도 감사를 표한다.

최근 들어 우리나라 사람들이 부쩍 많이 찾는 일본이지만, 과연 우리가 일본에서 무엇을 볼 것인가에 대한 물음은 계속된다. 이러한 때에 일본 열도 안에 스며 있는 우리 선인(先人)들에 대한 이야기를 찾아갈 필요가 있다고 생각한다. 비록 지워지고 바래진 그들의 행적을 좇아가는 일이 쉽지는 않지만, 그래도 길을 떠나면서 과거 선인들의 이야기를 떠올리다 보면 혼자만의 여행이 결코 외롭지는 않다는 것을 느끼게 된다.

두 번째 책을 내면서 고민이 많았다. 무엇보다도 답사하면서 조사한 내용을 정리한 글이다 보니 서술 방식에서부터 다소 딱딱하고 무미건조할 수 있기 때문이다. 그러한 참에 예성문화연구회 회원들과 일본을 방문하여 찍은 동영상이 있어 이를 일부 활용해보기로 했다. 책 안에 큐알 코드를 넣어 현장감을 살리고 답사의 묘미를 살려봄으로써 조금이나마 무료함을 달래보고자 했다. 촬영을 해주신 박종근 선생님께 감사드린다.

또한 일본과 관련된 용어와 지명이 낯선 독자들을 위해 각 장마다 해설과 지도 등을 곁들였고 책 말미에는 관련 사료를 수록하였다.

무엇보다도 역사를 공부하는 연구자로서 우리의 고대사 문헌 사료가 부족한 상황에서 일본의 사료에 대한 면밀한 분석이 이루어질 필요가 있다고 생각한다. 일본 사료에 대한 해석이 제대로 이루어지지 못해 고대의 역사상이 잘못 기술되고 있는 경우를 왕왕 목격하고 있기 때문이다. 그러한 측면에서 일본 속 백제계 지명과 신사에 대한 정리는 고대사를 공부하고자 하는 연구자라면 우선적으로 참조해야 할 것으로 생각한다.

2024년 5월, 충주의 면곡서재(勉谷書齋)에서

저자 홍성화

목차

1장
긴키近畿 지방

도왜계 씨족의 관문, 오사카부(大阪府)

　서일본(西日本)의 관문이라고 할 수 있는 오사카(大阪)는 연일 수 많은 사람들로 박작댔다. 현재 도쿄(東京) 인근 가나가와현(神奈川縣)의 인구가 오사카부(大阪府)의 인구를 제쳤다고는 하지만, 그래도 오사카는 서일본 지역 상업 및 산업의 중심도시일 뿐만 아니라 문화의 터전으로서 도쿄 다음 가는 위치를 아직도 유지하고 있는 듯했다.

　오사카 시내를 돌아다니다 보면 하천의 물길이 자주 목격된다. 본래 오사카는 비와호(琵琶湖)에서 흐르는 요도천(淀川)이나 야마토천(大和川)의 하천들이 오사카만으로 흘러 들어가는 삼각주 위에 만들어진 도시였다. 하천의 파도가 빠르다는 뜻에서 고대에는 '나니와(浪速, 難波)'라고도 불렸다.

　본격적인 도시화는 7세기 나니와궁(難波宮)이 건설되면서 시작되었다. 야마토 정권은 2차례에 걸쳐 오사카에 도읍을 둔 적이 있었는데, 이는 한반도로부터 선진 문물을 받는 주요 거점이었기 때문이다. 이처럼 일찍부터 해외의 관문 역할을 하였기 때문에 오사카에는 일본 열도로 이동했던 백제인들의 발자취가 곳곳에 서려 있다.

나니와궁 유적   오사카성

오사카를 현재의 도시로 만든 것은 임진왜란을 일으켰던 도요토미 히데요시(豊臣秀吉, 1537년~1598년)이다. 그가 오사카성(大阪城)을 축성하면서 시가지를 개발했고 하천 정비 작업을 통해 물자의 수송이 활발해지면서부터 오사카는 상업의 중심지로 발달할 수 있었다.

조선 후기에는 통신사(通信使) 일행들이 세토내해(瀬戸內海)를 따라 이동하다가 일본 내륙 깊숙이 들어오기 시작했던 것도 오사카부터였다. 기존에 타고 왔던 조선의 선박을 오사카의 요도천 입구에 정박시키고 일본 측 선박으로 갈아타고 이동했다. 그러고는 교토(京都)에 이르러 육로를 통해 에도(江戸, 도쿄)까지 발길을 옮겼다.

오사카는 지금도 재일(在日)한국인이 많이 거주하고 있는 곳이기도 하며, 한국인 관광객이 많이 찾는 곳이다. 이처럼 우리와 여러 가지로 인연이 많은 오사카에서 우리나라에서는 이미 사라져버린 '백제'라는 명칭을 마주하게 된다면 어떤 느낌일까? 실제 오사카 시내의 이쿠노구(生野區), 히가시스미요시구(東住吉區) 일대를 둘러보면 백제라는 명칭을 다수 목격할 수 있다.

거리의 이름도 백제(百濟, 구다라)이며 부근 화물열차 역도 JR 백제역이다. 뿐만 아니라 오사카시립남백제소학교(大阪市立南百濟小學校), 백제대교, 흐르고 있는 개울의 이름도 백제천이다.

일찍이 백제가 존속하고 있을 때도 많은 백제인들이 선진 문물을 전파하며 오사카로 건너와 정착을 시작했지만, 나당연합군에 의해 백제가 멸망하게 되자 많은 유민들이 망명해서 터전을 일구게 된다.

백제는 660년 사비성의 함락으로 끝난 것이 아니었다. 당시 일본에 있던 부여풍(扶餘豊)이 백제로 돌아와 풍왕(豊王)으로 등극하면서 싸움을 계속하게 된다. 결국 663년 8월, 왜(倭)의 군선이 백제와 합세하여 나당연합군과 결전을 벌이는 동아시아 최초의 국제전, 즉 백강구(백촌강) 전투가 벌어지게 된다. 이 싸움에서 백제의 주류성이 무너지고 400여 척의 선박이 불에 타 침몰하면서 백제라는 이름은 사라지게 되었다. 이후 나라를 잃은 백제 유민들은 한반도를 떠나 일본 열도에 정착하게 되었고 이들이 왜국에서 율령국가를 완성하는 기틀을 닦게 된다.

백제가 멸망하자 왜국에 체류하고 있던 의자왕의 왕자 선광(禪廣, 善光)은 그대로 왜에 망명하는 처지가 되었다. 일본의 고대사서인 『일본서기(日本書紀)』에는 664년 백제 선광 등이 나니와에 정착했다는 기록이 있으며 이후 그 일족은 백제왕(百濟王)이라는 성(姓)을 받게 된다.

결국 오사카에는 백제군(百濟郡)이라는 행정구역까지 설치된다. 기록상 백제군의 명칭은 833년까지 나타나고 있는데, 백제라는 명칭이 남게 된 것은 대개 백제왕씨와 관련이 있다. 따라서 백제니사(百濟尼寺) 및 백제사(百濟寺)의 존재도 확인이 된다.

그뿐만 아니라 오사카에는 우리에게 논어와 천자문을 왜국에 전해준 것으로 잘 알려진 왕인(王仁) 박사와 관련된 신사(神社)와 지명을 확인할 수 있

백제 지명이 붙은 거리   백제역

다. 왕인의 후손이라고 하는 교키(行基)의 흔적도 남아 있어 다카이시시(高石
市)라는 명칭 또한 교키의 씨족인 다카시씨(高志氏)로부터 나온 것이다. 지금
도 다카시씨를 제사 지내는 다카이시신사(高石神社)가 자리하고 있다.

특히 오사카 지역에서 고대 한반도인의 행보와 관련해서 주목되는 것은 당
시 일본의 중심지였던 나라(奈良)의 야마토 지역과 연결되는 경로상에서 백
제인들의 흔적을 다수 발견할 수 있다는 사실이다. 대체로 현재 오사카의 히
라노구(平野區)에서 동남부 축을 따라가다가 다케우치노가이도(竹內街道)를
통해 나라(奈良) 지역으로 이동하는 코스이다.

가시와라시(栢原市)에는 백제계 다나베씨(田邊氏)와 관련이 있는 하카타히코
(伯太彦)·하카타히메신사(伯太姬神社) 및 다나베씨의 씨사(氏寺)에 해당하는 다
나베폐사(田邊廢寺) 유적 등이 있다. 또한 하비키노시(羽曳野市)와 후지이데라
시(藤井寺市)에는 백제 귀수왕(貴須王, 근구수왕)의 자손인 후지이씨(葛井氏), 후나

백제니사 사이쿠다니 유적　　　　　　　　백제니사 명문 토기

씨(船氏), 쓰씨(津氏)가 후지이데라(葛井寺), 가라쿠니신사(辛國神社), 오쓰신사(大津神社) 등지에 그들의 흔적을 남기고 있다.

　백제 속고대왕(速古大王, 근초고왕)의 후예인 니시고리씨(錦部氏) 일족이 정착했던 니시고리(錦部) 지역에는 니시고리신사(錦織神社)가 전해오며, 백제 개로왕의 아우로서 왜국에 왔던 곤지(昆支)의 경우도 그의 후손들이 정착했던 가와치아스카(河內飛鳥) 지역에 아스카베신사(飛鳥戶神社)를 남기고 있다.

　이처럼 오사카 일원은 고대 백제인들이 야마토 지역으로 들어가기 전에 제일 처음으로 머물렀던 곳이었기에 일본 열도 어느 곳보다도 백제와 관련된 지명 및 백제계통의 인물을 제신(祭神)으로 한 신사가 많이 남아 있는 상황이다.

1) 백제군(百濟郡)

　오사카시(大阪市) 덴노지구(天王寺區) 남동부와 이쿠노구(生野區) 서부, 히가시스미요시(東住吉區) 북부 일원에 가면 '백제'라는 이름이 곳곳에 남아 있다. 이 지역 일대는 과거 백제군(百濟郡)이 설치되었던 지역으로 판단되는 곳이다.

　백제군과 관련해서는 헤이죠경(平城京) 나가야왕저(長屋王邸) 출토 목간(木簡)에 '百濟郡南里車長百濟部若末呂'라는 기록에서 처음 보인다. 이는 함께 출토된 목간의 연대로부터 뒷면의 '元年'이 레이키(靈龜) 원년임을 확인할 수 있어 최소한 715년에는 백제군이 존재하고 있었다는 사실을 알 수 있다.

　당시 백제군이라는 지명은 대체로 백제왕씨(百濟王氏)와 관련 있는 것으로 보고 있다. 백제멸망 후 백제의 유민들이 일본 열도로 건너왔고 또한 왜국에 체류하고 있던 백제의 왕자 선광(善光)은 그대로 왜에 망명하는 처지가 되었다. 『일본서기』에는 664년 선광 등이 나니와에 정착했다는 기록이 있으며 이후 그 일족은 중앙귀족이 되어 백제왕이라는 성(姓)을 받게 된다.

　1990년대 이래 이 지역에 대한 발굴조사가 진행되면서 덴노지구 사이쿠다니(細工谷) 유적에서 '백제니(百濟尼)', '니사(尼寺)'라는 묵서명으로부터 '백제니사'의 존재를 확인하게 되었고 백제왕씨의 씨사였던 백제사로 추정되는 인근 도가시바폐사(堂ヶ芝廢寺)도 주목받게 되었다. 발굴조사 결과 백제왕씨의 망명 이전인 7세기 전반에 사이쿠다니 유적에 절터가 있었음이 밝혀졌고, 이는 부근에 중문, 탑, 금당, 강당이 일직선으로 이어진 백제식 가람배치의 시텐노사(四天王寺)와 함께 오래전부터 백제계 도왜씨족(渡倭氏族)이 자리를 잡고 있었던 지역임을 확인할 수 있게 되었다.

　따라서 백제군의 성립 시기는 선광이 정착하기 이전, 백제사의 존재와 함

시텐노사

백제대교

오사카시립남백제소학교

께 649년에 있었던 평제(評制)의 시행을 계기로 하여 백제평(百濟評)이 설립된 것으로 추정하고 있다. 이후 백제왕 경복(敬福)이 백제군을 히라카타(枚方)의 가타노(交野)란 곳으로 옮겼고 백제군의 명칭은 833년까지 보이다가 그 후 기록상으로 볼 수 없게 된다.

1889년 정촌제(町村制) 시행으로 북백제촌(北百濟村), 남백제촌(南百濟村)이 발족되었다가 1925년 다른 지역으로 편입되면서 없어졌지만, 현재 이 지역 일대에는 아직도 백제대교, 화물열차 역인 JR 백제역, 오사카시립남백제소학교 등의 이름이 남아 있다.

》》》 관련사료 1, 2

2) 다카아이정(鷹合町)의 주군총(酒君塚)

오사카시 히가시스미요시구 다카아이정(鷹合町)에는 백제의 왕족이라고 하는 주군(酒君)의 무덤이 전하고 있다.

주군은 『일본서기』 닌토쿠(仁德) 41년조에 주군이 무례하게 행동하였으므로 일본에 보내졌다는 기록이 있으며 43년조에는 그동안 일본에서 보지 못하였던 매를 길들였던 인물로 등장하고 있다.

고대 일본 씨족의 계보를 적고 있는 『신찬성씨록(新撰姓氏錄)』에는 오사카베(刑部), 백제공(百濟公), 무토베노무라지(六人部連) 등의 성씨(姓氏)가 '백제국 주왕(酒王)'으로부터 나왔다'고 되어 있어 이를 통해 주군의 일면을 참고할 수 있을 뿐이다.

일단 왜국으로 건너갔던 후속 기사에서 주군이 백제계 도왜인인 이시카와(石川)의 니시고리노오비노코로시(錦織首許呂斯)의 집에 숨었다가 의지하여 살고 싶다고 했던 기록이라든지, 이후 매사냥과 관련하여 왜왕과 함께 등장하는 기사 등을 통해 보면, 주군이 왜국으로 망명했거나 쫓겨 왔던 정황이 있는 것으로 판단된다. 만약 5세기 초에 있었던 비유왕의 정변으로 인해 왜국으로 건너왔다고 한다면 전지왕의 왕비인 팔수부인의 또 다른 아들로서 비유왕의 등극 이후에 왜국으로 도피했던 인물로 추정할 수 있을 것이다.

다만, 백제의 왕족이 왜국으로 건너갔던 기록은 『일본서기』 오우진(應神) 39년조에 백제 직지왕(直支王, 전지왕)의 누이 신제도원(新齊都媛), 유랴쿠(雄略) 2년조에 적계여랑(適稽女郎), 5년조에 개로왕(蓋鹵王)의 동생 곤지(昆支) 등에서 끊이지 않고 나타나고 있기 때문에 주군이 무례했다고 하는 것은 『일본서기』 찬자에 의한 윤색에 불과할 것이다.

주군총

왜왕은 매사냥에 몰입하여 사냥매를 전문
적으로 사육시키는 제도를 만들었다. 그것
이 다카이베(鷹甘部)이며 지금 주군총이 있
는 다카아이라는 지명의 기원이 된다. 『일본
서기』에는 다카카이읍(鷹甘邑)으로 나타나며
이 일대는 남백제촌이었던 곳이다.

에도(江戶) 시대 지리서인 『셋쓰지(攝津志)』에
무덤이 있었던 것으로 씌어 있어 주군의 무
덤으로 추정하고 있다. 하지만, 발굴 이후 현
재는 주택가로 둘려 있는 공원에 자연석으
로 비석만이 놓여 있는 상태이다.

>>> **관련사료** 3, 4, 18

다카아이정

3) 다나베촌(田邊村)의 야마사카신사(山坂神社[田邊神社])

야마사카신사(山坂神社)는 본래 다나베촌(田邊村)으로 부르는 곳에 자리하고 있었기 때문에 별칭 다나베신사(田邊神社)라고도 한다. 다나베촌은 옛 백제군 남백제향이 있었던 곳으로 이 일대에 다나베씨(田邊氏) 일족이 자리하고 있었다. 신사의 창건 연대는 알 수 없지만, 다나베씨가 이 땅에 조상신인 아메노호히노미코토(天穂日命)를 제사 지냈던 것으로 전하며 다나베씨의 조상신을 모셨던 신사로 생각하고 있다.

『신찬성씨록』에는 다나베씨가 가미쓰케노씨(上毛野氏)와 동족으로 또는 한왕(漢王)의 자손인 지총(知惣)의 후손으로 기록되어 있다. 하지만, 『신찬성씨록』과 동시대의 기록인 『고닌사기(弘仁私記)』 서(序)에는 다나베씨가 가미쓰케노공(上毛野公)과 함께 백제로부터 건너온 도왜인(渡倭人)인 것으로 기록하고 있다. 지총에 대해서는 백제 귀수왕(貴須王)의 손자로 진손왕(辰孫王)이라는 인물이 등장하는데, 진손왕의 다른 이름인 지종(知宗)을 가리키는 것으로 보는 견해가 있다. 다나베씨 일족은 현재 오사카의 하비키노시(羽曳野市) 일대에 있는 아스카베(飛鳥戸) 지역에도 번성하여 그곳에도 많은 전설과 유적을 남기고 있다. 　　　　　　　　　　　　　　　　　　　　　 **〉〉〉 관련사료 5, 6**

야마사카신사 입구

야마사카신사 내부

4) 구마타신사(杭全神社)

　오사카시 히라노(平野) 일대는 헤이안(平安) 시대 초기 정이대장군(征夷大將軍)
이었던 사카노우에노타무라마로(坂上田村麻呂)가 도호쿠(東北) 지방을 정벌했
던 공으로 인해 그의 자손들이 조정으로부터 사여받았던 지역이다. 이곳에
자리한 구마타신사(杭全神社)는 사카노우에노타무라마로의 손자인 마사미
치(當道)가 조상신을 모시기 위해 창건했다고 전한다. 사카노우에씨(坂上氏)의
후손들이 대대로 장원(莊園)을 소유하면서 히라노향(平野鄕)의 씨신(氏神)을 모
셨던 신사로 알려져 있다.

　『신찬성씨록』에는 사카노우에씨의 조상에 대해 사카노우에노오스쿠네(坂
上大宿禰)가 후한(後漢) 영제(靈帝)의 후예로 기록되어 있다. 『속일본기(續日本紀)』
등에는 사카노우에씨가 후한 영제의 증손인 아지왕(阿智王)으로부터 나왔다
고 되어있다. 아지왕은 『일본서기』 오우진(應神) 20년(409년)에 아들인 도가사
주(都加使主)와 함께 17현을 거느리고 일본으로 건너왔다는 아지사주(阿知使
主)와 동일인물이다. 『일본서기』에서는 아지사주를 야마토노아야노아타이
(倭漢直)의 선조로 기록하고 있다. 야마토노아야씨(倭漢氏 혹은 東漢氏)가 후한
의 황제에 뿌리를 둔 씨족인 것처럼 되어 있는 것은 나라(奈良) 시대에 들어와
중국계를 참칭했던 것으로, 실제로는 한반도에서 건너간 씨족으로 보고 있
는 것이 학계의 정설이다.

　야마토노아야씨는 가와치노후미씨(西文氏)의 선조인 왕인(王仁)과 비슷한
시기에 백제로부터 건너왔으며 소가씨(蘇我氏)의 휘하에 있으면서 직물을 생
산하는 수공업자 집단의 기술자 등 이마키노아야히토(今來漢人)로 칭해지는
한반도 이주민을 거느렸다. 또한 나라의 히노쿠마(檜隈) 부근에 집중적으로

거주하고 있었던 것으로 보아 백제계로 보는 것이 타당하다.

구마타신사 입구

구마타신사

>>> **관련사료** 7, 8, 9

5) 구라쓰쿠리(鞍作)

오사카시 히라노구(平野區)에는 가미구라쓰쿠리(加
美鞍作)라는 지명이 있다. 원래 이곳은 고대 호족 구
라쓰쿠리씨(鞍作氏)가 거주하고 있었던 지역이었는
데, 현재는 이들 씨족의 씨사(氏寺)라고 할 수 있는 구
라쓰쿠리사(鞍作寺)가 폐사지로 남아 있다. 경내에는

구라쓰쿠리사

초석이 발견되고 있으며 아스카(飛鳥) 시대의 수막새
가 출토되기도 했다. 구라쓰쿠리사는 시바닷토(司馬
達等)의 딸로서 일본 최초의 여승이 된 젠신니(善信尼)
에 의해 창건되었다고 전해진다.

구라쓰쿠리씨와 관련해서는 『일본서기』 유랴쿠(雄
略) 7년조에 백제로부터 건너온 이마키노아야히토(今
來漢人) 중에 구라쓰쿠리노겐키(鞍部堅貴)가 보이며, 『부
상략기(扶桑略記)』 요메이(用明) 2년조에는 구라쓰쿠리
노다수나(鞍部多須奈)가 백제 불공(佛工)으로 나온다. 또
한 『신찬성씨록』 일문(逸文)에는 야마토노아야씨(東漢

구라쓰쿠리공원

氏)의 조상인 아지사주(阿智使主)와 동향(同鄉)의 사람들로서 닌토쿠(仁德) 시기에
일본으로 건너왔던 사람들의 자손으로 칭하는 촌주가 등장하는데, 이들 성씨
(姓氏) 중에 구라쓰쿠리노스구리(鞍作村主)가 보인다. 이러한 기록을 통해 구라
쓰쿠리씨는 백제계 도왜인인 것으로 판단되며 시바닷토와 그의 아들인 다수
나, 손자 도리(止利)는 대표적인 인물이다. 특히, 도리는 호류사(法隆寺)의 금당(金
堂) 석가삼존상의 광배에 씌어 있는 '司馬鞍首止利佛師'의 당사자로서 아스카
사(飛鳥寺)의 석가여래좌상의 제작자로도 알려져 있다. **》》 관련사료** 9, 10, 11

6) 오닌(大仁)의 왕인신사(王仁神社)

　　오사카시 오요도(大淀)의 오닌(大仁)이라는 곳에는 야사카신사(八坂神社)가 자리하고 있다. 신사 내에는 한 그루의 소나무가 서 있는데, 이를 신격화하여 일본송명신(一本松明神)으로 모시고 있다. 그런데, 예로부터 이 소나무를 두고 왕인을 제사 지냈기 때문에 왕인대명신(王仁大明神)으로도 불렀다고 한다. 이후 소나무 밑에서 석관이 발굴되자 이를 왕인총(王仁塚)이라 주장하는 이들이 생기게 되었다.

　　왕인은 『고사기(古事記)』와 『일본서기』에 의하면 오우진 때에 백제로부터 건너와 논어나 천자문을 전하고 태자인 우지노와키이라쓰코(菟道稚郎子)의 스승이 되었다는 인물이다. 신사가 위치한 오닌(大仁)이라는 지명도 왕인(王仁)을 음독(音讀)한 '와니'가 변한 것이라고도 한다.　　**》》》 관련사료** 12, 13

왕인신사

7) 오요사미신사(大依羅神社)

오사카시 스미요시구(住吉區)에 위치한 오요사미신사(大依羅神社)는 헤이안 (平安) 시대에 조정으로부터 중요시되는 신사가 기재된 『엔기식(延喜式)』 신명 장(神名帳)에 보이는 오래된 신사이다. 이 지역 호족이었던 요사미씨(依羅氏, 依 網氏) 일족이 조상신을 모시기 위해 건립했던 것으로 알려져 있다.

요사미씨와 관련해서는 『일본서기』에서 진구(神功)가 신라를 정벌하기 위 해 스미요시(住吉) 3신(神)에게 제사를 지냈을 때에 제주(祭主) 역할을 했던 인 물로 요사미노아비코오타루미(依網吾彦男垂見)가 나온다. 그래서 현재 오요사 미신사의 경내에는 진구와 관련된 제신(祭神)을 별도로 두고 있다. 하지만, 진 구의 신라 정벌은 전설에 불과한 것이며 진구 또한 『일본서기』 찬자에 의한 허구적인 인물로서 이를 역사적 사실로 보기는 어렵다.

요사미씨에 대해서 『고사기』에는 가이카(開化)의 후손으로 되어 있고 『신찬 성씨록』 좌경(左京) 신별(神別)에는 니기하야히노미코토(饒速日命)의 후손으로 기록되어 있다. 하지만, 『신찬성씨록』 가와치국(河內國) 제번(諸蕃)에는 백제국 사람 소네지야마미내군(素禰志夜麻美乃君)으로부터 나온 것으로 기재하고 있 다. 요사미씨가 이름뿐인 전승상의 천황이나 신의 후손이라는 기록은 일본 의 계보와 연결시키기 위한 작위적인 서술로서 본래는 『신찬성씨록』 가와치 국 제번에 나오는 것처럼 백제로부터 건너왔던 도왜씨족으로 보는 것이 타 당할 것이다.

『일본서기』에는 과거 요사미 지역에 연못을 조성하고 천황의 직할지인 미 야케(屯倉)를 만들었던 것으로 기록하고 있다. 하지만, 이 지역에서는 오히려 백제계 인물들의 활동이 여럿 보이고 있기 때문에 천황 직할지 운운하는 표

오요사미신사

현은 후에 억지로 끌어다 붙인 말에 불과한 것으로 판단된다. 요사미 지역에서는 아비코(阿弭古)가 매를 사육했다는 기록과 왜국에 망명했던 교기(翹岐)가 사냥을 했다는 기록 등이 있다.

》》》 관련사료 4, 14 15

8) 아마미코소신사(阿麻美許曾神社)

오사카시 히가시스미요시구에서 마쓰바라시(松原市) 방면으로 야마토천을 건너면 숲이 울창한 지대에 아마미코소신사(阿麻美許曾神社)가 자리하고 있다. 신사는 『엔기식』 신명장에 기재된 오래된 신사이지만, 제신(祭神)에 대해 알려진 바는 없다. 아마미코소라는 이름은 현재 마쓰바라시의 아마미(天美)라는 지명의 기원으로 짐작되기 때문에 본래 이 지역에 자리를 잡고 있었던 씨족을 제신으로 했던 것으로 추정된다.

그런데, 고소(許曾)라는 명칭은 한반도 계통의 씨족에서 많이 보이는 것인 데다가 7~8세기경 아마미 지구는 요사미향(依羅郷)으로 불렸기 때문에 아마미코소신사는 요사미씨(依羅氏)와의 관련성이 두드러진다. 『신찬성씨록』에는 요사미씨가 백제국인 소녜지야마미내군(素禰志夜麻美乃君)으로부터 나온 것으로 되어 있다. 소녜지야마미내군의 야마미(夜麻美)가 아마미(阿麻美)로 바뀌어 현재의 이름으로 정착된 것으로 추정된다. 신사 경내에는 승려 교키(行基)가 거주하였다는 전승에 따라 관련 비(碑)가 세워져 있기도 하다. 나라 시대 승려였던 교키는 백제계 도왜인인 다카시(古志) 씨족으로 알려져 있기 때문에 아마미코소가 자리한 지역과 모종의 관련이 있을 것으로 추정하기도 한다. 》》 관련사료 14, 21

아마미코소 신사

9) 누노세신사(布忍神社)

아마미코소신사에서 남쪽 마쓰바라시 부근으로 2킬로미터를 이동하여 붉은색의 다리를 건너면 누노세신사(布忍神社)가 보인다. 창건 연대는 불명확하지만, 북쪽 아마미코소신사에서부터 백포(白布)를 깔고 스사노오노미코토(素戔鳴命)라는 신을 맞이했기 때문에 신사의 이름을 누노세(布忍)로 했으며 마을의 이름을 무카이(向井)라 부르게 되었다고 전한다. 그런데, 『신찬성씨록』에는 누노시노오비토(布忍首)가 다케우치노스쿠네(武內宿禰)의 후예로 기재되어 있다. 통상 다케우치노스쿠네에 대해서는 실재하지 않는 인물로 보고 있기 때문에 그들의 후예 또한 전승상의 인물로 치부되고 있다.

흥미로운 것은 『고사기』 고겐단(孝元段)에 다케우치노스쿠네의 아들로 기씨(紀氏), 하타씨(波多氏), 소가씨(蘇我氏) 등이 등장하고 있는데, 이들 씨족은 대체적으로 백제계통의 도왜인으로 추정된다는 사실이다. 실제로는 백제로부터 건너온 씨족이었는데, 후대에 일본인화하기 위해 다케우치노스쿠네라는 가상의 인물을 설정하여 작위적으로 계보를 윤색했던 것으로 판단된다.

누노세신사

》》》 관련사료 16, 17

왕인성당지   사이린사

10) 왕인 성당(聖堂)

마쓰바라시의 오카정(岡町)에 가면 세이토지(淸堂池)라고 하는 연못이 있다. 이 연못의 일부 돌출된 곳에는 작은 신사가 세워져 있는데, 이곳에 과거 백제의 왕인 박사가 많은 사람들에게 학문을 전파했던 성당(聖堂)이 있었다고 전승된다. 현재는 빈곤에서 벗어나게 해준다고 하는 재물의 신 벤자이텐(弁財天)을 제사지내고 있다.

『일본서기』에는 오우진 15년(405년) 왕인 박사가 백제로부터 왜국에 와서 태자인 우지노와키이라쓰코의 스승이 되었다고 적고 있다. 또한 『고사기』에서는 왕인을 화이길사(和邇吉師)라고 쓰고 논어 10권, 천자문 1권을 전하였다고 기록하고 있다.

왕인 박사의 후예는 가와치노후미씨(西文氏)로서 문필을 전문으로 하는 씨족으로 알려져 있다. 가와치노후미씨의 본거지는 현재의 하비키노시(羽曳野市) 후루이치(古市) 주변으로, 씨사(氏寺)였던 사이린사(西琳寺)가 남아 있다.

>>> 관련사료 12, 13

다이센고분   백제천

11) 모즈(百舌鳥) 백제촌(百濟村)과 스에무라(陶邑)

오사카의 사카이시(堺市)에는 세계에서 가장 큰 다이센고분(大仙古墳)을 비롯한 다수의 전방후원분(前方後圓墳)이 모즈고분군(百舌鳥古墳群)을 형성하고 있다. 모즈(百舌鳥)라는 명칭은 일본에서 1889년 시정촌(市町村)제의 행정구역

을 개편하면서 붙여진 것으로 이전까지만 하더라도 구다라촌(百濟村), 하지촌(土師村)으로 불렸던 지역이다. 현재도 백제천(百濟川)이 사카이시 한가운데를 흐르고 있으며 그 위로 구다라교(百濟橋)라고 하는 다리가 놓여 있는 것을 볼 수 있다.

『신찬성씨록』 이즈미국(和泉國) 제번(諸蕃)에는 백제공(百濟公)이라는 인물이 나오는데, 이 지역과 관련이 있는 것으로 보는 견해가 있다. 백제공은 백제국 주왕(酒王)의 후손으로, 주왕은 백제 왕족인 주군(酒君)을 의미하는 것으로 보인다. 주군의 후손

하지정

은 매를 사육하는 다카카이읍(鷹甘邑)에 거주한 것으로 기록되어 있기 때문에 그의 후손 중에 백제공이 다카카이읍에서 구다라촌으로 이주하였던 것으로 추정된다. 특히 부근에 위치한 스에무라(陶邑) 지역은 한반도로부터 스에키(須惠器) 기술이 전해져 대규모의 스에무라요(陶邑窯) 유적군을 형성하고 있는 곳이다.

『일본서기』 유랴쿠 7년조에는 백제로부터 스에쓰쿠리노코키(陶部高貴)의 공인(工人)이 일본으로 건너왔다는 기록이 있다. 특히 백제로부터 손재주 좋은 기술자가 왜국에 왔다는 기술 등 도왜인(渡倭人)에 의한 대량의 문물 도입 기록이 보인다. 이러한 구도는 기존에 선진문물 지원과 군사 파견이라는 백제와 왜의 관계를 여실히 보여주고 있다. 일단 이는 당시 스에키를 만드는 도공 중에 백제 출신이 많이 포함되어 있었다는 것을 알려주는 기록으로 생각된다. 현재에도 스에무라, 도키(陶器) 등의 지명이 보이며, 도키대궁(陶器大宮)으로 부르는 스에아라타신사(陶荒田神社)가 스에무라 지역에 자리하고 있다.

『신찬성씨록』 야마시로국(山城國) 제번(諸蕃)에는 스에사주(末使主)가 백제국인 진유아사주(津留牙使主)로부터 나왔다고 기재하고 있다. 통상 스에(末)의 씨명은 스에무라로부터 유래한 것으로 보고 있다. 　　　>>> **관련사료** 9, 18, 19

스에아라타신사

도키

다지하야히메신사   사카우에신사

12) 사카우에신사(坂上神社)와 사쿠라이신사(櫻井神社)

사카이시의 니기타(和田)라는 동네에는 『엔기식』 신명장에 보이는 다지하
야히메(多治速比賣)라는 신사가 있다. 이 신사의 사전(社殿)은 세 개가 하나로
합사된 형식을 이루고 있는데, 그중 본전의 우측에 있는 사전이 사카우에신
사(坂上神社)이다. 사카우에신사는 본래 이 지역에 번성했던 사카노우에씨(坂
上氏)의 씨신(氏神)인 아지사주(阿知使主)를 제신(祭神)으로 하는 신사이다.

『신찬성씨록』에는 사카노우에씨의 조상에 대해 사카노우에노오스쿠네(坂
上大宿禰)가 후한 영제의 후예인 것으로 기록되어 있다. 하지만, 사카노우에씨
는 『일본서기』 오우진 20년(409년)에 왜국으로 건너왔다는 아지사주를 조상
으로 하는 백제계 도왜인 야마토노야야씨(東漢氏)의 후손이다.

사카우에신사는 본래 현재 위치에서 북쪽으로 2킬로미터쯤 떨어진 센보
쿠군(泉北郡) 구제촌(久世村) 부근에 있었지만, 메이지(明治) 43년(1910년) 다지하
야히메신사에 합사되어 오늘에 이르고 있다.

부근에 있는 사쿠라이신사(櫻井神社) 또한 『엔기식』에 기재되어 있는 오래

사쿠라이신사

사쿠라이신사 배전

된 신사로서 한옥 형태로 되어 있는 배전(拜殿)은 가마쿠라(鎌倉) 시대에 건축된 것으로 국보로 지정되어 있다.

현재 이 신사는 오우진, 주아이(仲哀), 진구를 제신으로 하고 있지만, 원래는 이 지방에 거주했던 사쿠라이노아손(櫻井朝臣) 일족의 씨신(氏神)을 모시던 신사였다. 『신찬성씨록』에는 사쿠라이노스쿠네(櫻井宿禰)가 사카노우에노오스쿠네와 조상이 같으며 도하직(都賀直)의 4세손인 동인직(東人直)의 후예로 기록되어 있다. 결국 사쿠라이노스쿠네와 사카노우에노오스쿠네의 조상은 아지사주로서 백제인의 후예가 된다.

부근에는 대규모 스에키요(須惠器窯) 유적이 산재해있는데, 이것도 이들 사카노우에씨족과 관련이 있는 것으로 보는 견해가 있다.

>>> 관련사료 7, 8, 20

도토

13) 도토(土塔)와 다카이시신사(高石神社)

사카이시의 도토(土塔)라는 지명은 왕인의 후손인 교키(行基)가 건립했던 토탑(土塔, 도토)으로부터 나온 것이다. 토탑은 교키가 창건했다고 전하는 49개의 사원 중에 하나로서 원래는 오노사(大野寺)의 불탑이었다고 한다. 헤이안(平安) 시대에 쓰인 '교키연보(行基年譜)'에는 727년 건립된 것으로 되어 있다. 한 변이 53미터, 높이가 9미터 되는 13층의 탑으로 층마다 기와를 이용하여 각 층을 덮고 있다.

부근에 있는 에바라사(家原寺)는 668년, 일본의 대승정 교키가 태어났다고 하는 사찰이다. 당시 그는 거리를 누비고 다니면서 걸인, 행려병자, 강제 부역에 동원된 백성들을 상대로 선정을 베풀면서 불법을 선도했던 민중 불교자였다. 이러한 그의 덕행은 후에 일본에서 성인으로까지 추앙을 받아 일본 최초의 대승정(大僧正)으로 추대되기까지 한다. 특히, 당시 쇼무(聖武)의 요청에

의해 나라(奈良)에 있는 사찰 도다이사(東大寺)의 비로자나대불을 조성하는데
크게 기여하였으며 교키를 보고 전국 각지에서 물밀듯이 몰려온 시주로 인
해 거대한 16미터 높이의 대불을 무리 없이 완성할 수 있었다고 한다.

교키는 백제계인 다카시씨족으로 알려져 있으며 82세의 일기로 입적, 화장
되어 이코마산(生駒山) 부근에 안치되었다. 그의 사후 480년이 지나서 발굴된
사리함에서는 '그의 속성(俗性)은 다카시씨(高志氏)로서 백제 왕자 왕이(王爾)
의 후손이다'라는 글귀가 발견되었다.

『신찬성씨록』에는 다카시노무라지(古志連)를 왕인의 후손으로 기록하고 있
다. 오사카 남부 다카이시시(高石市)에는 다카시씨(高志氏)의 조상인 왕인을
제사 지내고 있는 다카이시신사(高石神社)가 있다.

다카이시신사

》》 관련사료 12, 13, 21

14) 미타미신사(美多彌神社)

사카이시에 있는 미타미신사(美多彌神社)는 오사카 남부 니기타(和田) 지역의 향토신을 추앙하는 신사로서 후에 후지와라씨(藤原氏)가 되는 나카토미씨(中臣氏)의 조상신을 제신(祭神)으로 하고 있다고 한다. 그런데, 미타미라고 하는 신사의 이름은 본래 미타미노아타이(民直)의 조상신을 제사지내고 있던 데에서 비롯되었다. 미타미씨(民氏)와 관련해서는 『신찬성씨록』 이즈미국(和泉國) 신별(神別)에 나카토미베(中臣部)와 같이 아메노코야네노미코토(天兒屋命)로 부터 나온 것으로 되어 있다. 하지만, 『신찬성씨록』 일문(逸文) 「사카노우에계도(坂上系圖)」에는 야마토노아야씨(東漢氏)의 조상인 아지사주(阿智使主)의 손자로서 야마키노아타이(山木直)가 나오는데, 그의 후손에 미타미노이미키(民忌寸)가 보인다.

『일본서기』 덴무조(天武條)에는 미타미노아타이노오히(民直大火)와 미타미노아타이노오시비(民直小鮪)라는 인물이 등장하는데, 『속일본기』에서는 미타미노이미키노오히(民忌寸大火)와 미타미노이미키노오시비(民忌寸袁志比)로 나타나고 있다. 이러한 기록을 통해 미타미씨가 본래 아타이(直)였던 성(姓)을 이미키(忌寸)로 바꾸었던 사실을 확인할 수 있다. 결국 아지사주의 후손으로서 미타미씨는 백제계 도왜인인 것을 알 수 있다. 　　　　　　　　　　　　　　　》》 **관련사료 22**

미타미신사 입구

15) 시노다(信太)와 히지리신사(聖神社)

　오사카부 이즈미시(和泉市)의 시노다(信太) 지역은 백제계 도왜씨족인 시노다노오비토(信太首)의 본거지였던 곳이다. 이들 시노다노오비토씨족은 일본 내에서 천문학에 통달했던 일족으로 전해지고 있다.

　『신찬성씨록』 이즈미국(和泉國) 제번(諸蕃)에는 시노다노오비토가 백제국 사람 백천(百千)의 후손으로 기재되어 있어서 백제계인 것을 확인할 수 있다.

　부근 오우지정(王子町)에 있는 히지리신사(聖神社)는 『엔기식』에 등장하는 오래된 신사로서 674년 덴무(天武)에 의해 시노다노오비토가 창건했다고 전해진다. 성신(聖神)을 제사 지내고 있는데, 시노다명신(信太明神)으로도 부르고 있다.

>>> 관련사료 23

히지리신사 입구

히지리신사

16) 하타(畑)의 하타신사(波多神社)와 구와바타(桑畑)의 하타신사(波太神社)

오사카 남쪽 기시와다시(岸和田市)에 있는 하타(畑)라는 지역에는 하타신사(波多神社)라고 하는 조그마한 신사가 있다. 이 신사는 『엔기식』 신명장에 보이는 고사(古社)로서 제신은 다케우치노스쿠네(建內宿禰)의 아들인 하타노야시로노스쿠네(波多八代宿禰)로 되어 있다. 하타촌(畑村)으로 칭하고 있는 이 지역의 하타(畑)는 하타(波多)와 같은 음으로 하타씨(波多氏)의 터전이었을 것으로 생각된다.

『고사기』에는 하타씨가 전승상의 인물인 다케우치노스쿠네의 아들로 나오지만, 『신찬성씨록』 야마토국(大和國) 제번(諸蕃) 백제조(百濟條)에는 하타노미야쓰코(波多造)가 백제인으로부터 나왔다는 기록이 있다. 또한 『신찬성씨록』 일문(逸文) 「사카노우에계도(坂上系圖)」에는 아지사주(阿智使主)의 증손인 지노직(志努直)을 선조로 하는 하타노이미키(波多忌寸)가 기재되어 있다. 이처럼 하타씨와 관련해서는 하타노미야쓰코와 하타노이미키 등을 통해 백제계통으로 볼 수 있다.

또한 하타의 남쪽 히가시돗토리정(東鳥取町)에 있는 구와바타(桑畑) 부근에도 『엔기식』에 등장하는 하타신사(波太神社)가 있다. 이 신사도 구와바타촌에 건립되어 있는 것을 통해 하타씨와 관련이 있는 신사로 판단된다. **》》 관련사료 17, 24, 25**

하타신사(波多神社)

하타신사(波太神社)

나가타신사   백제산 조에이사

17) 나가타신사(長田神社)와 백제산(百濟山) 조에이사(長榮寺)

히가시오사카시(東大阪市)의 나가타(長田)에 있는 나가타신사(長田神社)는 현재 하치만궁(八幡宮)으로서 오우진과 진구를 제신으로 하는 신사이다. 하지만 본래는 나가타 지역에서 번성했던 나가타노오미(長田使主)를 씨신(氏神)으로 하여 제사 지내는 곳이었다.

신사의 창건연대는 불명확하지만, 나가타노오미에 대해서는 『신찬성씨록』에 백제국 사람 위군왕(爲君王)의 후손으로 기록되어 있다.

부근 다카이다모토정(高井田元町)에는 산호(山號)를 백제산(百濟山)으로 하고 있는 조에이사(長榮寺)가 있다. 백제로부터 받아들인 불교를 융성하게 했던 쇼토쿠 태자(聖德太子)가 개창했다고 전해지고 있다. 처음으로 백제에서 건너온 승려가 주지로 공양하게 되었기 때문에 백제산이라는 칭호가 생겼다고 한다.

》》》 관련사료 26

18) 다나베향(田邊鄕)과 하카타히코신사(伯太彦神社), 하카타히메신사(伯太姬神社)

가시와라시(柏原市)는 과거 지카쓰아스카(近つ飛鳥)의 아스카군(安宿郡)에 해당하는 지역으로 다마테야마(玉手山) 부근에는 하카타히코(伯太彦)·하카타히메신사(伯太姬神社)가 있다.

부근에 있는 다마테(玉手) 구릉에는 다마테야마고분군(玉手山古墳群) 등 6~7세기에 걸친 굴식무덤[橫穴古墳]이 군집해있다. 이들 내부에서는 승마의 풍습을 알려주는 그림이 남아 있기도 해서 비상한 관심을 불러일으키기도 했던 곳이다.

하카타히코신사는 다마테야마공원의 북측에 위치하고 있으며, 하카타히코신사에서 멀지 않은 다마테야마공원 남측에는 하카타히메신사가 자리하고 있다.

다마테야마고분군

하카타히코신사　　　　　　　　　　　　　　　하카타히메신사

　하카타히코·하카타히메신사는 창건 연대가 불분명하지만, 『엔기식』에 보이는 오래된 신사로서 『일본몬토쿠실록(日本文德實錄)』에는 가와치(河內)에 있는 하카타히코·하카타히메의 신(神)을 모시고 있다고 기재되어 있다. 하지만, 『신지지료(神祇志料)』라는 고서에는 다나베노후히토하쿠손(田邊史伯孫)과 그 처를 제사 지냈던 것으로 되어 있다. 부근은 본래 백제계 도왜인 다나베씨(田邊氏)의 거점인 다나베향(田邊鄕)이 있던 곳이다.

　다나베노후히토하쿠손에 대해서는 『일본서기』 유라쿠 9년 7월조에 다음과 같은 기록이 있다. 아스카베군(飛鳥戶郡)의 사람인 다나베노후히토하쿠손은 딸을 후루이치군(古市郡)에 있는 후미노오비토카료(書首加龍)에게 시집보냈다. 딸이 아이를 낳은 것을 축하해주고 돌아오는 어느 달밤에 그는 호무타릉(譽田陵, 應神陵) 부근에서 멋진 말을 타고 있는 사람을 만났다. 결국 서로 타고 있던 말을 교환한 후 집으로 돌아왔는데 다음 날 아침에 보니 멋진 말은 흙으로 빚은 말[土馬]로 변해있었다. 이상히 여긴 다나베노후히토하쿠손이 호무타릉으로 가보았더니 자신의 말이 무덤 주위 토마 사이에 놓여 있었다고 한다.

　『신찬성씨록』에서도 가미쓰케노노아손(上毛野朝臣)의 출신을 설명하는 내

다나베   다나베폐사 목탑터

용 중에 동일한 설화가 기재되어 있는데, 다만 주인공이 누카군(努賀君)의 아들인 하쿠손(百尊)으로만 바뀌어 있을 뿐이다. 이러한 기록은 다나베씨 일족이 5세기 무렵 다나베향 부근에 거주하고 있었던 사실을 알려주는 것이라고 할 수 있다. 다나베씨는 『신찬성씨록』과 동시대의 기록인 『고닌사기(弘仁私記)』 서(序)에 의하면 가미쓰케노공(上毛野公)과 함께 백제로부터 온 도왜인으로 되어 있다. 하쿠손의 사위인 후미노오비토카료는 백제에서 건너온 왕인(王仁)의 후손으로서 이러한 기록을 통해 백제계 도왜인들 사이에 혼인이 있었던 사실을 확인할 수 있다.

   현재 가시와라시의 다나베라고 하는 동네에는 하쿠손(伯孫)의 묘라고 전하는 고분도 있으며 부근에는 다나베씨의 씨사(氏寺)였던 다나베폐사(田邊廢寺) 유적이 있다. 가스가신사(春日神社)의 경내에 일부 초석이 남아 있으며, 유적의 발굴 결과 금당, 서탑, 동탑 등의 유구가 검출되어 2탑 1금당의 가람배치를 갖춘 사찰임이 밝혀지기도 했다.

>>> **관련사료** 6, 27, 28

고쿠부신사

19) 고쿠부신사(國分神社)

  가시와라시에 위치한 고쿠부신사(國分神社)는 창건 연대가 명확하지는 않지만, 구전에 의하면 가마쿠라 시대인 우다(宇多) 때에 건립된 것으로 알려져 있다. 그러나 신사의 배후에 있는 산 정상에는 백제계 도왜인 후나씨(船氏)의 무덤인 마쓰오카야마(松岡山) 고분을 비롯해 주위에 10여기의 고분이 자리하고 있다. 따라서 이 신사는 일찍부터 후나씨의 씨신(氏神)을 모셨던 것으로 추정하고 있다.

  특히 마쓰오카야마 고분에서는 왕후(王後)의 묘지(墓誌)가 출토되어 후나씨의 조상인 왕진이(王辰爾)의 후손에 해당하는 무덤으로 보고 있다.

  왕진이는 『일본서기』에 의하면 긴메이(欽明) 14년(553년)에 당시 실권자인 소가노이나메노스쿠네(蘇我稻目宿禰)의 명을 받아 선박에 관한 세금을 기록하

마쓰오카야마 고분

였으므로 후나노후히토(船史)라는 성
을 하사받았다고 한다. 그는 572년 고
구려에서 보내온 외교 문서를 해독했
던 인물로 알려져 있다.

묘지는 7세기경에 만들어진 일본에
서 가장 오래된 것으로서 길이 29.7센
티미터, 폭 6.9센티미터의 양면에 162
자 명문(銘文)이 조각되어 있다. 현재
묘지는 미쓰이가(三井家) 소유로 도쿄
국립박물관(東京國立博物館)에 보관되
어 있으며 국보로 지정되어 있다.

>>> 관련사료 29, 30

왕후 묘지

20) 후루이치(古市)와 오쓰신사(大津神社)

오사카부의 하비키노시(羽曳野市) 일원은 예로부터 한반도로부터 건너온 수많은 도왜인이 정착하고 개척하면서 문화가 번성했던 곳이다.

하비키노의 후루이치(古市)라는 곳은 백제계 후루이치노스구리(古市村主)의 본거지였다. 『신찬성씨록』 가와치국(河內國) 제번(諸蕃)에는 후루이치노스구리가 백제국 호왕(虎王)으로부터 나왔다고 되어 있다. 호왕은 사료에 보이지 않는 인물로 어느 왕을 지칭하는 것인지는 확인할 수 없지만, 백제계통인 것은 분명하다.

또한 하비키노시의 서쪽 다카와시(高鷲)에는 『엔기식』에 기록되어 있는 오쓰신사(大津神社)가 있다. 이 신사의 창건 연대에 대해 상세하게는 알 수는 없지만, 당초 도왜계 씨족인 쓰씨(津氏)가 조상신을 제사 지냈던 신사로 알려져 있다. 중세 이래 불교가 융성하면서 우두천왕사(牛頭天王社)로 칭하기도 하였

후루이치역

고 신궁사(神宮寺)로서 신불습합에 따라 사승(社僧)의 지배를 받기도 하였으나 메이지 시대에 신불분리에 따라 현재의 오쓰신사가 되었다.

오쓰신사가 위치하고 있는 지역은 백제계 씨족인 후지이씨(葛井氏), 후나씨(船氏), 쓰씨(津氏)가 세력을 확장했던 곳이다. 『속일본기』 엔랴쿠(延曆) 9년(790년)조에 의하면 후지이씨, 후나씨, 쓰씨는 백제 귀수왕(貴須王, 근구수왕)의 자손으로 되어 있다. 『일본서기』 비다쓰(敏達) 3년조에는 후나노후히토(船史) 왕진이(王辰爾)의 아우인 우시(牛) 혹은 마로(麻呂)에게 쓰노후히토(津史)라는 성(姓)을 내린 것으로 되어 있다.

귀수왕(貴須王) - 진사왕(辰斯王) - 진손왕(辰孫王) - 태아랑왕(太阿郎王) - 해양군(亥陽君) - 오정군(午定君) ┌ 미사(味沙)
　　　　　　　　　　　　　　　　　├ 진이(辰爾)
　　　　　　　　　　　　　　　　　└ 마려(麻呂)

오쓰신사

》》》관련사료 31, 32, 33

21) 후지이데라시(藤井寺市)의 후지이데라(葛井寺)와 가라쿠니신사(辛國神社)

후지이데라(藤井寺)라고 하는 시(市)의 명칭은 시내에 위치한 후지이데라(葛井寺)에서 유래한 것이다. 후지이데라(葛井寺)는 사전(寺傳)에 의하면 쇼무(聖武)에 의해 교키(行基)가 창건한 것으로 되어 있지만, 본래 백제 진손왕(辰孫王, 智宗王)의 후손인 후지이씨(葛井氏)의 씨사(氏寺)로서 8세기경에 건립된 것으로 보고 있다.

후지이데라의 바로 곁에 위치한 가라쿠니신사(辛國神社)는 『엔기식』에 기록되어 있는 오래된 신사로서 가라쿠니(辛國)라고 하는 명칭은 한국(韓國)을 의미하는 것이다. 이 신사는 후지이데라(葛井寺)의 신궁사(神宮寺)로서 도왜인인 후지이씨의 씨신을 제사 지냈던 곳이라고 한다.

메이지 시대 말기에 백제계 씨족인 후나씨(船氏)의 조상신을 모시던 노나카신사(野中神社)와 나가노씨(長野氏)의 조상신을 모시던 나가노신사(長野神社)를 합사해서 최근에 이르렀다고 한다. 신사의 경내에 나가노신사라고 적혀 있는 도리이(鳥居), 석등, 고마이누(狛犬)가 있는데, 나가노신사도 백제계의 나가노무라지(長野連)의 조상신을 모신 곳이다. 신사 경내에 세워져 있는 '가라쿠니지(辛國池)의 옛 유적'이라는 석비는 원래 신사 내에 관개용의 연못이 있었음을 알려주고 있다. 이를 통해 신사가 위치한 지역은 한반도로부터 건너온 도왜인들의 선진 농경기술에 의해 새로이 개척된 땅이었던 것으로 짐작할 수 있다.

후지이씨에 대해서는 『속일본기』 요로(養老) 4년(720년)조에 시라이노후히토(白猪史)에게 후지이노무라지(葛井連)라는 성(姓)을 사여한 것으로 되어 있다.

시라이노후히토와 관련해서 『일본서기』 긴메이 30년조에는 왕진이의 조카인 담진(膽津)에게 시라이 전부(白猪田部)의 호적을 정한 공을 인정하여 시라이노후히토라는 성(姓)을 내려 준 것으로 되어 있다. 담진은 진손왕(辰孫王)의 4세손인 미사(味沙) 혹은 미산군(味散君)의 아들로서 이들 기록에 따른다면 담진의 후손이 후지이씨가 된 것이다.

후지이데라

가라쿠니신사

》》》 관련사료 34, 35

오사카부 후지이데라시의 하야시
(林)라는 곳은 백제계 하야시씨(林氏)
의 본거지였던 곳이다. 『신찬성씨록』
좌경(左京) 제번(諸蕃)에는 하야시노무
라지(林連)가 백제국 사람 목귀공(木貴
公)의 후손으로 되어 있으며, 가와치
국(河內國) 제번(諸蕃)에는 하야시노무
라지가 백제국 직지왕(直支王)으로부
터 나왔다고 되어 있다. 직지왕은 백
제의 전지왕(腆支王)을 말하는 것으로
서 『삼국사기』와 『일본서기』에서는
태자 때인 397년 왜국에 건너왔던 인
물로 기재되어 있다. 그는 왜왕의 왕
녀로 추정되는 팔수부인(八須夫人)과

하야시 지명

의 혼인을 통해 백제와 왜국과의 관계를 돈독히 했던 인물이다. 따라서 그의
후손들이 왜국에서 뿌리를 내려 자손을 번성했을 가능성은 높다.

　헤이안 시대의 백과사전인 『화명류취초(和名類聚抄)』에는 가와치국(河內國)
시키군(志紀郡) 하야시향(拜志鄉)으로 기록되어 있으며 나라(奈良)의 헤이죠경
(平城京) 출토 목간에 '河內國志紀郡林村'이라는 문자가 보인다.

　부근에 있는 도모하야시노우지신사(伴林氏神社)는 본래 하야시씨가 조상신
을 제사 지냈던 신사로 판단된다. 창건 연대는 불명확하지만 『일본삼대실록

도모하야시노우지신사

『(日本三代實錄)』867년 2월조에는 가와치국 시키군의 하야시씨신(林氏神)이 나오고 관사(官社)로 배치되어 있는 것이 확인된다.

그럼에도 불구하고 현재 이곳은 오토모씨(大伴氏)의 조상신을 모시는 신사로서 화려하게 치장되어 있다. 오토모가 군사 씨족이었던 것 때문에 일본에 군국주의가 한창인 1932년 군신(軍神)으로서 부활되었고 군사를 관장하는 신을 모시는 곳이 되었다. 현재는 서쪽의 야스쿠니신사(靖國神社)라는 별칭으로 알려져 있다.

>>> **관련사료** 36, 37, 38

23) 마사무네신사(當宗神社)

하비키노시에는 소위 오우진천황릉으로 일컫는 곤다야마(譽田山)고분이 있고 그 남쪽으로 오우진을 제신으로 하는 곤다하치만궁(譽田八幡宮)이 있다. 곤다하치만궁의 본전을 바라보고 오른쪽 방향으로 이동하면 조그마한 신사가 나오는데, 이 신사가 마사무네신사(當宗神社)이다. 원래 마사무네신사가 위치한 일대는 한반도로부터 건너왔던 마사무네노이미키(當宗忌寸)의 선조인 산양공(山陽公)을 제사 지냈던 곳으로 알려져 있다. 신사의 창건 경위에 대해서는 간무(桓武)의 아들인 나카노친왕(仲野親王)

마사무네신사

이 마사무네씨를 아내로 맞아들였기 때문에 그 후손인 우다(宇多)가 외조모의 조상신을 제사 지내기 위해 만들었다고 한다.

『신찬성씨록』에는 마사무네노이미키가 후한(後漢) 헌제(献帝)의 4세손인 산양공의 후예로 기록되어 있다. 하지만 후한 헌제의 후손이라고 한 것은 중국계를 참칭한 것으로 아지왕(阿智王)을 조상으로 하는 「사카노우에계도(坂上系圖)」 별본에는 산양공이 아지왕과 같은 계보로 기재되어 있다. 아지왕은 백제계 아지사주와 동일인물로서 이를 통해 산양공과 마사무네씨는 백제계통인 야마토노아야씨(東漢氏)인 것을 알 수 있다. **》》 관련사료 39**

니시고리신사

24) 니시고리군(錦部郡)의 니시고리신사(錦織神社)

　니시고리신사(錦織神社)가 있는 지역은 본래 니시고리(錦部)라고 부르던 곳으로 직물(織物)의 기술을 가지고 있었던 백제계 도왜인의 거주지였다. 따라서 니시고리신사는 니시고리씨(錦部氏)의 씨신(氏神)을 제사 지내고 있는 곳이다. 창건 연대는 불명확하지만, 헤이안 시대의 기와가 발견되고 있어서 그즈음 창건된 것으로 추정하고 있다.

　본래는 야마토천의 지류인 이시천(石川)을 경계로 하여 동쪽으로는 이시카와군(石川郡), 서쪽은 니시고리군(錦部郡)으로 분할되어 있던 곳이었다. 『신찬성씨록』 가와치국(河內國) 제번(諸蕃)에 니시고리노무라지(錦部連)가 백제 속고대왕(速古大王, 근초고왕)의 후예로 나오고 있기 때문에 백제계 니시고리씨 일족이 니시고리 일대에 정착했던 것으로 알려져 있다.

또한 『신찬성씨록』 야마시로국(山城國) 제번(諸蕃)에서는 니시고리노스구리(錦部村主)가 파능지(波能志)의 후손으로 되어 있으며, 우경(右京) 제번(諸蕃)에는 니시고리노스구리(錦織村主)가 한국인(韓國人) 파노지(波努志)로부터 나왔다고 기록되어 있다.

니시고리씨와 관련해서는 『일본서기』 닌토쿠 41년 3월조에 '백제왕족 주군(酒君)이 무례하여 일본에 보냈는데 이시카와(石川)의 니시고리노오비노코로시(錦織首許呂斯)의 집에 도망하여 숨었다'는 기록이 있다. 『일본서기』에는 주군이 무례하여 왜왕이 불렀다고 기록되어 있으나 무례의 구체적인 사유가 나와 있지 않아 『일본서기』 찬자의 윤색으로 보인다. 주군이 백제계 도왜인 니시고리씨의 집에 숨었다가 의지하여 살고 싶다고 한 기록이라든지, 이후 43년조에서 매사냥과 관련하여 왜왕과 함께하고 있는 기사 등을 참고하면 본래는 주군이 왜국으로 망명했거나 백제로부터 쫓겨 왔던 것으로 판단된다.

어쨌든 니시고리씨는 주군이 쫓겨 왔던 상황 중에 백제계라는 친분으로 그를 숨겨 주었던 것이다. 주군은 후에 나니와(難波)의 백제군에 거주하면서 매 잡는 기술을 전해주었으며 현재 오사카시 히가시스미요시 지역에 주군총(酒君塚)이 남아 있다. 또한 『일본서기』 비다쓰(敏達) 12년조에 등장하는 '이시카와(石川)의 백제촌(百濟村)'의 경우도 니시고리군(錦部郡)의 백제향(百濟鄉)을 의미하는 것으로 지금의 돈다바야시시(富田林市)에서 가와치나가노시(河內長野市)에 걸쳐 있는 지역으로 추정하고 있다.

>>> 관련사료 3, 40, 41, 42, 107

25) 지카쓰아스카(近つ飛鳥)의 아스카베신사(飛鳥戸神社)

아스카베신사(飛鳥戸神社)는 백제계 아스카베노미야쓰코(飛鳥戸造) 일족의 조상신으로 아스카대신(飛鳥大神) 즉, 곤지(昆支)를 제신으로 하고 있는 신사이다. 곤지라고 하면 『일본서기』에서 개로왕이 왜국으로 파견했던 동생 곤지를 말한다. 과거에는 곤지왕 신사로까지 불렸다. 아스카베신사는 헤이안 시대 초기인 859년 8월에 무위에서 정4위의 지위를 수여 받은 후 다음 해인 10월에 '관사(官社)'가 되었다. 메이지 시대에 제신을 스사노오노미코토(素戔嗚尊)로 바꾸었다가 최근에 와서야 원래대로 아스카 토착신의 신앙처가 되었다고 한다.

오사카부의 지카쓰아스카(近つ飛鳥) 지역에 자리한 아스카베신사는 집들이 빽빽한 골목길을 지나 신사의 계단을 오르면 아담하고 소박한 모습의 배전(拜殿)이 보이고, 금줄을 단 신사의 배전이 마치 우리네 당집의 모습을 연상시킨다. 『일본서기』나 『신찬성씨록』 등에 의하면 곤지가 군군(軍君) 또는 곤지왕(琨伎王)으로 기록되어 있는 것이 보인다.

아스카베신사 입구

아스카베신사

아스카베천총 간논즈카고분

『일본서기』에서는 곤지가 왜국에서 생활하던 중에 5명의 아들을 갖고 그 중에 둘째인 동성이 백제로 돌아와 왕이 되는 상황을 기록하고 있다. 이러한 기록으로 보아 곤지의 직계 자손들은 실제 일본에 남아서 자손을 번성했을 가능성이 있다. 따라서 일본에 남아 있는 곤지의 전승은 그가 왜국에 있었을 때의 위상을 보여주는 것으로 왜국에서 뿌리를 내렸던 후손에 의해 전해 졌을 것이다.

온통 포도밭으로 둘러싸인 하치부세산(鉢伏山)의 남쪽 사면 일대에는 이 지방 문화 전수에 공헌을 한 도왜인의 것으로 보이는 아스카베천총(飛鳥戸千塚)이 산재해 있다. 백제와 관련이 깊은 굴식돌방무덤이 1,000여 개가 있다고 해서 아스카베천총이라고 불린 듯하나, 지금의 고분군 주변이 포도밭으로 변해 50여 개밖에 남아 있지 않은 상태이다. 대개 이 고분들은 6세기에서 7세기에 걸쳐서 만들어진 것으로 추정되고 있으며 부근 아스카베신사를 아우르던 곤지의 후예 아스카베노미야쓰코에 의해 조성된 것으로 보고 있다.

》》》관련사료 43, 44, 45

백제왕신사

26) 백제왕신사(百濟王神社)와 백제사(百濟寺) 유적

오사카에서 교토로 가는 중간지점에 위치한 히라카타시(枚方市)에는 속칭 백제야(百濟野)라고 부르는 지역이 있다. 그곳에 백제왕씨(百濟王氏) 일족과 연관이 있는 백제왕신사(百濟王神社)와 백제사(百濟寺) 유적이 남아 있다.

백제의 왕족인 선광(善光)은 왜국에 체류하고 있을 때 백제가 패망하자 그대로 일본에 머물게 된다. 초기에는 나니와(難波)의 백제군(百濟郡)에 정착하였으며 그 일족은 백제왕이라는 성(姓)을 받게 된다. 그러다가 선광의 증손자인 경복(敬福) 때에 들어와 가타노(交野)로 터전을 옮기는데 이곳이 현재의 히라카타이다.

의자왕(義慈王) - 선광(善光) - 창성(昌成) - 낭우(郎虞) - 경복(敬福)으로 이어진 백제왕의 계보는 백제왕신사의 족보에 기록되어 있으며 그중에서 특히 백제왕 경복은 가장 화려한 경력을 가지며 종3위에 올랐던 인물이다. 그는 743년 무쓰노가미(陸奧守)로 임명되었고 749년에는 임지에서 사금(砂金)을 발견하여 황금 900량을 쇼무(聖武)에게 헌상하였다. 때마침 도다이사(東大寺)의 대불을 주조하면서 황금 부족으로 어려움을 겪었기 때문에 이 공으로 750년에 일약 궁내경(宮內卿)으로 승진하게 된다. 이후 가와치노가미(河內守)에 임명되었는데 당시 야마토천과 요도천 유역에 대규모 홍수가 있었기 때문에 이를 계기로 백제왕씨의 본거지를 나니와의 땅에서 가타노로 옮기게 된 것으로 보고 있다. 그곳에 씨신을 모시는 백제왕신사를 조영하였고 씨사로서 백제사가 건설되어 일족 번영의 기틀을 마련하였다.

현재 백제왕신사의 곁에는 오사카의 특별사적으로 지정된 백제사 유적이 있는데, 11~12세기경에 불에 타 주춧돌만이 남아 있다. 하지만 그동안의 발굴 결과를 통해 160제곱미터의 절터에 남문, 중문, 동탑, 서탑, 금당, 강당 등이 또렷이 남아 2탑 1금당의 가람배치를 보여주고 있다. 금당 좌우를 회랑으로 둘러싼 규모로 짐작건대 유력 씨족이었던 백제왕씨의 사찰로서 격이 높은 사찰이었음을 알 수 있다. 히라카타대교를 건너 다카쓰키(高槻)시의 남쪽에는 오쓰카(大塚)라는 지명이 있다. 경복의 것으로 추정되는 무덤이 있기 때문에 붙여진 것이라는 설이 있다. 　　　　　　　　　　**≫≫ 관련사료** 2, 46, 47, 48, 49

백제사 유적

하다주민회관　　　　　　　우즈마사고분군

27) 하다(秦), 우즈마사(太秦)

　오사카의 북부에 해당하는 네야가와시(寝屋川市)
에 가면 하다(秦)와 우즈마사(太秦)라는 지명이 있다.
지명의 유래와 관련해서는 고대 호족인 하타씨(秦氏)
와 관련이 있는 것으로 보고 있다. 하타씨는 한반도
계의 대표적인 도왜씨족 중에 하나이다. 우즈마사
지역에 남아 있는 우즈마사고분군(太秦古墳群)은 하
타씨족의 무덤으로 추정되고 있으며, 하타야마(秦
山)라고 부르는 네야가와 북쪽 구릉상에는 6~7세기

전 하타노가와카쓰묘

경에 활약했던 하타노가와카쓰(秦河勝)의 묘(墓)로 전해지는 곳도 있다. 하타씨
는 통상 신라계로 알려져 있지만, 『일본서기』에는 하타씨의 조상인 궁월군(弓
月君)이 백제로부터 건너왔다고 기록하고 있다. 또한 『신찬성씨록』과 「사카노우
에계도(坂上系圖)」에도 '하타'와 발음이 같은 하타노미야쓰코(波多造), 하타노이
미키(波多忌寸)가 나오는데, 모두 그 조상을 백제인으로 기재하고 있다.

>>> 관련사료 24, 25, 50

28) 미시마카모신사(三島鴨神社)

미시마카모신사

오사카 북부 다카쓰키시(高槻市)에는 요도천(淀川) 부근에 과거 농경의 발전을 기원하던 미시마카모신사(三島鴨神社)가 자리하고 있다. 이 신사는 현재 오야마즈미노가미(大山祇命)와 고토시로누시노가미(事代主神)를 제신으로 하며 닌토쿠 때에 요도천의 홍수를 막기 위해 제방이 만들어지면서 건립되었다고 전한다. 원래는 신전이 요도천의 섬 안에 있었는데, 1598년 도요토미 히데요시(豊臣秀吉)의 명령에 따라 제방이 만들어졌을 즈음 현재의 위치로 옮겨졌다고 한다.

시코쿠(四國) 에히메(愛媛) 지역의 풍습과 지리를 기록한 『이요국 풍토기(伊豫國風土記)』 일문(逸文)에는 이요의 미시마(御嶋)에 있는 신의 이름이 오야마모리노가미(大山積神)로 되어 있다. 일명 와타시(和多志, 渡海)의 신인데, 백제국으로부터 건너와서 오사카 북부에 해당하는 셋쓰(攝津)의 미시마에 머물렀다고 기록하고 있다. 이와 같은 계통의 신사가 에히메현의 오미시마(大三島)에 오야마즈미신사(大山祇神社)로 남아 있으며 시즈오카현(靜岡縣)에 미시마대사(三嶋大社)로 남아 있다. 이처럼 제신이 백제로부터 시코쿠, 기나이(畿內), 이즈(伊豆) 지역으로 옮겼다는 내용은 실제 백제계 도왜 집단들이 일본 열도를 이동하면서 그들의 신앙을 퍼트렸던 경로를 보여주고 있는 것으로 생각된다. 결국 백제계 씨족이 셋쓰 지역으로 이주하면서 자신들의 신앙을 기존의 가모신사(鴨神社)와 합사하여 미시마카모신사로 이어졌을 가능성이 높다. 》》》 관련사료 51

오사카부 백제계 지명과 신사 지도

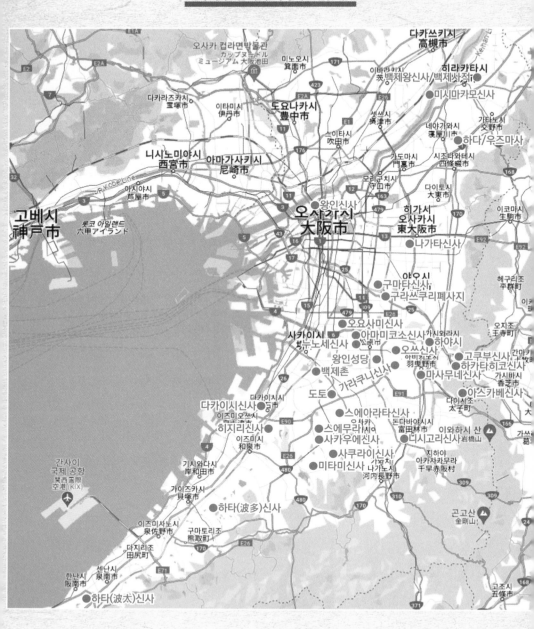

일본_백제계 지명과 신사

도왜인이 일군 천년 수도, 교토부(京都府)

　막상 교토(京都)에 도착하자 이 도시를 대하는 첫인상으로 엄숙함이 밀려
왔다. 오래된 도시의 특징을 그대로 보여주듯이 번화한 거리 주변 곳곳에 사
찰이나 목탑들이 눈에 차인다. 제2차 세계대전 당시 미국에서조차 교토에
산재해 있는 문화재가 아까워서 폭격하지 못했다는 이야기가 있을 정도로
오래된 목조 건축물들을 간직하고 있는 곳이다. 그래서인지 교토 전체의 스
카이라인은 다른 도시들에 비해 매우 낮은 편이다.

　본래 교토는 당(唐)의 수도인 장안(長安)을 모델로 하여 만들어진 도시였다.
약 80년간 도읍지로 지속되었던 나라(奈良)의 헤이죠경(平城京)을 떠나 지금의
교토인 헤이안경(平安京)으로 옮겼던 이는 간무(桓武)였다. 귀족이나 사원 세력
들이 집결하고 있었던 나라 지역을 벗어나 새로운 도시를 조영하려는 의도
였다. 전체를 장방형으로 나누어 1조에서 9조까지 사방으로 교통이 원활하
게 교차하는 도로를 내었다. 그래서 현재도 4조, 5조 등으로 거리의 이름을
부르고 있는 것을 볼 수 있다.

　교토는 794년 헤이안경이 조성된 이후 1868년 메이지유신(明治維新)으로

교토의 도사

도쿄가 수도가 될 때까지 약 1,000년간 일본의 수도였던 곳이다. 하지만, 정치의 중심지로서는 헤이안 천도부터 가마쿠라막부(鎌倉幕府)의 성립까지 약 400년간만 일본 열도를 호령했을 뿐, 막부에 의해 형식적으로만 수도의 역할을 한 기간이 많았다. 그렇기에 교토는 실권을 잃은 천황만을 위해 조성된 상징적인 동네라고 해도 과언이 아니다. 교토에 남아있는 백제계 지명과 신사는 대체적으로 하타씨(秦氏)에 의해 남겨진 것이 많다.

　통상 하타씨는 많은 이들에게 신라계 도왜인인 것으로 알려져 있다. 그것은 일찍이 히라노 구니오(平野邦雄, 1923~2014)가 대표적인 한반도계 씨족을 하타씨(秦氏)와 아야씨(漢氏)로 나누고, 이들 양씨가 대항 관계를 형성한 것으로 보아 하타씨는 신라 계통의 이주민 출신이며 아야씨는 백제 계통의 이주민 출신이라고 전제했던 데에서 비롯되었다.

하지만 하타씨의 선조로 나오는 궁월군(弓月君, 유즈키노기미)은 『일본서기』 오우진조에 백제로부터 120현의 사람들을 이끌고 왔던 인물로 기록하고 있어서 '백제'로부터 도왜했다는 것을 분명하게 밝히고 있다. 그래서 가사이 와진(笠井倭人)은 궁월군의 명칭을 통해 하타씨를 백제계로 보기도 했다. 궁월군의 궁(弓)은 고대 한국어 '큰'에서 나온 한자이고 월(月)은 원시 촌락을 의미하는 것으로 해석하여 '큰 마을의 임금'으로서 백제의 일본식 발음인 구다라와 같은 의미로 해석하기도 했다.

일단 8세기의 사료인 『신찬성씨록』에는 하타씨가 중국 진시황의 후손으로 되어 있다. 하지만, 이는 당시의 사회가 성씨 바꾸는 것을 정당화하기 위해 중국 황제의 후예라고 참칭했던 때문으로 사실로 보기는 어렵다.

그런데, 흥미로운 것은 『신찬성씨록』에 왜 진(秦)을 '하타'로 발음하게 되었는지에 대한 연유가 기재되어 있다는 사실이다. 이 책에는 닌토쿠로부터 하타(波陀)라는 성을 하사받아 이를 '秦'의 발음으로 하였다고 적고 있다. 또한 하타씨(秦氏)가 바친 비단의 착용감이 피부처럼 부드러웠기 때문에 하타(波多)라는 성을 하사하였다는 유래를 소개하고 있다. 이는 지금의 일본어로도 피부가 '하다'이기 때문에 상당히 설득력이 있는 이야기일 듯싶다. 그렇다고 하면 애초에는 '秦'이 아니라 하타라고 발음되는 다른 문자, 예를 들면 '波多'나 '波陀'와 같은 한자로 사용되다가 후에 중국의 진나라를 의식하여 '秦'으로 바뀌었던 것으로 생각할 수 있을 것이다.

특히 『신찬성씨록』에는 '波多'로 표기되어 있는 씨족이 나오는데, 이들 씨족에 대해 주목할 필요가 있다. 『신찬성씨록』에는 하타노미야쓰코(波多造)가 백제인으로부터 나왔다는 기록이 있다. 또한 『신찬성씨록』 일문(逸文) 「사카노우에계도(坂上系圖)」에는 백제계 야마토노아야씨(倭漢氏)의 조상인 아지사주(阿智使主)의 증손으로 지노직(志努直)을 선조로 하는 하타노이미키(波多忌寸)가 기재되어 있다. 따라서 하타씨는 백제 계통의 씨족으로 보아야 할 것이다.

기요미즈사와 교토

고류사

1) 우즈마사(太秦)의 고류사(廣隆寺)와 오사케신사(大酒神社)

우즈마사

교토시(京都市) 우쿄구(右京區)에는 우즈마사(太秦)라는 지명이 있다. 이곳은 교토에서 가장 오래된 사찰인 고류사(廣隆寺)를 비롯한 다수의 유적이 자리하고 있는 지역이다. 원래 유서 깊은 도시인 교토는 나라(奈良)에서 도읍을 옮기기 전부터 하타씨(秦氏)가 터를 잡고 있던 곳이었다. 교토에서 번영한 호족인 하타씨는 5세기경

한반도에서 일본으로 건너왔던 씨족으로 알려져 있는데, 쇼토쿠태자(聖德太子) 때 하타노가와카쓰(秦河勝)가 후견인으로 들어선 이후 야마토 정권에서 하타씨 일족의 영향력이 점점 커지게 되었다. 이 때문에 우즈마사 지역 일대에 그들의 씨사(氏寺)라고 할 수 있는 고류사를 만들 수 있었던 것이다.

고류사는 스이코(推古) 11년(603년)에 건립된 고찰로서 호류사(法隆寺)와 마찬가지로 쇼토쿠태자 섭정 시에 건립된 일본 7대 사찰 중에 하나이다. 호류사보다 4년이나 먼저 세워진 오래된 사찰이라고 하지만 기록에 의하면 818년 4월 23일 큰 화재가 나서 모두 잿더미로 변했기 때문에 지금의 사찰은 그 이후에 다시 지어진 것으로 판단된다. 고류사는 쇼토쿠태자의 권유에 의해 하타노가와카쓰가 축조했던 사찰로서 하치오카사(蜂岡寺), 하타노기미사(秦公寺), 가도노하타사(葛野秦寺) 등으로 표현되기도 했다. 우리나라의 국보 금동반

가사유상과 흡사한 목조반가사유상이 보관되어 있는 곳도 고류사이다.

목조반가사유상

우즈마사라는 지명의 유래에 대해서는 『일본서기』 유랴쿠 15년조를 보면 당시 유랴쿠가 하타씨족의 일족인 하타노사케공(秦酒公)이라는 사람을 총애하여 백성을 주고 성(姓)을 하사하였던 것에서 유래되었다고 한다. 180종류의 승(勝)을 이끌고 와서 비단 견직물을 바쳤는데 비단 견직물이 조정에 높이 쌓여 이때 받았던 성을 우즈마사(禹豆麻佐)라 했다고 기록하고 있다. 일설에는 우즈모리마사(禹豆母利麻佐)라고도 했다 하는데, 이는 '가득 쌓은 모양'을 의미하는 것이었다고 한다. 결국 우즈마사라는 성씨로부터 우즈마사라는 지명이 나왔던 것으로 이를 한자로 표기한 것이 '太秦'이다.

고류사 남대문의 동쪽 길로 조심스레 걸어 올라가면 우즈마사 영화촌이 나온다. 옛 도시의 모습을 재현한 세트로서 아마 전통의 도시인 교토의 풍취와 어울릴 만한 장소로 고류사 부근이 선택되어 만들어진 듯하다. 우즈마사 영화촌의 바로 곁에 위치한 조그마한 신사가 오사케신사(大酒神社)이다. 하타씨를 모시는 신사로서 오랫동안 고류사의 경내에 있다가 메이지 시대의 신불분리 정책으로 인해 고류사로부터 떨어져 현재 위치에 자리하게 되었다.

오사케신사의 제신으로는 진시황제, 궁월군(弓月君), 하타노사케공(秦酒公)이 봉안되어 있다. 궁월군은 『일본서기』 오우진조에서 백제로부터 120현의

오사케신사   우즈마사영화촌

사람들을 이끌고 왔다는 인물이다. 『신찬성씨록』 좌경(左京) 제번(諸蕃)에 의하면 '우즈마사노기미노스쿠네(太秦公宿禰)라는 씨족은 진시황제의 3세손인 효무왕(孝武王)으로부터 나왔으며 공만왕(功滿王)은 주아이(仲哀) 때 귀화하였고 궁월군이라 칭하는 융통왕(融通王)은 오우진 14년 127현의 백성을 데리고 귀화'한 것으로 기록되어 있다. 그러나 이는 하타씨의 일족이 진(秦)나라의 '秦'과 같은 성을 쓰고 있었기 때문에 『신찬성씨록』이 쓰인 후대에 가서 그렇게 부회되었던 것이다. 『일본서기』에서는 하타씨의 선조인 궁월군이 '백제'로부터 왔다는 것을 분명하게 기록하고 있으며 하타로 읽으면서 '波多'로 표기되어 있는 하타노미야쓰코(波多造), 하타노이미키(波多忌寸) 등도 백제계임을 명확하게 하고 있기 때문에 하타씨는 백제 계통으로 보아야 할 것이다.

오사케신사 입구에 서서 신사의 도리이를 둘러보면 그 곁에 '누에 치고 베를 짜는 일, 관현악과 춤의 신(蠶養機織管絃樂舞之祖神)'이라고 쓰인 돌기둥을 볼 수 있다. 과거 이 지역에 정착했던 하타씨가 양잠과 직조 기술을 발전시켰다고 하는 사서의 기록을 다시금 떠올리게 한다.

》》 **관련사료** 24, 25, 50, 52, 53, 54

2) 가이코노야시로(蚕ノ社)의 고가이신사(蚕養神社)

고류사 건너편으로 가이코노야시로(蚕ノ社)라고 하는 전차역이 있고 부근 여러 주택가들이 밀집한 사이로 고노시마신사(木島神社)가 자리하고 있다. 고노시마신사는 『속일본기』 701년에도 등장하는 오래된 신사로서 현재 경내에는 고가이(蚕養)라고 하는 신사가 자리하고 있다. 지금은 고가이신사(蚕養神社)가 고노시마신사 안에 조그마하게 자리하고 있지만, 원래는 고가이신사가 이 동네를 대표할 정도로 영향력이 컸던 거대한 신사였다. 가이코노야시로라는 명칭은 오래전부터 이 지방에 하타씨에 의해 전수되어 온 가이코(蚕) 신앙 즉, 양잠 신앙 때문에 생긴 명칭이다. 직물(織物)의 조상신을 제사 지내는 고가이신사는 우즈마사 지역에 정착하여 양잠과 직조기술을 발전시켰던 하타씨와 떼려야 뗄 수 없는 관련을 갖는다.

『일본서기』 유랴쿠 16년조에는 하타씨를 따르는 백성을 뽕 재배하는 국현(國縣)으로 옮겨 용(庸)과 조(調)를 바치게 하였다는 기사가 있다. 이러한 기록을 통해 5세기 후반경 이 지역에 정착한 하타씨에 의해 양잠의 기술이 발전되어 왔음을 짐작할 수 있다. ⟫⟫⟫ **관련사료** 54, 55

고노시마신사   고가이신사

3) 마쓰오대사(松尾大社)

우즈마사에서 가쓰라천(桂川)을 건너면 소나무 숲으로 덮여 있는 마쓰오산(松尾山) 자락이 보이는데, 그 앞으로 붉은색의 커다란 도리이(鳥居)를 하고 있는 마쓰오대사(松尾大社)가 자리하고 있다.

마쓰오대사

『본조월령(本朝月令)』에 의하면 마쓰오대사는 701년 몬무(文武)의 칙명(勅命)으로 하타노이미키도리(秦忌寸都理)가 창건했다고 하는 신사이다. 현재 일본 전국에 총 11만 개나 있는 신사 중에서 4번째로 격식을 갖추고 있는 신사라고 한다. 현재 마쓰오대사의 제신은 스사노오노미코토(素戔嗚尊)의 두 아들인 오야마구이가미(大山咋神)와 이치키노시마히메노미코토(市杵島姫命)로 되어 있다.

하지만, 원래 한반도계 도왜인인 하타씨의 씨신(氏神)을 제사 지냈던 신사였다. 그러다가 중세 이후 일본 제일의 양조조신(釀造祖神)을 모시는 주조신사(酒造神社)로 알려져 왔다. 그래서 마쓰오대사의 경내에는 여기저기 술통이 쌓여있고 전국의 양조가들이 이곳에 술통을 진열해 놓고 맛있는 술을 빚게 해달라고 기원하는 모습을 종종 목격할 수 있다. 주류 제조업자들에게는 신사 뒤 마쓰오산 계곡의 물이 신수(神水)로 알려져 있어서 새해가 돌아오는 날이면 그 물을 뜨기 위해 많은 이들이 멀리서부터 찾아오기까지 한다. 본전은 무로마치(室町) 시대에 건축되어 국가중요문화재로 지정되어 있다.

마쓰오대사

마쓰오대사 술통

〉〉〉 관련사료 56

일본 백제계 지명과 신사

75

4) 후시미이나리대사(伏見稻荷大社)

　교토의 동남부인 후카쿠사(深草) 일원에는 전국 3만 5천 개가 있는 이나리신사(稻荷神社)의 총 본산인 후시미이나리대사(伏見稻荷大社)가 있다. 제신은 이나리대신(稻荷大神)으로 원래 오곡의 풍요를 관장하는 농경신이었지만 점차 산업의 수호신으로 믿어지며 후시미(伏見) 지방의 지주신 역할을 해왔다.

　기원에 대해서는 『야마시로국 풍토기(山城國風土記)』 일문(逸文)에 하타노나카쓰야노이미키(秦中家忌寸)의 먼 조상인 하타노이로구(秦伊侶具)가 창건한 것으로 씌어 있다.

　곡물이 풍성하여 풍요롭게 지내던 어느 날, 하타노이로구는 부유한 나머지 한 턱 쓰고 싶어서 떡을 과녁으로 삼아 활을 쏘게 되었다. 그러자 과녁이 둥근 떡은 흰 새가 되어 이나리산(稻荷山)의 봉우리로 날아갔고 흰 새는 이네나리(伊禰奈利, 벼)로 변했다고 한다. 이 때문에 '이네나리'로부터 이나리신사라는 이름이 정해졌다. 이나리대사가 위치하고 있는 후시미 지역은 일찍이 하타노오쓰치(秦大津父) 이래 하타씨의 근거지 중에 하나로 일컫는 곳이다.

후시미이나리대사 　　　　　　　　　　　　　　　　　　　　**》》 관련사료** 57

히라노신사

5) 히라노신사(平野神社)

   교토 시내 북쪽 한가운데 자리하고 있어 밤 벚꽃 놀이를 통해 많은 일본인 들에게 친숙해 있는 히라노신사(平野神社)는 794년 교토로 천도를 단행했던 간무(桓武)의 명에 의해 만들어진 신사이다. 제신은 이마키신(今木神), 구도신 (久度神), 후루아키신(古開神), 아이도노(相殿)의 히메신(比賣神)으로 되어 있다.

   여기서 이마키신은 염직신(染織神)을 의미하는데, 이마키는 '今木'으로도 쓰 고, '今來'로 표기하기도 한다. 따라서 신래자(新來者) 즉, 새로이 온 사람이라 는 뜻으로 한반도에서 건너온 도왜인을 의미하고 있다.

   『일본서기』 유랴쿠 7년조에는 백제로부터 건너왔던 기술자를 이마키노테 히토(今來才伎)로 기록하고 있으며, 이마키노아야노스에쓰쿠리노코키(新漢陶 部高貴)와 같이 새로이 건너왔다는 의미로 쓰이고 있다. 지금의 나라현(奈良縣) 다케치군(高市郡)의 아스카촌(明日香村)을 중심으로 한 일대가 이마키군(今來郡)

이었는데, 이곳에 백제로부터 건너왔던 사람들이 많이 거주했다.『일본서기』에는 오우진 때에 야마토노아야노아타이(倭漢直)의 선조인 아지사주(阿知使主)가 그 일족, 17현의 백성을 거느리고 야마토에 도착했다고 하면서 고대의 가장 유력한 도왜인으로 그리고 있다. 이처럼 이마키신(今木神)은 본래 백제계 도왜인에 의해 이마키군의 땅에서 숭배되었던 도왜계 신이었지만, 후에 헤이안경의 다무라고궁(田村後宮)에서 제사 지내게 되었다고 한다. 그 제사자가 간무(桓武)와 그의 모친인 다카노니이가사(高野新笠)였고 수도를 헤이안으로 천도함에 따라 히라노신사로 옮겨졌다고 한다. 다카노니이가사는 백제로부터 건너온 도왜인이라고 전해지는 야마토노오토쓰구(和乙繼)와 오에노마이모(大枝眞妹) 사이에서 태어난 여인이다. 교토의 남쪽 나가오카경(長岡京) 유적 부근에 있는 오에산(大枝山)에 가면 간무의 생모인 다카노니이가사의 무덤이 있다.

『본조월령(本朝月令)』소인(所引) 정관식(貞觀式) 주(注)에는 히라노신사가 원래 이마키신을 비롯하여 구도신(久度神), 후루아키신(古開神)의 3신(神)을 모시는 곳이었다가 후에 히메신(比賣神)이 추가되었다고 한다. 그 연대를 대략 834~850년경으로 추정하기도 한다. 그래서 이때의 히메신을 다카노니이가사나 그녀의 조상신으로 추정하는 견해가 있다. 》》》 **관련사료** 8, 9

다카노니이가사의 묘

6) 아야베(綾部)

교토부(京都府)의 북부에는 견직물 산업으로 알려져 있는 아야베시(綾部市)가 위치하고 있다. 오래전부터 양잠업의 중심지로 알려져 있었기 때문에 고대 일본에 직물업을 번성시켰던 아야베(漢部)가 거주했던 데서 지명의 이름이 탄생했다. 고대에는 단바(丹波) 지방의 아야베향(漢部鄉)으로 불렀고 에도(江戶) 시대 초기까지 아야베(漢部)로 기록되어 있던 곳이다. 아야씨(漢氏)는 하타씨(秦氏)와 더불어 대표적인 한반도계 도왜씨족 중에 하나이다.

아야씨 계통에는 야마토노아야씨(東漢氏)와 가와치노아야씨(西漢氏)가 있는 것으로 알려져 있다. 야마토노아야씨와 관련해서는 『신찬성씨록』에 후한(後漢) 영제(靈帝)에 유래를 둔 씨족으로 기재되어 있지만, 『일본서기』에서는 선조인 아지사주(阿知使主)가 오우진 20년(409년)에 그의 아들 도가사주(都加使主)와 함께 17현(縣)을 거느리고 왜국에 온 것으로 기록되어 있다. 이들 씨족의 활동 범위와 양태를 고려하면 백제계로 보는 것이 타당하다고 보고 있다.

아야베시청 입구

가와치노아야씨의 경우 야마토에 본거지를 둔 야마토노아야씨와는 달리 가와치 지역에 본거지를 두고 아야씨 및 아야베를 통솔했던 씨족이었다. 가와치노아야씨에 대해서는 야마토노아야씨와 동족(同族)이라는 설, 왕인(王仁)의 후예 씨족인 가와치노후미씨(西文氏) 계통이라는 설, 가와치노이미키(河內忌寸)의 전신으로 보는 등 다양한 설이 제기되고 있지만 거론되는 씨족의 대부분이 백제계통인 것을 알 수 있다. 『신찬성씨록』에서 아야히토(漢人)가 백제국 사람 다야가(多夜加)의 후손이라는 기록이 보이는 것을 통해서도 아야씨를 백제계통으로 볼 수 있을 것이다.

>>> 관련사료 8, 10, 58

7) 오카노야(岡屋)

교토부 우지시(宇治市)의 우지천(宇治川) 동편으로 가면 고카쇼(五ヶ莊)라는 곳이 나온다. 이곳은 예전 오카노야(岡屋)라고 했던 곳인데, 현재 오카노야소학교(岡屋小學校)에 옛 지명의 이름이 남아 있다. 오카노야라는 지명과 관련이 있는 씨족으로는 백제계 오카노야공(岡屋公)이 있다. 『신찬성씨록』에 의하면 오카노야공은 백제국 비류왕(比流王)의 후손으로 기록되어 백제계임을 밝히고 있다. 『일본삼대실록』 864년 8월조에는 오카노야공이 황별계인 하타노아손(八多朝臣)의 후손으로 나오고, 『신찬성씨록』 우경(右京) 황별(皇別)에는 하타노아손이 다케우치노스쿠네(武內宿禰)의 후예로 기재되어 있다.

『고사기』 고겐단(孝元段)에 다케우치노스쿠네의 아들로서 하타씨(波多氏)가

오카노야소학교

등장하고 있는데, 통상 다케우치노스쿠네에 대해서는 실재하지 않는 전승상의 인물로 치부되고 있다. 이러한 사실은 원래 비유왕의 후손으로 한반도에서 건너온 백제계 씨족 오카노야공이 후에 황별 계통인 하타노아손으로 개성(改姓)되면서 다케우치노스쿠네의 후손으로 변경되었을 가능성을 보여주고 있다.　　　　　　　　　　　　　　　**>>> 관련사료** 17, 59, 60, 61

8) 다타라(多々羅)의 신궁사(新宮社)

교토부 교타나베시(京田邊市) 도시샤대학(同志社大學)의 남단에는 다타라 마을이 위치해 있는데, 동네 뒷산을 오르면 신궁사(新宮社)라는 조그마한 신사가 보인다.

전승에 따르면 이 부근은 긴메이(欽明) 때 백제국 사람 이리구모왕(爾利久牟王)의 주거지였고 왜국에 제철 문화를 전해서 다타라(多々羅)의 성(姓)을 받았다고 한다. 다타라는 대장간에서 쇠를 달구거나 녹이기 위해 화로에 바람을 불어넣는 풀무를 의미하는 것으로 통상 제철 문화와 관련이 깊은 명칭으로 보고 있다. 이후 그의 후손이 조상신으로 백제국 여장왕(余璋王, 무왕)을 제신으로 모시게 되었던 것이 신사의 창건 유래라고 한다.

그런데, 다타라의 성을 받았다는 백제국인 이리구모왕에 대해『신찬성씨록』야마시로국(山城國) 제번(諸蕃)에는 미마나국주(御間名國主)로 기재되어 있다. 즉, 이리구모왕이 임나[미마나], 가야의 왕으로 기록되어 신궁사의 전승과는 다르게 전해지고 있는 것이다. 이를 통해 한반도 도왜씨족과 관련된 일부 전승에 있어서 차이를 보이고 있는 점이 확인된다.『신찬성씨록』에서는 가라씨(加羅氏)가 백제인의 씨명으로 기록되어 있는 경우를 볼 수 있다. 이러한 사례들은 당시 한반도에서 백제가 가야를 영향력 하에 두고 있었던 사실로부터 나온 것은 아닐까 판단된다. 〉〉〉 **관련사료** 62, 63

신궁사

다타라

교토부 백제계 지명과 신사 지도

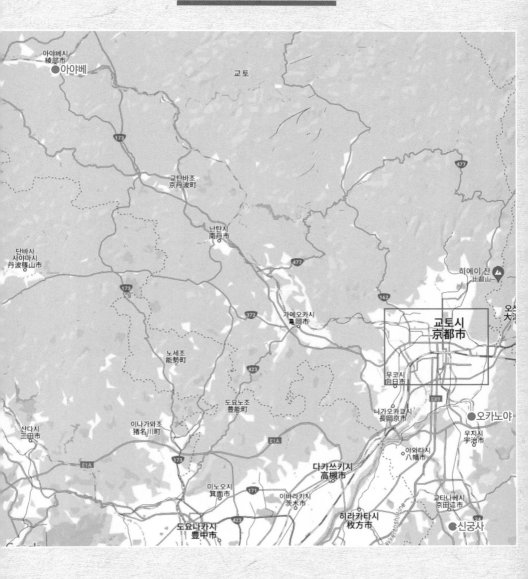

고대 왕권의 중심지, 나라현(奈良縣)

일본에서 유서 깊은 도시 중에 하나인 나라(奈良)에 올 때면 항상 머릿속을 떠나지 않는 궁금증이 있다. 나라라는 지명은 과연 우리말의 '나라'와 어떤 관계가 있을까?

통상 일본 내에서는 『속일본기』에 '平城'이라고 기록하고 나라라고 읽고 있는 것을 통해 토지를 평평하게 했던(ならす) 장소라는 의미에서 나왔다는 설을 유력하게 보고 있는 것 같다. 하지만 일본의 유명한 고대 시가집인 『만엽집(萬葉集)』에서는 나라를 '奈羅' 또는 '那羅' 등으로 쓰고 있어 고대에는 '奈良'을 우리말로도 '나라'라고 읽었음직하다. 한자가 일본에 건너오기 이전부터 이 지방에서 불렀던 고유 지명이었을 것으로 생각되는데, 이 때문에 일본 내에서도 우리말의 나라로부터 유래되었다는 설이 존재하고 있다.

나라현(奈良縣)의 현청 소재지인 나라시(奈良市)는 서기 710년 겐메이(元明)에 의해 도읍이 건설된 후 794년 교토로 옮겨질 때까지 일본의 왕도가 있었던 곳이다. 역사적으로 보면 도읍이 있었던 기간이 그리 길지는 않았지만 율령 정치가 이루어짐으로써 국제색을 띤 귀족 문화가 번성하였던 때이기도 하

헤이죠궁터

다. 『일본서기』라는 사서도 나라에 도읍이 있었을 때 완성되었다.

　나라시대의 궁터로는 현재 헤이죠궁(平城宮)이 남아 있다. 남쪽 야마토 지역인 후지와라경(藤原京)으로부터 나라로 도읍을 옮긴 겐메이는 당나라의 장안을 모방하여 왕도를 건설했다. 지금은 제1차 대극전(大極殿)의 남문(南門) 등 일부가 복원된 상태이며 제2차 대극전 일원은 주춧돌과 기단만이 남겨져 있는 상황이다. 하지만 그보다 이전 고대 전반에 걸쳐 왕권의 중심지로 알려진 곳은 나라현의 야마토 지역이다. 나라시에서 남쪽으로 일본에서 가장 오래된 길이라고 하는 야마노베노미치(山辺の道, 현 169번 국도)를 따라 내려가면 마주할 수 있다. 지금의 나라 지역 동남부인 마키무쿠(纏向)나 사쿠라이(櫻井), 시키(磯城) 일대를 말하는데, 백제와의 관련성은 오히려 야마토 지역에 많다.

　야마노베노미치를 따라 내려가다 보면 가장 먼저 덴리시(天理市)가 나온다. 덴리시 와니정(和爾町) 일원은 와니씨(和爾氏)의 근거지였던 곳이다. 와니씨는 '和爾', '和珥'라는 한자 외에도 '王仁', '和邇' 등으로 쓰고 있어 백제에서 건너왔던 왕인 박사와 같은 씨족으로 보고 있다. 또한 덴리시에는 유명한 이소노카미신궁(石上神宮)이 있는데, 이곳 신고(神庫)에는 일본의 국보로서 백제가

아스카 일대

왜왕에게 주었다는 칠지도(七支刀)가 보관되어 있다.

좀 더 남쪽으로 이동하면 아스카(飛鳥) 지역이 나온다. 일본의 고문헌에서는 아스카를 '飛鳥', '明日香', '安宿', '阿須加' 등으로 기록하고 있다. 이 지역이 592년 스이코(推古) 때부터 왕궁이 집중적으로 조영되고 있는 고대 일본 역사의 산실인 곳이다. 동시에 백제로부터 많은 도왜인들이 정착해서 백제의 문화가 서려 있는 곳이기도 하다. 아스카에 있는 히노쿠마(檜前) 지역에는 백제계 이주민인 야마토노아야씨(倭漢氏, 東漢氏) 집단과 관련 있는 오미아시 신사(於美阿志神社)와 히노쿠마사(檜隈寺) 터가 남아 있다.

기타가쯔라기군(北葛城) 고료정(廣陵町)에는 '백제(구다라)'라는 지명과 함께 삼층목탑을 중심으로 백제사(百濟寺)가 남아 있다. 『일본서기』에 의하면 조메이(舒明) 11년(639년) 백제대궁(百濟大宮)과 백제대사(百濟大寺)를 건축하였고 백제천변에 구층탑을 세웠다고 기록되어 있다. 현재 그 소재지에 대해서 논란이 있지만, 사쿠라이시(櫻井市) 기비(吉備) 연못 터 부근이 백제대사의 옛 터전인 것으로 추정하고 있다.

이소노카미신궁

1) 이소노카미신궁(石上神宮)

　나라현 덴리시(天理市)에는 『고사기』와 『일본서기』에 기록되어 일본에서 가장 오래된 신사 중에 하나로 보고 있는 이소노카미신궁(石上神宮)이 있다. 원래 본전은 없는 상태였던 것이 메이지 시대에 들어와서 일반인의 출입을 금하는 금족지(禁足地) 안에 신사의 본전을 건축했다고 한다. 당시에 본전을 건축하면서 발굴된 금족지에서는 구슬, 무구류, 거울 등이 발견되었기 때문에 수 시대에 걸친 제사 유적이 있었을 것으로 추정하기도 한다. 지금은 본전 앞쪽으로 가마쿠라(鎌倉) 시대에 건축된 배전(拜殿)이 일본에서 가장 오래된 것으로 인정되어 국보로 지정되어 있다.

　현재 이소노카미신궁은 일본의 초대 천황이라고 하는 진무(神武)가 기나이(畿內) 지방을 정벌했을 당시 다케미카즈치(建御雷)라는 신(神)이 선사해 주었다고 하는 국토 평정의 공이 있는 후쓰노미타마노쓰루기(布都御魂劍)라는 칼

이소노카미신궁 신고

을 모시고 있다고 전하며, 현재 제신(祭神)으로 하고 있다. 따라서 옛날부터 각 시대의 이름난 도검(刀劍) 1천 자루가 이곳 신궁의 보물로 보관되어 있어 모노노베씨(物部氏)에 의해 제사가 행해졌다고 한다. 특히 이소노카미신궁에는 1873년부터 1877년까지 이소노카미신궁의 대궁사(大宮司)로 있었던 간 마사토모(菅政友)에 의해 발견되어 일본의 국보(國寶)로 지정된 칠지도(七支刀)가 보관되어 있다.

『일본서기』에는 백제의 근초고왕(近肖古王)이 칠지도(七枝刀)를 왜국에 헌상했던 것으로 기록하고 있기 때문에 이소노카미신궁에서도 이를 근거로 해석한 안내판을 세워놓고 있는 것을 볼 수 있다. 하지만 칠지도에는 앞, 뒤로 금으로 새겨진 명문(銘文)이 발견되어 당시의 상황을 제대로 파악할 수 있게 한다. 특히 최근에는 명문에 대한 정밀한 판독을 통해 그동안 칠지도에 대한 통설이 잘못되었음이 확인되기도 하였다.

그동안은 칠지도에 새겨진 첫 구절을 '태화(泰和)'로 추정하여 중국 동진(東

칠지도

쯤)의 연호에 해당한다고 보아왔지만, 최근 '태(泰)'가 아닌 '봉(奉)'의 이체자임이 밝혀졌다. 칠지도가 제작되었을 것으로 추정되는 4~6세기 당시 중국에는 '봉(奉)'으로 시작되는 연호가 없기 때문에 칠지도에 새겨진 '봉(奉)□'을 통해 당시 백제가 연호를 썼던 사실을 알 수 있게 되었다.

또한 칠지도의 제작연월에 대해서도 그동안 명문에 나타난 글자를 주조하기 좋은 때라고 여겨지던 5월로 보았는데, 일본의 NHK가 촬영한 X-레이 사진 등을 통해 보면 '11월 16일 병오(丙午)'로 판독된다. 따라서 이에 합당한 '일간지(日干支)'를 4~6세기 사이에서 찾으면 11월 16일이 병오인 날 가운데 408년, 즉 백제 전지왕 4년을 찾을 수 있다.

더욱이 백제가 자체 연호를 써서 왜국에 주었으며 명문에서 왜왕에게 후왕(侯王)이라는 용어를 사용한 점, 하행문서 형식의 '후세에 전하여 보여라[傳示後世]'가 쓰인 점 등을 고려하면 백제가 왜왕에게 하사했던 칼임이 확실시된다.

그동안 칠지도에 대한 통설은 백제의 근초고왕(346~375년)이 왜국에 주었던 칼로 보았지만, 이는 『일본서기』에 대한 선입관을 배제하지 못한 분석이라는 한계를 지니고 있었다. 그 때문에 칠지도가 전지왕 4년(408년)에 백제로부터 왜국에 하사되었다는 견해가 설득력을 얻고 있다.

〉〉〉 관련사료 64

와니정

2) 와니정(和爾町)의 와니시타신사(和爾下神社)와 와니니마스아카사카히코신사 (和爾坐赤阪比古神社)

덴리시의 와니정(和爾町) 일원은 와니씨(和爾氏)의 근거지가 있던 지역이다. 따라서 부근에는 와니시타신사(和爾下神社)와 와니니마스아카사카히코신사 (和爾坐赤阪比古神社)가 자리하고 있다.

와니씨는 '和爾', '和珥'라는 한자 외에도 '王仁', '和邇' 등으로 쓰고 있어 와니씨는 백제에서 건너온 왕인 박사와 같은 씨족으로 보고 있다. 『고사기』에서도 왕인을 화이길사(和邇吉師)로 쓰고 있기 때문에 '와니'와 서로 같은 글자로서 통용되고 있다. 와니씨족은 5~6세기 후반에 걸쳐 큰 세력을 가졌던 야마토의 대씨족으로 6세기 무렵부터 가스가(春日), 오노(小野) 등이 갈라져 나왔다.

『엔기식』에는 야마토(大和)의 소에카미군(添上郡)에 와니니마스아카사카히 코(和爾坐赤坂比古)신사와 와니시타(和爾下)신사가 기록되어 있다.

현재 와니니마스아카사카히코신사는 덴리시의 와니정에 자리하고 있으며 와니시타신사는 덴리시 이치노모토정(櫟本町) 미야야마(宮山)와 야마토코오리야마시(大和郡山市) 오코타(横田)라는 곳, 2군데 자리하고 있다. 2개의 와니시타신사는 동서로 연결되어 있는 도로를 따라서 2.5킬로미터 정도의 거리를 두고 자리하고 있다. 현재 제신은 스사노오노미코토(素盞鳴命), 오나무치노미코토(大己貴命), 이나다히메노미코토(稲田姫命)로 하고 있지만, 원래는 와니씨의 조상신을 제사 지냈다고 한다. 와니정 주변에 고분 1,000여 기가 있고 와니시타신사도 고분 위에 위치하고 있어 와니씨의 무덤으로 추정된다.

>>> **관련사료** 12, 13

와니니마스아카사카히코신사

와니시타신사

3) 하후리다신사(祝田神社)

나라현 덴리시 다베정(田部町)에는 곡물과 풍요의 신이라고 하는 도요우케히메(豊受姫命)를 제신으로 하는 하후리다신사가 있다. 이 신사의 창건과 유래는 자세하지 않지만, 1720년경의 『이소노카미후루신궁략초(石上布留神宮略抄)』에는 덴표호지(天平寶字) 때 기치타노무라지지수(吉田連智首 혹은 知須)가 금목(今木, 이마키)을 세워 제사 지냈는데, 헤이안경의 천도 때 이 신사의 이마키신(今木神)을 히라노(平野)로 옮겨서 제사 지냈던 것으로 되어 있다.

『신찬성씨록』에 의하면 기치타노무라지(吉田連) 씨족은 원래 길씨(吉氏)인데, 와니씨(和邇氏) 계통인 오가스가노아손(大春日朝臣)과 조상이 같은 황별 씨족으로 분류되어 있다. 특히 과거 한반도 기문국(己汶國)에 파견되었던 시오다리쓰히코(鹽垂津彦)의 후손으로서 기문국의 미코토모치[宰]를 칭하여 기치(吉)라고 했기 때문에 후손들은 길씨(吉氏)가 되었던 것으로 씌어 있다.

하지만 이는 자신들의 조상을 일본에서 파견된 장군의 후손으로 둔갑시키면서 일본인으로 개변한 대표적 사례에 꼽힌다. 『일본서기』에는 667년 오우미(近江)로 천도한 이후 왜국으로 이주한 백제 지배층 중에 의약에 재능을 가진 인물로 길대상(吉大尙)이 등장하며, 『속일본기』 724년조에는 그의 아들 길의(吉宜)와 길지수(吉智首)가 기치타노무라지의 성을 받은 것으로 되어 있다. 따라서 기치타노무라지 씨족은 백제인 달솔 길대상으로부터 나온 백제계 도왜인이었다.

한편, 『신찬성씨록』 기치타노무라지의 기사에는 기문국의 위치와 관련한 중요한 기록이 남아 있다. 현재 기문국과 관련해서는 남원, 임실 등 섬진강 주변에 비정하고 있는 것이 통설이다. 하지만 이 기록에서는 기문이 임나의

하후리다신사

동북에 있고 신라와 상쟁하는 위치에 있는 것으로 기술하고 있어서 이를 통해서는 섬진강 부근이 될 수가 없다. 오히려 기문은 감천과 낙동강이 만나고 있는 선산과 김천, 개녕 일대에 비정을 해야 문헌의 기록에 합당한 것으로 나타난다.

일단 교토의 히라노신사(平野神社)로 옮겨진 이마키신이 과연 하후리다신사의 제신이었는지는 명확하지 않지만, 후에 와니씨족으로 계보를 바꾸면서 도왜계 와니씨의 터전과 근접한 지역에 위치하고 있는 것을 통해 기치타노무라지 씨족과의 관련성이 주목된다. 신사 안에는 와니씨 계통의 가스가신사(春日神社)가 자리하고 있다.

>>> **관련사료** 65, 66, 67

4) 고료정(廣陵町)의 백제(百濟)

나라현의 다와라모토역(田原本驛)에서 서남
쪽으로 약 3킬로미터 지점에 있는 소가천(曾我
川)과 가쓰라기천(葛城川)의 중간쯤에 가면 '백
제'라는 지명을 볼 수 있다.

정확한 지명은 나라현 기타가쓰라기군(北葛
城郡) 고료정(廣陵町)이며 과거에는 백제향(百濟
鄕)으로 백제계 도왜인이 번영을 누렸던 곳이
라고 한다. 현재도 백제야(百濟野)라는 명칭이
남아있으며 소가천도 본래는 백제천(百濟川)으
로 불렀다고 한다. 현재 백제 지역에는 백제
사(百濟寺)가 남아 있는데, 가마쿠라(鎌倉) 중기
에 건축되어 메이지 시대에 중요 문화재로 지
정되었다는 목탑과 다이쇼칸(大職官)이라 부르
는 본관이 남아 옛 영화를 보여주고 있다.

『일본서기』에 의하면 조메이(舒明) 11년(639
년) 7월에 백제천 곁에 백제대궁(百濟大宮)과 백
제대사(百濟大寺)를 건축하였고 12월 백제천변
에 구층탑을 세웠다고 기록하고 있다. 이후
화재로 인하여 고교쿠(皇極) 때 재건되었으며
덴무(天武) 때인 673년에 아스카(飛鳥)의 다케
치군(高市郡)으로 옮겨 다케치대사(高市大寺)로

고료정 백제

백제사 목탑

기비 백제대사터

명명되었고 677년 다이칸대사(大官大寺)로 개칭되었다고 한다. 그러나 백제대궁과 함께 조영된 백제대사에 대해서는 그 소재지를 두고 논란을 벌여 오고 있다.

1997년 2월27일 나라국립문화재연구소 발굴조사단은 나라현 사쿠라이시(櫻井市) 기비(吉備) 연못 터 부근에서 백제대사의 옛 터전을 발견하였다고 발표하였다. 그곳에서 발견된 금당 기단은 동서와 남북의 길이가 각각 37미터, 28미터나 되고 높이 약 2미터의 거대한 것으로 호류사(法隆寺)의 2배가 넘는 규모라고 한다. 또한 1998년에는 같은 지역에서 구층탑 터도 발견되었고 1999년 5월에는 왕궁터도 발견되었다. 따라서 연구소 측에서는 기단이 거대하고 규모가 크기 때문에 일개 호족의 씨족 사찰로는 생각할 수 없으며 출토된 기와도 『일본서기』에 백제대사를 세우기 시작한 639년과 연대가 일치한다는 점을 들어 백제대사 터로 추정하고 있다.

》》 관련사료 68

5) 하타노쇼(秦莊)와 니키(新木)

나라현 시키군(磯城郡) 다와라모토정(田原本町)에 가면 하타노쇼(秦莊)라는 지명이 있다. 예로부터 이곳이 하타씨의 집단이 거주했던 곳이기에 현재까지 하타의 명칭이 남아 있다. 현재 진라쿠사(秦樂寺)가 소재하고 있는데 전승에 의하면 647년 백제왕이 왜국에 전달한 관음상(觀音像)을 쇼토쿠태자(聖德太子)가 하타노가와카쓰(秦河勝)에게 내려주면서 생긴 사찰이라고 한다.

하타씨에 대해서는 『일본서기』에 하타씨의 선조인 궁월군이 '백제'로부터 도왜했다고 분명하게 기록하고 있으며 하타노미야쓰코(波多造), 하타노이미키(波多忌寸) 등의 기록을 통해 백제계통으로 보아야 할 것이다.

바로 인접한 마을은 다와라모토정의 니키(新木)라는 곳이다. 과거 소에카미군(添上郡)의 니키노쇼(新木莊)에 해당하는 오래된 고장으로 『화명류취초(和名類聚抄)』에 따르면 오후향(飫富鄕)의 오후를 '饒'라고 쓰고 '니기'라고 읽어 '新木'이라는 글자에 맞추었다고 한다. 『신찬성씨록』에는 니키노오비토(新木首)가 백제국 사람 이거류군(伊居留君)의 후손으로 되어 있는데, 다와라모토정의 니키가 니키노오비토의 본거지였다. **》》 관련사료 24, 25, 50, 69**

하타노쇼 진라쿠사

니키 지명 안내판

오미아시신사

6) 히노쿠마(檜前)의 오미아시신사(於美阿志神社)

　　나라현 다케치군(高市郡) 아스카촌(明日香村)에 가면 이른바 이마키(今來)라 부르는 이주민 집단의 씨사(氏寺)로 오미아시신사(於美阿志神社)와 히노쿠마사(檜隈寺) 터가 남아 있는 것을 볼 수 있다. 초석, 금당 터가 남아있는 히노쿠마사 절터 위에 오미아시신사가 세워져 있다. 오미아시신사의 제신은 아지사주(阿知使主, 아치노오미)로 『일본서기』에는 오우진 20년(409년)에 야마토노아야노아타이(倭漢直)의 선조인 아지사주(阿知使主)가 그 일족, 17현의 백성을 거느리고 야마토에 도착했다고 하면서 고대의 가장 유력한 도왜인으로 기술하고 있다.

　　히노쿠마의 지명과 동일한 히노쿠마노이미키(檜前忌寸)의 경우도 『신찬성씨록』 셋쓰국(攝津國) 제번(諸蕃)에 의하면 아지사주와 동일인물인 아지왕의 후손으로 등장한다. 야마토노아야씨(倭漢氏, 東漢氏)과 관련해서는 『신찬성씨록』에서는 후한(後漢) 영제(靈帝)로부터 나온 씨족으로 기재되어 있지만, 이는 나라

(奈良) 시대에 들어 후한에 유래를 둔 씨족으로 참칭되었던 것으로 실제로는 한반도에서 건너온 것으로 보고 있는 것이 학계의 정설이다. 다만 이를 백제계로 보는 설과 가야계로 보는 설이 있지만, 가와치노후미씨(西文氏)의 선조인 왕인(王仁)

히노쿠마사터

과 비슷한 시기에 백제에서부터 건너왔으며, 한반도에서 건너왔던 씨족 가운데 가장 큰 집단에 해당하는 야마토노아야씨는 소가씨(蘇我氏)의 휘하에 있었고 직물을 생산하는 수공업자 집단의 기술자 등 이마키노아야히토(今來漢人)로 칭해지는 한반도 이주민을 거느리고 히노쿠마(檜隈) 근거지 부근에 집중적으로 거주하고 있었다. 따라서 야마토노아야씨의 활동 범위와 양태를 고려하면 백제계로 보는 것이 타당하다.

또한 『신찬성씨록』 우경(右京) 제번(諸蕃)에 한인(漢人)이 백제국인 다야가(多夜加)의 후손이라는 기록이 보이고 있는 것을 통해서도 아야씨(漢氏) 계통을 백제계로 볼 수 있을 것이다. 『고사기』에도 백제에서 넘어온 아지길사(阿知吉師)가 아지키노후히토(阿直史)의 선조로 나오고 있는데, 이를 통해서도 아지(阿知)라는 명칭은 백제계로 보는 것이 타당할 것이다. 어쨌든 아지사주가 다케치군을 근거로 해서 살았던 이마키(今來)라고 하는 이주민 집단의 수장으로서 현재까지 아지사주(아치노오미)가 와전된 오미아시라는 이름의 신사에서 숭배되고 있다. 특히 부근에는 한반도계의 벽화고분을 갖춘 다카마쓰총과 기토라고분이 위치하고 있어서 백제계 도왜인과의 관련성이 주목되는 곳이 아닐 수 없다.

》》》 **관련사료** 8, 9, 10, 12, 58, 70

7) 하타신사(波多神社)

다케치군 아스카촌에서 남동쪽 산골로 접어들게 되면 통칭 하타(畑)라고 부르는 지역이 나오고 후유노(冬野) 지구에는 하타신사(波多神社)가 자리하고 있다. 건립 경위는 불분명하지만, 『엔기식』에 등장하는 다케치군의 하타신사(波多神社)에 비정되는 신사이다. 하타씨는 『고사기』 고겐단(孝元段)에서 전승상의 인물인 다케우치노스쿠네(建內宿禰)의 아들 하타노야시로노스쿠네(波多八代宿禰)의 후손으로 전한다. 그러나 다케우치노스쿠네는 실존했던 인물이 아니라 이들 씨족을 일본인화하는 과정에서 부회된 것으로 판단된다.

『신찬성씨록』에는 하타노미야쓰코(波多造)가 백제인으로부터 나왔다는 기록이 있을 뿐만 아니라 『신찬성씨록』 일문(逸文) 「사카노우에계도(坂上系圖)」에도 백제계 야마토노아야노아타이(倭漢直)의 조상인 아지사주의 증손 지노직(志努直)을 선조로 하는 하타노이미키(波多忌寸)가 기재되어 있다. 따라서 하타씨와 관련해서는 하타노미야쓰코와 하타노이미키 등의 사례에서 볼 수 있듯이 백제계 씨족으로 판단할 수 있다. 　　　　　　　　　**⟫⟫⟫ 관련사료 17, 24, 25**

히타신사

나라현 백제계 지명과 신사 지도

비와호의 고장, 시가현(滋賀縣)

  교토의 동쪽에 있는 오쓰(大津)라는 도시로 이동하면 일본에서 제일 큰 호수인 비와호(琵琶湖)와 맞닥트리게 된다. 옛 악기 중의 하나인 비파 형상으로 생겨 비와호로 부르는 호수는 둘레가 약 230킬로미터에 이르는데, 시가현(滋賀縣)이 전체를 둘러싸고 있는 형국이다. 과거에는 오우미(近江)라고 불렀던 고장으로 비와호를 아후미(淡海)라고 했던 데서 나온 명칭으로 보기도 한다.

  백제가 멸망한 후인 667년 덴지(天智)는 아스카(飛鳥)에 있던 도읍을 오쓰로 옮긴다. 이는 663년 백강구(백촌강) 전투의 패배에 따른 대외적인 위기감으로 인해 새로운 체제를 구축하기 위해서였다. 당시 건설되었던 오우미오쓰궁(近江大津宮)이 주택가에 일부 흔적을 남기고 있는데, 현재 니시코리정(錦織町)에 해당되는 곳으로 백제계 니시코리씨의 터전이었다. 즉, 천도가 이루어졌던 오쓰는 바로 백제계 도왜인의 문화가 자리하고 있는 곳이었다. 이는 백제인의 지식과 기술을 활용하여 새로운 왕도가 건설되었음을 짐작게 하는 부분이다.

  또한 시가현의 중심 도시인 오쓰에는 와니씨(和邇氏)의 본거지인 와니(和邇), 마노(眞野) 등의 지명이 남아 있다.

비와호와 오쓰시

『일본서기』에는 백제가 멸망한 후에 남녀 700여 명을 오우미(近江)의 가모군(蒲生郡)에 옮겨 살게 하였다는 기록이 있다. 이 때문에 시가(滋賀) 지역에는 백제 멸망 후 이주했던 도왜인에 의해 남아 있는 백제계 지명과 신사의 흔적이 보인다. 백제부흥운동의 장군이었던 귀실복신(鬼室福信)의 아들인 귀실집사(鬼室集斯)도 만년에 관직을 사퇴하고 가모군의 고노(小野)라는 산촌에 은거했는데, 현재 이 지역에는 그를 제신으로 하는 귀실신사(鬼室神社)가 남아 있다.

이시도정(石塔町)에 있는 이시도사(石塔寺)의 경우도 전형적인 한반도계 석탑의 유형을 보이고 있는데, 이는 당시 오우미로 이주했던 백제계 도왜인들에 의해 건립되었던 것으로 보인다.

시가현에는 조선 후기 통신사와 관련된 장소도 곳곳에 남아 있다. 비와호 남쪽을 연해서 에도로 향했기 때문이다. 모리야마시(守山市)에서부터 오우미 하치만(近江八幡市)을 지나 히코네(彦根)까지 약 41킬로미터에 이르는 길을 '조선인가도(朝鮮人街道)'로 부르고 있다. 통상 교토에서 에도까지 가는 길은 도카이도(東海道)로 알려져 있지만, 도카이도는 나고야(名古屋) 인근에서 바다를 건너는 행로가 있었다. 따라서 통신사의 경우 불편함을 없애기 위해 나고야까지는 비와호를 연하는 육로를 따라 이동했다.

오우미오쓰궁 유적

조선인가도

와니역   마노 지명

1) 와니(和邇)와 니시코리정(錦織町)

시가현의 중심 도시인 오쓰는 본래 오우미의 시가군(滋賀郡)에 속했던 고장으로 북부의 마노향(眞野鄕)은 시가정(志賀町)의 와니(和邇)를 중심으로 와니씨(和邇氏)의 본거지로 알려져 있다.

와니씨의 일족으로는 오노씨(小野氏), 마노씨(眞野氏), 가스가씨(春日氏) 등이 있어 지금도 이 지역에 와니(和邇), 오노(小野), 마노(眞野), 가스가야마(春日山) 등의 지명을 남기고 있다. 통상 와니씨는 '和邇', '和爾', '和珥', '王仁' 등으로 쓰고 있기 때문에 백제에서 건너왔던 왕인 박사와 같은 씨족으로 보고 있다.

마노향에서 유래한 마노씨의 경우만 보더라도 『신찬성씨록』 우경(右京) 제번(諸蕃)에 마노노미야쓰코(眞野造)가 백제국 초고왕(肖古王, 근초고왕)으로부터 나왔다고 기록하고 있다. 마노씨는 미타미노오비토(民首)와 동족관계를 형성하고 있으며 미타미노오비토는 『신찬성씨록』에 의하면 백제국 사람 노리사주(努利(理)使主)의 후예로 되어 있어 마노씨가 백제계 도왜인임을 명확히 하고 있다.

니시코리정

남부에는 니시코리향(錦部鄕)과 오토모향(大友鄕)이라는 지명이 있었는데, 니시코리씨(錦部氏)와 오토모씨(大友氏) 일족이 정착했던 지역이었다.

『신찬성씨록』 야마시로국(山城國) 제번(諸蕃)과 우경(右京) 제번(諸蕃)에는 니시고리씨(錦織氏, 錦部氏)가 파능지(波能志) 또는 한국인(韓國人) 파노지(波努志)의 후손으로 되어 있다. 더욱이 가와치국(河內國) 제번(諸蕃)에는 니시고리노무라지(錦部連)가 백제의 속고대왕(速古大王, 근초고왕)의 후예로 나오고 있어 백제계 씨족임을 밝히고 있다. 지금도 오쓰에는 니시코리정(錦織町)이라는 지명이 남아 있는데, 이 일대가 직물의 기술을 가지고 있었던 백제계 도왜인의 거주지였으며 과거 오우미오쓰궁(近江大津宮)이 있었던 곳이다.

왜국에서는 덴지(天智) 6년(667년) 아스카(飛鳥)에서 오우미로 천도가 이루어지고 있는데, 새로운 왕도의 건설도 백제인의 지식과 기술을 활용하여 이루어진 것임을 짐작게 한다.

오토모씨(大友氏)의 경우 후한(後漢) 헌제 (獻帝)의 후예로 칭하고 일설에는 아지사주 (阿知使主)와 함께 일본에 왔던 인물을 조상으로 하고 있지만,『신찬성씨록』미정잡성 (未定雜姓) 가와치국(河內國)에는 백제인 시라이노나세(白猪奈世)의 후예로 적고 있어 백제계 씨족으로 보고 있다. 지금은 오토모향(大友鄕)이라는 지명이 남아 있지는 않지만, 남부 지역에 아노우(穴太) 등의 지명을 남기고 있다. 아노우를 근거지로 하는 시가노아노우노스구리(志賀穴太村主) 일족은 오토모씨(大友氏)와 같이 후한(後漢) 헌제 (獻帝)를 공통의 조상으로 참칭하고 있어 백제계 씨족으로 판단하고 있다. 이는 시가

니시코리 안내판

현 아노우 일대에 한반도에서 나타나고 있는 것과 동일한 굴식돌방무덤군이 남겨져 있는 사실을 통해서도 아노우노스구리 일족이 백제계라는 것을 증명해주고 있다.

>>> 관련사료 12, 13, 40, 41, 42, 71, 72, 73, 74, 75

2) 이시도정(石塔町)의 이시도사(石塔寺)와 귀실신사(鬼室神社)

시가현 히가시오우미시(東近江市)에는 이시도(石塔, 석탑)라는 지역이 있는데, 이곳에는 지명에서와 같이 한반도 계통의 석탑이 세워져 있다.

이시도사(石塔寺)라 부르는 사원은 쇼토쿠태자가 오우미에 창건한 48개 사찰 중에 최후의 것이라고 전해진다. 경내에는 수많은 공양탑과 돌부처들 사이로 높이 8미터의 삼층석탑이 우뚝 서있다.

그런데 석탑과 관련해서는 전하는 이야기가 있다. 인도의 아육왕(阿育王)이 불법을 위해 8만 4천 기의 탑을 살포하여 일본에 2기가 떨어졌는데 그중 1기는 비와호에, 또 1기는 이곳에 매장되었던 것을 헤이안 시대 때 발굴해서 출토했다고 전한다. 그러나 전체적인 탑의 형태는 한반도에서 볼 수 있는 석탑과 유사하다. 따라서 인도 아육왕이 아닌, 실제로는 한반도의 도왜인에 의해 건립된 것으로 판단하고 있다.

『일본서기』 덴지 8년(669년)에는 백제가 멸망한 후에 좌평 여자신(餘自信)과 귀실집사(鬼室集斯) 등 남녀 700여 명을 오우미의 가모군(蒲生郡)에 옮겨 살게 하였다는 기록이 있다. 따라서 이시도사의 삼층석탑도 당시에 오우미로 이주했던 백제계 유민들에 의해 건립되었던 것으로 추정하고 있다.

부근에 있는 가모군 히노정(日野町)의 구릉 지대에는 귀실집사(鬼室集斯)를 모신 귀실신사(鬼室神社)가 있다. 귀실집사는 백제 멸망 후 부흥운동을 이끌었던 복신(福信)의 아들이라고 전한다. 복신은 백제 무왕의 조카이며 의자왕의 사촌 동생으로서 백제 마지막 항쟁의 중심에 서 있던 인물이었다. 『일본서기』에서는 귀실복신(鬼室福信)으로 기록하고 있어 그가 귀실씨(鬼室氏)인 것으로 되어 있다.

이시도 지명

이시도사 석탑

　복신은 일본에 가 있던 풍왕자를 맞이하여 나라의 정사를 맡기게 된다. 그러나 전쟁의 와중에서도 서로의 불신이 싹트고 있었다. 풍왕은 복신이 자신을 모함하려 하는 마음을 가졌다고 의심하여 복신을 죽이게 된다.

　기록에 의하면 덴지 때 대학료(大學療)를 처음 설치하고 귀실집사를 문부대신 겸 학직두(學識頭)에 임명했다고 한다. 귀실집사는 만년에 관직을 사퇴하고 그 영지인 가모군의 고노(小野)라는 산촌에 은거했는데 과거부터 고노 마을은 백제에서 이주한 도왜인들이 정착하여 살았던 곳으로 알려져 있다.

　신사의 뒤쪽에는 1미터 남짓 팔각형 돌기둥의 석조신전이 있고 그 옆에 수

귀실신사

령 400년가량 된 삼나무가 서 있
다. 돌기둥에는 '鬼室集斯墓'라고
양각되어 있다. 일본에서는 에도
시대부터 이 지역에 존귀한 학사
의 유적이 있는 것이 가문의 명예
라고 하여 귀실신사 앞에서 성대
한 제전을 거행하고 한학자들을
모아 귀실집사를 기리는 시문회
를 개최하였다고 한다.

귀실신사 묘비

>>> **관련사료** 66, 76

하쿠사이지정   하쿠사이사

3) 하쿠사이지정(百濟寺町)의 하쿠사이사(百濟寺)와 아이쇼정(愛莊町)의 곤고린사
(金剛輪寺)

히가시오우미시 하쿠사이지정(百濟寺町)이라는 명칭은 하쿠사이사(百濟寺)라
는 사찰로부터 나온 것이다. 하쿠사이사는 쇼토쿠태자가 창건한 오우미 48
개 사원 중에 하나로 백제의 용운사(龍雲寺)를 본떠서 세웠다고 전한다. 또한
백제의 승려인 혜총(惠聰), 관륵(觀勒) 등이 주지로 있었다고도 한다. 혜총은
스이코(推古) 3년(595년) 일본으로 와서 아스카사(飛鳥寺)에 있었던 인물이며 관
륵은 스이코 10년(602년)에 와서 일본에 역법과 천문지리 등을 전했다고 하는
승려이다. 아마 이들이 부근 에치군(愛知郡)에서 번영을 누렸던 백제계 도왜
인 에치하타씨(依智(朴市)秦氏)와의 관련으로 인해 하쿠사이사에 있었던 것은
아닌지 싶다. 그 후 백제승 도흠(道欽) 등이 공양하면서 하쿠사이사는 크게
융성하였다고 한다.

15세기의 말 화재로 인하여 대부분이 소실되었다가 현재의 본당, 인왕문,
산문 등은 도쿠가와(德川) 시대인 1650년경에 지어진 것이 남아있다.

곤고린사

　하쿠사이사 북쪽으로 멀지 않은 아이쇼정(愛莊町)에는 곤고린사(金剛輪寺)라는 절이 있다. 아이쇼라는 명칭은 원래는 하타쇼정(秦莊町)이었던 것이 2006년 에치가와정(愛知川町)과 합병되면서 새로이 바뀐 지명이다. 곤고린사는 쇼무(聖武)의 소원에 의해 건립되어 백제계 교키(行基)에 의해 741년 개창되었다고 전하는 사찰이다. 곤고린사는 일명 마쓰오사(松尾寺)로 부르고 있는데, 교토(京都)의 마쓰오대사(松尾大社)와 같이 이곳 하타쇼정도 지역의 유력호족인 에치하타씨의 씨명으로부터 나왔다.

　에치하타씨의 인물로는 백제 멸망 후 백제로 돌아와 663년 백강구 전투에서 전사했던 에치하타노다쿠쓰(朴市秦田來津)가 있다.

》》》 관련사료 77

아지키신사   아지키신사 정원

4) 안지키(安食)의 아지키신사(阿自岐神社)

아지키신사(阿自岐神社)는 『엔기식』에 기록되어 있는 오래된 신사로서 제신은 농경의 신인 아지스키타카히코네가미(味耜高彦根神)와 도로의 신인 미치누시노무치(道主貴)를 제사 지내고 있다. 하지만 아지키신사는 백제계 도왜인인 아지키노후히토(阿直史)가 씨족의 조상인 아직기(阿直岐)를 제사 지냈던 신사로 알려져 있다. 아직기는 『일본서기』 오우진 15년조에 백제로부터 건너왔던 인물로서 그의 추천으로 인해 왕인(王仁)이 일본에 오게 된다. 신사가 자리하고 있는 오우미의 안지키(安食) 지역을 아직기에게 내려주었기 때문에 이후부터 이 지역 사람들이 아직기를 제사 지냈던 것으로 추정하고 있다.

신사는 오래된 정원 안에 자리하고 있으며 이 정원은 주변 논밭을 관개 용수하는 연못을 원형으로 하고 있다. 이 물은 가뭄에도 떨어지지 않아 이 땅의 오곡을 풍성하게 했다고 한다. 지역의 이름인 안지키(安食)도 아지키(阿自岐)에서 유래한 것으로 먹을 것이 풍부해서 안주할 수 있는 땅이라는 의미를 지니고 있다.　　　　　　　　　　　　　　　　　　　　**》》 관련사료 12, 78**

5) 유쓰기신사(湯次神社)

비와호를 따라 시가현의 동쪽으로 이동하면 나가하마시(長浜市)가 나온다. 이곳에는 『엔기식』에 등장하는 오래된 신사인 유쓰기신사(湯次神社)가 자리하고 있다.

본래의 제신은 유쓰기(湯次)로서 하타씨(秦氏)의 조상인 궁월군(弓月君), 즉 유즈키노기미를 제사지냈던 신사로 추정하고 있다.

하타씨의 선조인 궁월군은 『일본서기』 오우진조에서 백제로부터 120현의 사람들을 이끌고 일본에 건너왔다는 인물이다.

유쓰기신사

〉〉〉 **관련사료** 50

시가현 백제계 지명과 신사 지도

일본 백제계 지명과 신사

도왜인의 또 다른 귀착지, 와카야마현(和歌山縣)

와카야마성

일본에서 가장 큰 반도 중 하나인 기이반도(紀伊半島)의 남부에 위치하고 있는 와카야마현(和歌山縣)은 흡사 오사카부와 나라현을 빙 둘러 해안선으로 감싸고 있는 모습이다. 북쪽과 동쪽은 산지와 연이어 있어서 통상 서쪽을 통해 와카야마로 진입하는 경우가 많은데, 현도(縣都)인 와카야마시(和歌山市) 또한 서쪽 해안과 맞닿아 있다. 와카야마시라는 도시는 16세기 후반 도요토미 히데요시가 도라후쓰야마(虎伏山)에 와카야마성(和歌山城)을 축성하면서 생기게 되었다.

하지만, 그보다도 오래전 기이반도 일대는 기노천(紀ノ川)을 중심으로 한 기씨(紀氏, 木氏)의 본거지였다. 따라서 이 일대에는 백제계

오타니고분출토품

이와바시센즈카고분

도왜인으로 알려진 기씨 일족이 남긴 오타니(大谷)고분이나 이와바시센즈카(岩橋千塚) 등 다수의 고분을 마주할 수 있다. 말갖춤, 금은 장신구를 비롯하여 굴식돌방무덤을 갖춘 한반도 관련 유적들이 다수 출토되고 있어 이곳이 과거 도왜인의 또 다른 귀착지였음을 대변해주고 있다. 이 지역의 주요한 신사인 히노쿠마(日前)·구니카카쓰(國懸) 신궁(神宮)은 기이 지역의 중심 세력인 기씨의 조상신을 제사 지내는 신사였다. 그런데, 기이대신(紀伊大神)으로 나오는 국현신(國懸神)이 한국으로부터 온 신이라는 의미를 지니고 있어 기씨가 백제계라는 것이 확인되고 있다.

한편 하시모토시(橋本市)에 자리한 스다하치만신사(隅田八幡神社)는 '사마(斯麻)'라는 글자가 씌어 있는 일본의 국보 인물화상경(人物畵像鏡)이 보관되어 있던 곳이다. 이 인물화상경은 최근 새로운 해석에 의해 일본과는 하등 관련 없이 백제의 무령이 당시 일본에 체류하고 있었던 동성에게 제작하여 보낸 것으로 확인되어 주목되는 곳이 아닐 수 없다.

1) 히노쿠마(日前)·구니카카쓰(國懸) 신궁(神宮)

　히노쿠마(日前)·구니카카쓰(國懸)신궁은 와카야마시 중심부에 위치한 신사로서 1개의 경내에 2개의 신사가 있다.

　히노쿠마·구니카카쓰신궁의 제신은 본래 기이반도(紀伊半島)의 기노천(紀ノ川)을 중심으로 세력을 펼쳤던 기씨(紀氏)의 조상신을 제사지내는 신사였다. 특히 5~6세기에 들어 기씨(紀氏) 일족에 의해 오타니(大谷)고분이나 이와바시센즈카(岩橋千塚) 등 다수의 굴식돌방무덤이 남겨져 있는 것이 주목된다.

　그런데『일본서기』덴무슈쵸(天武朱鳥) 원년 7월조에는 기이대신(紀伊大神)으로 국현신(國懸神)이 나오는데,『일본서기』의 사본에는 그 훈(訓)을 '가라쿠니카라노가미'로 붙이고 있는 것을 볼 수 있다. 이는 한국(가라쿠니)으로부터 온 신(神)이라는 의미로써 기씨 일족이 한국으로부터 온 신을 제사 지내고 있었다고 한다면 기씨가 한반도에서 왔던 씨족임은 의심의 여지가 없다.

　또한 기씨와 관련해서는『일본서기』에 등장하는 기노쓰노노스쿠네(紀角宿禰)가『고사기』고겐단(孝元段)에는 다케우치노스쿠네(建內宿禰)의 후예씨족인 기노쓰노노스쿠네(木角宿禰)로 기록되어 있다.『신찬성씨록』에서 기노아손(紀朝臣)이 다케우치노스쿠네의 아들 기노쓰노노스쿠네(紀角宿禰)의 후예로 기록되어 있기 때문에 '木角宿禰'와 '紀角宿禰'는 동일인임을 알 수 있다. 일본어로 기(木)와 기(紀)는 음이 서로 통하고 있기 때문에 이를 통해 백제계 목씨(木氏)가 기씨(紀氏)로 바뀌었다는 사실을 알 수 있다.

히노쿠마신궁

구니카카쓰신궁

》》 관련사료 17, 79, 80

일본 백제계 지명과 신사

스다하치만신사

2) 스다하치만신사(隅田八幡神社)

스다하치만신사(隅田八幡神社)가 위치한 와카야마현 하시모토시(橋本市)는 진구(神功)가 신라 원정을 끝내고 야마토로 돌아가면서 부근 에나포(衣奈浦)라는 곳을 경유하여 오래도록 머물렀다는 전승이 있는 지역이다. 이에 따라 859년에 하치만신(八幡神)의 영(靈)을 맞이했던 데에서 스다하치만신사가 시작되었다고 한다.

그런데 막상 스다하치만신사가 유명세를 탔던 것은 과거 이곳에 소장되었던 인물화상경(人物畵像鏡) 때문이다. 지름 20센티미터의 크기에 아홉 명의 인물상과 기마상이 그려져 있는 청동거울로서, 에도(江戶) 시대에 부근 쓰마(妻) 고분에서 발굴되어 스다하치만신사에 안치되었다고 전한다. 특히, 인물화상경에는 둘레를 빙 둘러서 48자의 명문이 새겨져 있었기에 이것이 현재까지 일본에서 오래된 금석문 중에 하나로 인정되어 국보가 되었다. 이 때문에 지

스다하치만신사 인물화상경 기념비

금은 도쿄국립박물관(東京國立博物館)에 소장되어 있어 신사에서는 실물을 직접 눈으로 볼 수 없는 상태이다. 최근에는 신사의 뜰 안에 인물화상경의 모습을 본뜬 기념비를 세워 놓았다.

48자의 짧은 명문이라고는 하지만 글자의 획이 생략된 글자, 알아보기 어려운 글자 또는 판정하기 어려운 글자들이 있어서 보는 이들에 따라 383년, 443년, 503년 제작설이 있는 등 인물화상경과 관련한 제설은 가지각색이다.

383년 설을 주장한 사람 중에 대표적인 사람이 다카하시 겐지(高橋健自, 1871~1929)인데, 그는 1914년 소문을 듣고 신사에 찾아와 일부 명문을 판독함으로써 인물화상경을 세상에 처음 알린 당사자이기도 하다. 아마 그가 주장한 서기 383년 설은 『기이국명소도회(紀伊國名所圖繪)』에 진구가 한반도 정벌을 통해 가지고 왔던 인물화상경이라 전해지고 있기 때문에 이러한 선입관이 작용했던 것 같다.

그런데, 명문에는 무령왕을 의미하는 '사마(斯麻)'가 보이며, 이와 관련된 인

인물화상경

물로 '남제왕(男弟王)'이라는 글자가 보이는 것이 주목된다. 그래서 통설적으로는 남제(오오토)왕을 오호도노미코토(男大迹尊)가 이름인 왜왕 게이타이(繼體)로 보고 503년에 무령(사마)이 게이타이에게 장수를 기원하면서 보낸 거울로 추정하기도 한다. 하지만 이러한 통설적 견해에 대해서는 많은 의문과 문제점이 있어 왔다. 만약 503년이라고 한다면 무령왕은 501년에 즉위한 것으로 되어 있는데, 왜 왕이라는 칭호를 붙이지 않고 사마라고만 썼을까?

또 『일본서기』에 의하면 게이타이는 앞서 왜왕의 계보와는 단절된 인물로 즉위 후 20년 동안 야마토 지방에 입성하지 못하였던 것으로 기록되어 있다. 하지만 명문에는 남제왕이 야마토의 오시사카궁(忍坂宮)에 있는 것으로 되어 있다. 따라서 503년 제작설을 주장하게 되면 역대 왜왕의 계보가 단절되었다고 하는 일본사서의 기록을 본질적으로 부정하는 결과를 가져오게 된다.

뿐만 아니라 '남제왕'을 게이타이에 해당하는 인물로 보고 있지만, 근본적으로 '오호도(男大迹)'는 '오오토(男弟)'와 발음이 다르다. 실제 '호'의 발음이 에도시대에 들어와서야 '오'로 발음되고 있기 때문에 5~6세기의 '남제'를 게이타이의 이름으로 보는 것은 잘못된 해석이라고 지적하는 일본학자들의 의견이 많다.

그뿐만 아니라 그동안 목숨 '수(壽)'로 보았던 명문도 자세히 판독하면 받들

'봉(奉)' 자 임을 확인할 수 있다. 그렇기 때문에 통설적 해석에 의하면 무령왕이 게이타이를 섬긴다는 의미로 해석될 수도 있는 것이기에 503년 제작설에 대해서는 주의를 요한다.

최근의 연구 결과, 그동안 첫 번째 글자를 '계(癸)'로 잘못 판독해왔던 것이 인물화상경에 대한 잘못된 해석으로 이어졌다는 사실이 밝혀졌다. 인물화상경에는 48자가 전체를 빙 둘러싸고 새겨져 있어서 과연 그 시작점이 어디에 있느냐를 확인해야 할 필요가 있다. 그동안은 많은 연구자들이 다음에 나오는 '미년(未年)'과 연결시키기 위해 10간(干) 중에서 이와 유사한 '계(癸)'로 추정했던 것이지만, 이 글자는 '계'가 아니라 문장의 끝 48번째에 해당하는 '의(矣)' 자이다. 이는 인물화상경의 명문이 경주 서봉총 은합우의 명문이나 합천 해인사 길상탑지에서 볼 수 있듯이 10간(干)이 없는 상태에서 12지(支)로부터 시작되고 있음을 알려주는 것이다. 즉, 명문은 '미년(未年)'으로부터 시작되고 있는 것이다. 더욱이 남제왕은 게이타이의 이름이 아니라 문자 그대로 사마의 남동생왕(男弟王)을 의미하고 있다.

기미년(己未年)에 해당하는 479년은 일본에 체류하고 있었던 동성이 백제로 돌아와 왕으로 즉위했던 해이다. 사마와 동성은 곤지의 아들이었고 사마인 무령은 동성보다 형이었지만, 서자였던 관계로 자신이 먼저 왕으로 즉위할 수 없었다. 따라서 무령이 적자였던 동성의 왕위계승을 인정하고 남동생왕인 동성을 오래도록 섬길 것(長奉)을 서약하면서 인물화상경을 제작하였던 것이다.

따라서 스다하치만신사 인물화상경의 경우 일본의 국보로 지정되어 있지만, 일본과는 하등 관련 없이 백제의 무령왕이 당시 일본에 체류하고 있었던 동성왕에게 제작하여 보낸 것으로 확인된다.

》》》 **관련사료 43, 81**

와카야마현 백제계 지명과 신사 지도

긴키 지역의 들머리, 효고현(兵庫縣)

효고현을 통과할 때면 항상 우리나라의 표준시를 떠올리게 된다. 효고현의 아카시(明石)가 표준시의 기준이 되는 동경 135도를 지나는 지방이기 때문이다. 우리나라와 일본은 동일 시간대를 갖고 있지만, 서울은 대체로 동경 127도에 해당하기 때문에 우리나라는 일본보다 32분가량 해가 늦게 떠오르게 된다. 통상 세계 대부분의 나라들이 1시간을 단위로

표준시

해서 표준 자오선을 지키고 있기 때문이라고는 하지만, 곰곰이 곱씹어봐야 할 부분도 없지 않다. 아무튼 일본의 긴키(近畿) 지방에서 가장 큰 현 중에 하나인 효고(兵庫)현은 혼슈(本州) 내에서도 동해와 세토내해(瀬戸內海)를 양편으로 끼고 있는 몇 안 되는 현이다. 북쪽으로는 동해와 맞닿아 산지가 많은 지역적 특성을 갖고 있는 반면, 반대편 남쪽인 세토내해 쪽으로는 현도(縣都)인 고

고베항

베(神戶) 등 대도시가 발달해 있는 편이다. 효고현은 동쪽으로 오사카부, 교토부와 경계를 하고 있으면서도 서쪽으로 주고쿠 지방 그리고 남쪽으로 시코쿠 지역을 연결하는 지역적 특성으로 인해 서일본의 관문 역할을 했던 곳이다. 근대에는 고베항(神戶港)이 개항의 중심지가 되었으며 고대에는 한반도에서 건너와 정착했던 백제인들의 흔적이 종종 목격되는 지역이다. 아마가사키시(尼崎市)의 이나데라(猪名寺)라는 지명은 이나베(猪名部) 씨족의 본고장으로 이나베(爲奈部)라고도 쓰는데, 백제인 나카쓰하테(中津波手)의 자손으로 기록되어 백제계 씨족으로부터 나온 것이다. 그런데, 흥미로운 것은 이나베씨와 관련된 지명들이 효고현에만 보이는 것이 아니라 미에현(三重縣)의 이나베시, 아이치현(愛知縣)의 이나정(伊奈町), 그리고 나가노현(長野縣)의 이나시(伊那市) 등에도 남아 있다는 사실이다. 이나베씨족들이 일본 열도에서 이동, 정착해가는 경로를 살펴볼 수 있다.

아시야시(芦屋市)도 아시야노아야히토(葦屋漢人)의 본거지로서, 『신찬성씨록』에는 아시야노스구리(葦屋村主)가 백제의 의보하라지왕(意寶荷羅支王)으로부터 나왔다고 기록되어 있어 백제계통임을 명확히 밝히고 있다. 미키시(三木市)는 고대 백제로부터 철물 문화를 갖고 일본 열도로 건너왔다는 가라카누치(韓鍛冶)의 전승이 있는 곳으로 일본 최초로 철을 생산했던 철물의 마을로 알려져 있다. 또한 효고현의 북쪽 지구인 도요오카시(豊岡市)의 한다니(飯谷)에는 가라쿠니신사(韓國神社)라는 이름의 한국신사가 자리하고 있다.

1) 이나천(猪名川)과 이나데라(猪名寺), 이나노신사원궁(猪名野神社元宮)

효고현 아마가사키시(尼崎市)의 소노다지구(園田地區)에는 이나데라(猪名寺), 이나노(猪名野)라는 지명이 있다. 또한 요도천(淀川)의 지류로서 효고현과 오사카부의 경계를 지나는 이나천(猪名川)이 흐르고 있다. 이 지역은 『일본서기』 닌토쿠 38년 7월조에 등장하는 이나현(猪名縣)에서 볼 수 있듯이 이나베(猪名部) 씨족의 본고장이다. 따라서 현재 이 지역에는 이나베 일족과 관련이 있는 이나노신사원궁(猪名野神社元宮)이 자리하고 있다.

이나베씨(猪名部氏)는 이나베(爲奈部)라고도 쓰는데, 일찍이 목공 기술을 지닌 씨족이었던 것으로 알려져 있다. 이나베씨와 관련해서는 『일본서기』 오우진 31년조에 신라왕이 배를 만들기 위하여 바친 장인이 이나베의 시조로 나오고, 유랴쿠 12년조에 나오는 이나베미타(猪名部御田)와 13년조의 이나베노마네(韋那部眞根)가 궁전을 조성했던 목공으로 등장하고 있다. 따라서 이러한 기록을 통해 이나베씨를 신라 계통으로 보는 견해가 있다. 하지만 『일본서기』 오우진기에 등장하는 기록은 500 광주리의 소금을 나누어 주어 500여 척의 배를 바쳤다는 것이라든지, 배에 불이 나서 신라인을 책하고 신라왕이 조공을 바쳤다는 내용 등 설화적인 성격을 갖고 있어서 이를 역사적 사실로 보기는 어렵다. 또한 만약 신라왕이 배를 짓기 위해 훌륭한 장인을 보냈다고 해도 그때 일본에 왔던 이나베씨를 꼭 신라인으로 한정해서 볼 수만은 없다. 『신찬성씨록』 셋

이나천

이나노신사원궁

쓰국(攝津國) 제번(諸蕃)에는 이나베노오비토(爲奈部首)가 백제인 나카쓰하테(中津波手)의 자손으로 기록되어 백제계임을 명확히 하고 있기 때문이다.

한편『신찬성씨록』좌경(左京) 신별(神別)이나 미정잡성(未定雜姓) 셋쓰국(攝津國)에는 이카가시코오노미코토(伊香我色男命)의 후손으로 되어 있어서 이나베씨가 모노노베씨(物部氏)와 동족으로 되어 있다. 이나천(猪名川) 유역은 긴키 지역의 입구에 해당하는 곳으로 과거 한반도와 교역이 빈번했던 곳이다. 따라서 이 일대에 백제로부터 넘어왔던 기술자 집단인 이나베씨의 유적과 지명이 남아 있는 것으로 보인다. 1958년 발굴조사 결과 동서 약 80미터, 남북 약 50미터의 불교 사원 유적이 발견되었다. 하쿠호(白鳳) 시대에 건립된 것으로 보이는 이나데라(猪名寺)의 폐사지 유적인데, 동쪽으로 금당, 서쪽으로 5층 탑이 있었던 것으로 밝혀져 호류사(法隆寺) 양식의 고대 사찰이 있었던 것으로 추정하고 있다. 미에현(三重縣)의 이나베시와 아이치현(愛知縣)의 이나정(伊奈町), 나가노현(長野縣)의 이나시(伊那市) 등의 지역에도 이나베씨를 유래로 하는 사적들이 남아 있어서 이들 이나베 일족의 이동 경로를 짐작게 한다.

>>> 관련사료 82, 83, 84, 85, 86, 87

이나데라 지명

이나데라폐사지 유적

2) 시라이신사(白井神社)

아마가사키시 아노우촌(穴太村)의 씨신을 제사 지내고 있는 시라이신사(白井神社)는 창건 연대를 자세하게 확인할 수는 없다. 하지만, 18세기에 간행된 지리서인 『셋쓰지(攝津誌)』에 '시라이천왕사(白井天王祠)가 아노우촌에 있고 인근 마을 또한 신사를 만들고 이를 제사 지낸다'라는 기록이 남아 있다. 예로부터 신사가 위치한 아마가사키시의 히가시소노다(東園田) 지역은 아노우촌으로서 고대로부터 도왜계 씨족이 다수 거주했던 곳이다.

아노우(穴太)라는 지명은 아나(穴)라는 발음을 통해 고대 안라(安羅)와 관련이 있다는 설이 있지만, 실제 아노우는 소위 한인계(漢人系) 도왜인인 아노우노스구리(穴太村主)가 거주했던 곳이다. 시가현(滋賀縣) 아노우 지역을 근거지로 하는 시카아노우노스구리(志賀穴太村主) 일족의 경우 『신찬성씨록』 미정잡성(未定雜姓) 우경(右京)에 의하면 후한(後漢) 헌제(獻帝)의 후손으로 되어 있다. 하지만, 부근 히에잔(比叡山) 일대에 거주했던 오토모씨(大友氏)의 경우도 후한 헌제의 후예로 칭하고 있지만, 『신찬성씨록』 미정잡성(未定雜姓) 가와치국(河內國)에는 백제인 시라이노나세(白猪奈世)의 후예로 적고 있어 백제계 씨족으로 보고 있다. 따라서 아노우노스구리의 경우도 실제는 백제로부터 도왜한 씨족이었지만, 후대에 들어 후한에 유래를 둔 씨족을 참칭했던 것으로 추정된다.

시라이신사 　　　　　　　　　　　　　　　　　　　　　》》 관련사료 74, 75

3) 무코향(武庫之鄕)

아마가사키시에서 서쪽으로 무코천(武庫川)을 건너면 니시노미야시(西宮市)에 도달하게 되는데, 무코천을 건너기 전에 있는 마을이 무코향(武庫之鄕)이다. 이 지역은 과거 셋쓰 지방의 무코군(武庫郡) 무코향(武庫鄕)이었던 곳이다. 무코향은 그 지명을 통해서 백제계 도왜인인 무코노오비토(牟古首)의 본거지로 추정되는 곳이다.

『신찬성씨록』 셋쓰국(攝津國) 제번(諸蕃)에는 무코노오비토가 백제국 사람 우사길지(汙氾吉志)로부터 나왔다고 적고 있다. 우사길지가 어떤 인물인지는 알 수 없지만, 길지(吉志)는 '기시'로 읽어 길사(吉土, 吉師) 등으로 표기되는 씨성(氏姓)이다. 기시는 대체로 고대 한반도계 도왜인에게 붙여진 칭호로 인식되고 있으며 외교 사절이나 대외 교섭을 담당했던 씨족으로 보고 있다.

>>> **관련사료 88**

무코향

아시야신사

4) 아시야신사(芦屋神社)

　오사카와 고베의 중간에 위치하고 있는 아시야시(芦屋市)는 북으로는 롯코산(六甲山)과 남으로는 오사카만을 접하고 있는 지역이다. 이 지역에는 현지인들의 신앙 집결지로 알려진 아시야신사(芦屋神社)가 있다.

　『신찬성씨록』 셋쓰국 제번에는 이 지방 씨족인 아시야노아야히토(葦屋漢人)가 아지왕(阿智王)의 후손인 것으로 되어 있다. 또한 『신찬성씨록』 이즈미국(和泉國) 제번(諸蕃)에는 아시야노스구리(葦屋村主)가 백제의 의보하라지왕(意寶荷羅支王)으로부터 나왔다고 하면서 백제 계통임을 명확히 하고 있다.

　아시야노아야히토의 조상인 아지왕은 아지사주(阿知使主)를 가리키는 말로서 『일본서기』에는 오우진 20년(409년)에 야마토노아야노아타이(倭漢直)의 선조인 아지사주가 그 일족, 17현의 백성을 거느리고 야마토에 도착했다고 씌어 있다. 야마토노아야씨에 대해서는 한반도에서 도왜한 씨족으로 보고 있

아시야신사신사 경내에 있는 굴식돌방무덤

는 것이 학계의 정설이며 백제계 도왜인으로 보고 있다.

『고사기』에 백제에서 넘어온 아지길사(阿知吉師)가 아직사(阿直史)의 선조로 나오고 있는 것을 통해서도 아지(阿知)라는 명칭은 백제계로 보는 것이 타당할 것이다.

또한 아시야노스구리는 백제의 의보하라지왕의 후손으로 되어 있어서 긴키 지역의 입구에 해당하는 고대 아시야 일대에는 다수의 백제계 도왜인들이 거주하고 있었던 것으로 보인다.

신사의 경내에는 6세기 말~7세기 초에 해당하는 굴식돌방무덤이 있어서 롯코산을 성지로 숭배했던 씨족들이 일찍부터 아시야 지역에 정착했던 사실을 알 수 있다. 현재 무덤방은 수신(水神)을 모시는 신사로 활용되고 있으며 본래 이 일대에는 가사가즈카(笠ヶ塚)고분군 등 다수의 고분이 있었지만, 지금 완전하게 남아 있는 굴식돌방무덤은 이 고분이 유일하다고 한다.

》》》 **관련사료** 8, 89, 90, 91

5) 마쓰바라신사(松原神社)의 기타무키이나리사(喜多向稲荷社)

효고현 니시노미야시(西宮市)의 마쓰바라정(松原町)에 있는 마쓰바라신사(松原神社)는 헤이안 시대에 규슈(九州)의 다자이후(太宰府)로 가던 스가와라노미치자네(菅原道眞)가 길 가운데 아름다운 소나무 벌판을 바라보고 상륙해서 휴식을 취했다는 전설에 따라 만들어진 것으로 전해지고 있다. 또한 신사의 길 건너편에는 기타무키이나리사(喜多向稲荷社)라는 신사가 있는데, 곁에는 '사적 아야하토리(漢織)·구레하토리(呉織)의 송(松), 소메도노이케(染殿池)'라는 표지석이 세워져 있다.

『일본서기』에 의하면 오우진 41년 야마토노아야씨(東漢氏)의 조상인 아지사주(阿知使主)와 도가사주(都加使主)가 오(呉)로부터 오직(呉織), 한직(漢織) 등 3인의 봉공녀(縫工女)를 데리고 무코(武庫)에 도착한 것으로 되어있다.

신사의 전승에 의하면 이때 배를 묶었던 소나무를 아야하토리·구레하토리(漢織·呉織)의 소나무라고 일컬었다고 한다. 또한 소나무 옆에 있던 연못의 물을 사용해 처음으로 직물 염색을 했기 때문에 이 연못을 소메도노이케(染殿池)라고 부르게 되었다고 한다. 지금은 부근에 작은 연못이 있지만, 소나무의 흔적은 남아 있지 않다.

》》 관련사료 92

기타무키이나리사

6) 오사케신사(大避神社)

효고현 아코시(赤穂市)의 사코시(坂越)에 있는 오사케신사(大避神社)는 오사케대명신(大避大明神)을 모시는 신사이다. 제신인 오사케대명신은 아스카 시대 쇼토쿠태자(聖德太子)의 측근으로서 하치오카사(蜂岡寺)에 반가사유상을 안치했던 하타노가와카쓰(秦河勝)를 말한다. 하타노가와카쓰의 본고장인 교토(京都)에도 오사케신사(大酒神社)가 있지만, 오사케신사가 있는 아코(赤穂) 주변에도 하타씨족이 거주하고 있었다고 한다.

오사케신사의 유래 설화와 『풍자화전(風姿花傳)』에 서술되어 있는 전승에 따르면, 쇼토쿠태자가 사망한 후인 644년경에 하타노가와카쓰가 소가노이루카(蘇我入鹿)에게 박해를 당해 도망쳐서 셋쓰(攝津)의 나니와포(難波浦)에서 출항했다고 한다. 해로를 따라 사코시(坂越)에 표착한 후 일대를 개척하고 647년 사망한 것으로 전해지고 있다. 사코시만에 떠 있는 이키시마(生島)는 사람이 들어가지 못하는 금족지(禁足地)로서 제한되어 있는데, 이곳에는 하타노가와카쓰의 무덤이라고 전하는 고분이 남아 있다.

오사케신사의 제례는 하타노가와카쓰가 사코시에 표착했다고 하는 날을 기념해서 치러지는데, '사코시 후네마쓰리(船祭)'는 국가지정 중요무형민속문화재로서 소위 세토나이(瀨戶內)의 3대 후네마쓰리 중에 하나로 알려져 있다.

>>> **관련사료** 24, 25, 50, 52, 53, 93

이키시마

오사케신사

7) 가나모노신사(金物神社)

고베(神戸)에서 북으로 올라가면 미
키시(三木市)가 나오는데, 이곳에는
1935년 미키 지역의 철물 판매 조합
에 의해 창건된 가나모노신사(金物神
社)가 자리하고 있다. 신사에서는 대
장장이[鍛冶], 제강(製鋼), 주물(鑄物)의
3신(神)을 제신으로 하여 현재 철물업
자 공동의 수호신으로 모시고 있다.
신사가 창건된 것은 얼마 되지 않았지
만, 미키시는 고대로부터 야마토카누
치(倭鍛冶) 계통과 가라카누치(韓鍛冶)
계통이 합류하여 일본에서 최초로 철

가나모노신사

철물기술 시연장

을 생산했던 철물의 마을로 알려져 있다. 전하는 말에 따르면 이 지방 왜국
의 대장장이[倭鍛冶]와 백제의 왕자 혜(惠)가 왜국에 건너왔을 때 데려온 기술
집단인 한의 대장장이[韓鍛冶, 가라카누치]가 기술 교류를 하였고 훌륭한 기술
을 가진 가라카누치가 미키에 정착한 것이 시초였다고 한다.

『고사기』 오우진단(應神段)에는 왕인 박사와 함께 백제로부터 탁소(卓素)라고
하는 철물 수공업자가 건너온 것으로 기록되어 있다. 이후 이러한 백제의 철
물 문화가 일본열도 내에 전파되어 고분의 부장품에서 각종 도검류의 출토가
이루어지는 상황이 전개되었다. 따라서 이곳 가나모노신사는 실제 백제로부
터 건너온 철물집단을 제신으로 모시고 있는 신사라고 해도 과언이 아니다.

현재 미키시에는 금속공업센터가 있으며 이곳에서 각종 철물 제조가 이루어
지고 있다. 가나모노신사의 경내에는 철물자료관이 있으며 미키 지역의 철물
단련(鍛鍊) 기술을 보존하고자 공개 시연을 진행하고 있다.

>>> **관련사료 12**

8) 가라쿠니신사(韓國神社)

효고현의 북쪽 지구인 도요오카시(豊岡市)의 한다니(飯谷)에는 마을 뒤 골짜
기 부근에 가라쿠니신사(韓國神社)라고 하는 한국신사가 있다. 제신은 모노
노베노가라쿠니노무라지마토리(物部韓國連眞鳥)와 모노노베노가라쿠니노무
라지하리마(物部韓國連墾麿)로 되어 있다.

신사에서 전하는 바에 따르면 부레쓰(武烈) 시기에 모노노베마토리(物部眞
鳥)가 한반도에 파견된 공적을 인정받아 가라쿠니노무라지(韓國連)라는 성(姓)
을 사여 받고 이후 모노노베노가라쿠니노무라지(物部韓國連)를 칭했다고 한
다. 마토리의 아들인 스토리(渚鳥)가 이곳 한다니 지역을 개간하여 이름을 하
리마(墾麿)로 바꾸고 신사를 창건한 것이 시작이라고 한다. 본래 모노노베신
사(物部神社)로 칭하기도 했는데, 메이지 시대 이후 한국(韓國)으로 명칭을 바
꾸었다고 한다. 그래서 현재 신사를 알리는 돌기둥 뒷면에는 원래 모모노베
신사였다고 적혀 있다.

『속일본기』790년 11월조에는 가라쿠니노무라지노미나모토(韓國連源) 등이

가라쿠니신사

그들의 선조인 시오코(鹽兒)의 부친, 조부가 한반도에 사신으로 파견되었던 것 때문에 모노노베노무라지(物部連)를 가라쿠니노무라지(韓國連)로 바꾸었다는 기록이 있다. 이는 『신찬성씨록』 이즈미국(和泉國) 신별(神別) 가라쿠니노무라지(韓國連)조에도 등장하는데, 부레쓰 때 한국에 파견되어 돌아온 날 가라쿠니노무라지라는 성을 받았던 것으로 되어 있다

그러나 이러한 전승이 보여주는 것은 일본의 씨명으로 개성하기 위한 근거를 주장한 것이고 실제로는 이들 씨족이 도왜계 씨족일 가능성이 높다. 대체로 이러한 주장은 당시 일본 고대 씨족들이 높은 성을 하사받기 위한 수단으로 이용되었기 때문이다. 『신찬성씨록』 일문(逸文) 「사카노우에계도(坂上系圖)」에는 백제계 야마토노아야씨(東漢氏)인 야마키노아타이(山木直)의 후손 중에 가라쿠니노이미키(韓國忌寸)가 보인다.

>>> 관련사료 22, 94, 95

효고현 백제계 지명과 신사 지도

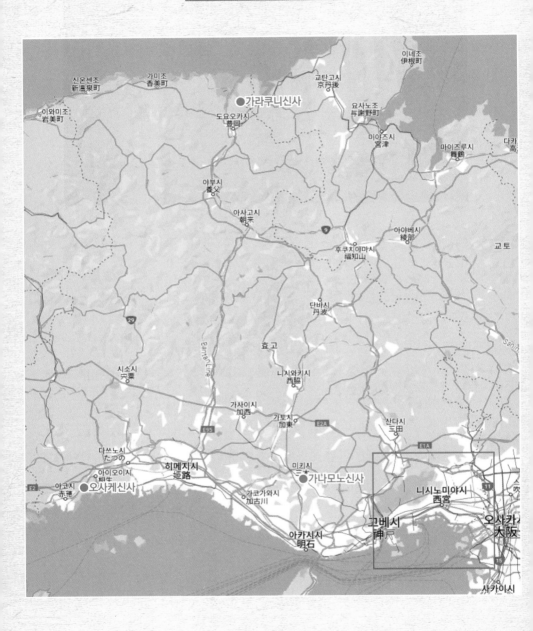

이네조
伊根町

신온센조   가미조   교탄고시
新温泉町   香美町   京丹後

이와미조   ●가라쿠니신사   요사노조
若美町   与謝野町

                              도요오카시   미야즈시
                              豊岡   宮津   마이즈루시   다카
                                                                                       舞鶴   高

                              야부시
                              養父

                              아사고시
                              朝来   ⑨   아야베시
                                                                             綾部   교토

                                                   후쿠치야마시
                                                   福知山

                                        단바시
                                        丹波

                              효고
                         시소시
                         宍粟   니시와키시
                                        西脇

                    가사이시   산다시
                    加西   三田
                         가토시
                         加東

            다쓰노시
            たつの
          아이오이시   히메지시   미키시
          相生   姫路   ★가나모노신사   니시노미야시
   아코시   ●오사케신사   西宮
   赤穂   가코가와시   오사카시
                        加古川   고베시   大阪
                                      神戸
                     아카시시
                     明石
                                                              사카이시

일본은 왜 한국역사에 집착하는가 2

일본 백제계 지명과 신사

139

일본 신앙의 본거지, 미에현(三重縣)

긴키 지방의 동남부 지역에 자리한 미에현(三重縣)은 에도 시대부터 이세신궁(伊勢神宮)의 참배 덕분에 발전했던 지방이다. 에도 시대에 서민들도 생에 한번은 이세신궁에 참배를 가야한다는 말이 유행할 정도로 이세 신앙이 전국적으로 퍼지면서 민중화가 진행되었다. 지금도 정월초가 되면 이세신궁으로 참배하러 가는 일본인의 행렬이 끊이지 않아 일본인들이 가지고 있는 신도(神道) 신앙의 실체를 다시금 실감케 한다.

이세신궁은 미에현의 중앙부 대부분을 차지하는 이세(伊勢) 지역에 있는 신사로서 일본 왕실의 조상신으로 추앙받는 아마테라스오미카미(天照大御神)를 제신으로 하는 신사이다. 전승에 따르면 아마테라스에게 하사받아 현재까지 계승하고 있다는 3종의 신기(神器) 중 거울 야타노가가미(八咫鏡)를 신체(神體)로 하고 있다고 한다.

이세 지역에서 한반도 도왜인과 관련된 신사로는 이나베신사(猪名部神社)가 있다. 이나베군(員弁郡) 도인정(東員町)과 이나베시 후지와라정(藤原町)에는 각각 2개의 이나베신사(猪名部神社)가 있는데, 모두 효고현(兵庫縣) 이나천(猪名川)

이세신궁 · 닌자의고장, 이가

주변에 거주했던 백제계 이나베(猪名部) 일족이 이세 지역으로 이주했던 흔적이다. 이세 지역으로 옮겨오면서 이나베(猪名部)라는 지명이 이나베(員弁)로 바뀌었다고 한다.

한편, 미에현의 서쪽 지구는 이가(伊賀) 지역으로서 전국시대 첩보 활동을 통해 은밀하게 활약했던 닌자(忍者)의 주무대가 되었던 곳이다.

이가 지역의 하토리(服部)라는 곳은 직물의 씨족인 하토리씨(服部氏)의 본거지로서 오미야신사(小宮神社)에서는 조상신인 구레하토리(呉服)를 제신으로 하고 있다. 『신찬성씨록』에는 구레하토리가 백제국 사람 아루이노후히토(阿漏史)로부터 나왔다는 기록이 있어 하토리씨는 백제로부터 건너왔던 도왜인이었을 가능성이 높다.

1) 하토리정(服部町) 오미야신사(小宮神社)

미에현 이가시(伊賀市)의 하토리정(服部町)은 본래 아에군(阿拝郡) 하토리향(服部鄉)으로 하토리씨(服部氏)의 발상지로 알려져 있다. 따라서 이곳에는 하토리천(服部川)의 이름이 남아 있고 오미야신사(小宮神社)에서는 하토리씨의 씨신인 구레하토리히메노미코토(吳服比賣命)를 모시고 있다.

『일본서기』에는 무사노스구리아오(身狹村主靑)가 유랴쿠 14년 정월 오(吳)에서 귀국하면서 한직(漢織), 오직(吳織) 등의 기술자를 데리고 왔고 이들이 아스카노기누누이베(飛鳥衣縫部)와 이세노기누누이(伊勢衣縫)의 조상인 것으로 기록하고 있다. 따라서 오미야신사의 제신은 이때 이가(伊賀) 지역으로 왔던 인물인 것으로 추정된다.

그런데 『신찬성씨록』의 하내국(河內國) 제번(諸蕃)에는 구레하토리노미야쓰코(吳服造)가 백제국 사람 아루이노후히토(阿漏史)로부터 나왔다는 기록이 있어 구레하토리(吳服)가 백제계 도왜인일 가능성을 보여주고 있다. 또한 미정잡성(未定雜姓) 우경(右京)에는 고씨(吳氏)가 백제국 사람 달솔(德率) 오기측(吳伎側)의 후예라고 되어 있어 고씨가 백제에서 왔음을 확인할 수 있다.

하토리(服部)는 하타오리(機織)의 약칭으로 『신찬성씨록』 셋쓰국(攝津國) 신별(神別)에는 하토리노무라지(服部連)가 히노하야히노미코토(熯之速日命)의 12세손인 마라노스쿠네(麻羅宿禰)의 후손으로 기록되어 있다. 하지만, 『신찬성씨록』 좌경(左京) 제번(諸蕃)에는 하타씨(秦氏)를 여러 지역에 보내 양잠과 명주를 짜는 공납을 시켰으며 당시 닌토쿠(仁德)가 이 옷을 입으니 유연하고 온난한 것이 피부(하다)와 같다고 하여 성(姓)을 하타(波多)로 하였다고 적고 있다. 따라서 하타오리라는 명칭을 통해 하타씨와 연관을 짓기도 한다.

이와 관련하여 비록 후대의 것이기는 하지만, 『이수온고(伊水溫故)』(1684년)에는 하토리씨(服部氏)의 조상신인 구레하토리(吳服)가 하타씨이며 그 선조가 주군(酒君)이라고 하는 흥미로운 기록이 있다.

하토리천

오미야신사

》》 관련사료 53, 96, 97, 98, 99

2) 이나베신사(猪名部神社)

과거 이세(伊勢) 지역이었던 이나베군(員弁郡) 도인정(東員町)과 이나베시 후지와라정(藤原町)에는 각각 이나베(猪名部) 일족의 흔적이 남아 있는 이나베신사(猪名部神社)가 있다. 이들 두 개의 신사는 10여 킬로미터 떨어져 있지만, 모두 이 일대를 흐르고 있는 이나베천(員弁川)을 끼고 자리하고 있다. 신사에서 전하는 바에 따르면 이나베씨(猪名部氏)는 본래 효고현 이나천(猪名川) 주변에 거주하고 있었는데, 이후 이세 지역으로 이주해왔다고 한다. 그러다가 겐메이(元明) 와도(和銅) 6년(713년)에 이나베(猪名部)의 명칭이 이나베(員弁)로 바뀌었다고 한다.

이나베는 '이나베(爲奈部)'라고도 쓰는데, 이나베씨와 관련해서는 『일본서기』 오우진 31년조에 신라왕이 배를 만들기 위하여 바친 장인이 이나베의 시조로 나오는 기록을 통해 이나베씨를 신라 계통으로 보는 견해가 있다.

하지만 『일본서기』 오우진기에 등장하는 기록은 설화적인 성격을 갖고 있으며 만약 신라왕이 배를 짓기 위해 훌륭한 장인을 보냈다고 하더라도 그때 일본에 왔던 이나베씨를 신라인으로 한정해서 볼 수만은 없다. 『신찬성씨록』 셋쓰국(攝津國) 제번(諸蕃)에는 이나베노오비토(爲奈部首)가 백제인 나카쓰하테(中津波手)의 자손으로 백제계임을 명확히 하고 있기 때문이다.

이세국 이나베군 출신으로는 가사마향(笠間鄉)의 이나베마히토(猪名部眞人), 이나베미쿠(猪名部美久)가 있고 『속일본기(續日本紀)』에는 이세국 이나베군 사람으로 이나베후미마로(猪名部文麻呂)가 등장한다. 또한 752년 도다이사(東大寺) 건립에 이가(伊賀) 출신의 이나베모모요(猪名部百世)가 목공으로 참여했다는 기록이 있다.

>>> **관련사료** 82, 83, 84, 85

이나베천

도인정의 이나베신사

후지와라정의 이나베신사

미에현 백제계 지명과 신사 지도

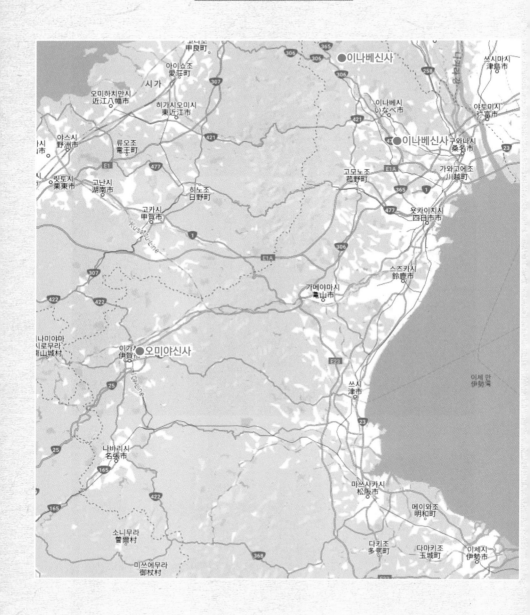

* 긴키 지방의 백제 관련 지명과 신사

	지명	신사	관련 씨족, 인물	위치
오사카부	백제군(百濟郡)		백제왕씨(百濟王氏)	오사카시 덴노지구 남동부, 이쿠노구 서부, 히가시스미요시구 북부 일원
	다카아이(鷹合)		주군(酒君)	오사카시 히가시스미요시구 다카아이
	다나베(田邊)	야마사카(山坂)신사	다나베씨(田邊氏)	오사카시 히가시스미요시구 야마사카 2-19-23
		구마타신사(杭全神社)	사카노우에씨(坂上氏)	오사카시 히라노구 히라노미야마치 2-1-67
	가미구라쓰쿠리(加美鞍作)	구라쓰쿠리사(鞍作寺) 폐사지	구라쓰쿠리씨(鞍作氏)	오사카시 히라노구 가미구라쓰쿠리 2-7-21
	오닌(大仁)	와니(王仁)신사	왕인(王仁)	오사카시 기타구 오쇼도나카 3-1-23
		오요사미(大依羅)신사	요사미씨(依羅氏)	오사카시 스미요시구 니와이 2-18-16
		아마미코소(阿麻美許曾)신사	요사미씨(依羅氏)	오사카시 히가시스미요시구 야타 7-6-18
		누노세(布忍)신사	누노시노오비토(布忍首)	마쓰바라시 기타신마치 2-4-11
		성당(聖堂) 유적	왕인(王仁)	마스바라시 오카 1-350
	백제(百濟)		백제공(百濟公)	사카이시 모즈 일원
	스에무라(陶邑), 도키(陶器)	스에아라타(陶荒田)신사	스에쓰쿠리노코키(陶部高貴)의 공인(工人)	사카이시 스에무라 일원
		사카우에(坂上)신사	사카노우에씨(坂上氏)	사카이시 미나미구 미야야마다이 2-3-1
		사쿠라이(櫻井)신사	사쿠라이씨(櫻井氏)	사카이시 미나미구 가타쿠라 645
	도토(土塔)		교키(行基)	사카이시 나카구 도토초 599-8234
	다카이시시(高石市)	다카이시(高石)신사	다카시씨(高志氏), 왕인(王仁)	다카이시시 다카시노하마 4-1-19
		미타미(美多彌)신사	미타미씨(民氏)	사카이시 미나미구 가모타니다이 1-49-1
	시노다(信太)	히지리(聖)신사	시노다노오비토(信太首)	이즈미시 오지초 919
	하타(畑)	하타(波多)신사	하타씨(波多氏)	기시와다시 하타마치 428
	구와바타(桑畑)	하타(波太)신사	하타씨(波太氏)	한난시 이시다 167
		나가타(長田)신사	나가타노오미(長田使主)	히가시오사카시 나가타 2-8-18
	다나베향(田邊鄕)	하카타히코(伯太彦)신사	다나베씨(田邊氏)	가시와라시 다마테초 7-21
		하카타히메(伯太姬)신사	다나베씨(田邊氏)	가시와라시 엔묘초 15-8
		다나베폐사(田邊廢寺) 유적	다나베씨(田邊氏)	가시와라시 다나베 1 가스가신사
		고쿠부(國分)신사	후나씨(船氏)	가시와라시 고쿠부이치바 1-6-35
		오쓰(大津)신사	쓰씨(津氏)	하비키노시 다카와시 8-1-2
	후루이치(古市)		후루이치노스구리(古市村主)	하비키노시 후루이치
	후지이데라시(藤井寺市)	가라쿠니(辛國)신사	후지이씨(葛井氏)	후지이데라시 후지이데라 1-19-14
	하야시(林)	도모하야시노우지(伴林氏)신사	하야시씨(林氏)	후지이데라시 하야시 3-6-30
		마사무네(當宗)신사	마사무네노이미키(當宗忌寸)	하비키노시 곤다 3-2-8
	니시고리군(錦部郡)	니시고리(錦織)신사	니시고리씨(錦部氏)	돈다바야시 미야코다초 9~46
	지카쓰아스카(近つ飛鳥)	아스카베(飛鳥戶)신사	곤지(昆支)	하비키노시 아스카 1023
		백제왕(百濟王)신사, 백제사(百濟寺) 유적	백제왕씨(百濟王氏)	히라카타시 나카미야 니시노초 1-68
	하다(秦), 우즈마사(太秦)		하타씨(秦氏)	네야가와시 하다, 우즈마사 일대
		미시마카모(三島鴨)신사	와타시신(和多志神)	다카쓰키시 미시마에 2-7-7

교토부	우즈마사(太秦)	오사케(大酒)신사	하타씨(秦氏)	교토시 우쿄구 우즈마사 하치오카초
	가이코노야시로(蚕ノ社)	고가이(蚕養)신사	하타씨(秦氏)	교토시 우쿄구 우즈마사 모리가히가시초50
		마쓰오(松尾)대사	하타씨(秦氏)	교토시 니시쿄구 아라시야마 미야마치3
		후시미이나리(伏見稲荷)대사	하타씨(秦氏)	교토시 후시미구 후카쿠사 야부노우치초 68
		히라노(平野)신사	이마키신(今木神)	교토시 기타구 히라노 미야모토초 1
	아야베(綾部)		아야씨(漢氏)	아야베시 일대
	오카노야(岡屋)		오카노야공(岡屋公)	우지시 고카쇼
	다타라(多々羅)	신궁사(新宮社)	이리구모왕(爾利久牟王), 여장왕(余璋王)	교타나베시 다타라신구마에
나라현		이소노카미(石上)신궁	전지왕(腆支王)	덴리시 후루초 384
	와니(和爾)	와니니마스아카사카히코(和爾坐赤阪比古)신사	와니씨(和爾氏)	덴리시 와니초 1194
		와니시타(和爾下)신사	와니씨(和爾氏)	덴리시 이치노모토초 2430
		와니시타(和爾下)신사	와니씨(和爾氏)	야마토코오리야마시 오코타초 23
		하후리다(祝田)신사	기치타노무라지(吉田連)	덴리시 다베초 341
	백제(百濟)	백제사(百濟寺)		기타가쓰라기군 고료초 구다라 1168
	하타노쇼(秦莊)	진라쿠사(秦樂寺)	하타씨(秦氏)	시키군 다와라모토초 하타노쇼
	니키(新木)		니키노오비토(新木首)	시키군 다와라모토초 니키
	히노쿠마(檜隈)	오미아시(於美阿志)신사	아지사주(아치노오미, 阿知使主)	다케치군 아스카무라 히노쿠마 594
	하타(畑)	하타(波多)신사	하타씨(波多氏)	다케치군 아스카무라 후유노 152
시가현	와니(和邇)		와니씨(和邇氏)	오쓰시 와니 일원
	마노(眞野)		마노씨(眞野氏)	오쓰시 마노 일원
	니시코리(錦織)		니시코리씨(錦部氏)	오쓰시 니시코리 일원
	아노우(穴太)		아노우씨(穴太氏)	오쓰시 아노우 일원
	이시도(石塔)	이시도사(石塔寺)		히가시오우미시 이시도초 860
		귀실(鬼室)신사	귀실집사(鬼室集斯)	가모군 히노초 고노 59-1615
	하쿠사이지(百濟寺)	하쿠사이사(百濟寺)	혜총(惠聰), 관륵(觀勒)	히가시오우미시 하쿠사이지초 323
	하타쇼(秦莊)	곤고린사(金剛輪寺)	에치하타씨(依智(朴市)秦氏)	에치군 아이쇼초 마쓰오지 874
	안지키(安食)	아지키(阿自岐)신사	아직기(阿直岐)	이누카미군 도요사토초 안지키니시 663
		유쓰기(湯次)신사	궁월군(유즈키노기미, 弓月君)	나가하마시 오치초 785
와카미야현		히노쿠마(日前)·구니카카쓰(國懸)신궁	기씨(紀氏), 목씨(木氏)	와카야마시 아키즈키 365
		스다하치만(隅田八幡)신사	사마(斯麻), 남제왕(男弟王)	하시모토시 스다초 다루이 622
효고현	이나천(猪名川), 이나데라(猪名寺)	이나노(猪名野)신사	이나베씨(猪名部氏)	아마가사키시 이나데라 1-31
		시라이(白井)신사	아노우씨(穴太氏)	아마가사키시 히가시소다초 4-48
	무코향(武庫之郷)		무코노오비토(牟古首)	아마가사키시 무코노소 일대
		아시야(芦屋)신사	아시야노아야히토(葦屋漢人)	아시야시 히가시아시야초 20-3
		기타무키이나리사(喜多向稲荷社)	아지사주(아치노오미, 阿知使主)	니시노미야시 마쓰바라초 2-26
		오사케(大避)신사	하타씨(秦氏)	아코시 사코시 1299
		가나모노(金物)신사	가라카누치(韓鍛冶)	미키시 우에노마루초 5-43
		가라쿠니(韓國)신사	모노노베 노가라쿠니노무라지(物部韓國連)	도요오카시 기노사키초 한다니 250-1
미에현	하토리(服部)	오미야(小宮)신사	구레하토리노미야쓰코(吳服造)	이가시 하토리초 1158
	이나베천(員弁川), 이나베(員弁)	이나베(猪名部)신사	이나베씨(猪名部氏)	이나베군 도인초 기타오야시로 797
	이나베천(員弁川), 이나베	이나베(猪名部)신사	이나베씨(猪名部氏)	이나베시 후지와라초 나가오 244

일본의 신사(神社)는 일본의 신도(神道) 신앙에 근거해서 만들어진 종교 시설이다. 본래 제신(祭神)은 씨족의 수호신이었는데, 이후 점차 씨족의 근원을 구하면서 『고사기』나 『일본서기』에 나오는 신(神)을 모시는 경우가 많아졌다.

신사의 칭호와 관련해서는 신궁(神宮), 궁(宮), 대사(大社), 사(社) 등 여러 가지 명칭이 사용되고 있다. 신궁은 말 그대로 신의 궁전이라는 뜻으로 가장 고귀한 칭호로 사용되고 있으며, 궁의 의미도 신궁과 가까운 뜻으로 사용되고 있다. 대사라고 하는 것은 예전 신사의 격을 대, 중, 소로 나누었을 때 제일에 위치했던 신사를 의미하며, 사는 커다란 신사로부터 제신을 권청(勸請)하여 소규모로 모신 신사에 주로 쓰이고 있다.

신사를 형성하는 기본적인 구조는 도리이(鳥居), 배전(拜殿), 본전(本殿), 고마이누(狛犬)이며, 손을 씻거나 입을 헹구거나 하여 몸을 정갈하게 하는 데미즈샤(手水舍)가 배전 앞에 놓여 있는 경우가 있다.

도리이(鳥居)는 소위 일본 신사의 상징으로 신사의 참배 길 입구에 있는 구역의 시작점을 의미한다. 통상 두 개의 기둥을 세우고 최고 상부에 좌우로 기둥을 관통한 가사기(笠木)라는 가로대를 두고 그 아래에 또 다른 가로대를 세워 네 개의 기둥으로 만들어진다.

도리이는 '새조(鳥)'에 '거주할 거(居)'로 표기한다. 그래서 혹자는 우리나라에서도 예부터 신성한 지역임을 알리는 표상으로 장대 끝에 새가 앉아 있는 솟대를 세웠는데, 이것이 일본에 전해져 신사의 도리이로 바뀐 것으로 보기도 한다.

고마이누(狛犬)는 신사를 수호하고 마귀를 쫓기 위해 신사 입구나 배전 앞에 놓인 한 쌍의 사자 형상의 석조물을 가리킨다. 고대 일본인이 처음 보았던 사자는 지금까지 본 적이 없는 이상한 동물이었을 것이다. 일본 개와는 다르다는 점 때문에 고구려의 개일 것이라고 생각하여 고마이누로 이름 붙였다고 한다.

신을 모시기 위한 신사의 건조물을 총칭하여 사전(社殿)이라고 하며, 참배를 하기 위한 배전(拜殿)과 신이 모셔져 있다는 본전(本殿) 등으로 구성되어 있다.

그러나 나라현(奈良縣)에 소재한 오미와신사(大神神社) 같이 본전을 두지 않은 신사도 있으며, 이세신궁(伊勢神宮)이나 아쓰타신궁(熱田神宮)과 같이 배전이 없어서 신전 앞에서 배례하는 신사도 있다.

도리이와 더불어 신사의 상징으로 여겨지는 것으로는 지기(千木)가 있다. 지붕 용마루 양 끝에 X자형으로 교차하여 돌출시킨 목재를 일컫는 말인데, 원시적인 일본 건축 양식으로부터 시작되어 신사의 지붕에만 쓰이고 있다.

신사 경내에서는 신성시되고 있는 특수한 나무를 선정하여 신목(神木)으로 삼기도 한다. 금줄을 치거나 목책을 두르는 곳도 있으며 예로부터 신이 머물러 있는 곳, 신이 강림하는 곳으로 여겼다.

신사에 따라서는 배전에 커다란 방울이 매달려 있어 참배할 때마다 붙어 있는 밧줄을 당겨 울리는 경우를 볼 수 있다. 이는 신에게 기원, 보은을 알리기 위해 신호를 보내는 것이라고 한다.

2장
규슈九州 지방

규슈 지방

やまぐちけん
山口県

ふくおかけん
후쿠오카현

さがけん
사가현

ながさきけん
나가사키현

くまもとけん
구마모토현

おおいたけん
오이타현

かごしまけん
가고시마현

みやざきけん
미야자키현

대륙문화의 창구, 후쿠오카현(福岡縣)

규슈(九州)에서 제일 큰 도시인 후쿠오카시(福岡市)에 도착했지만, 우리나라에서 좁은 해협 하나를 건너면 쉽게 도달할 수 있는 곳이어서인지 낯선 곳에 왔다는 느낌이 들지 않을 정도이다. 깊숙이 만입한 하카타만(博多湾)을 통해 후쿠오카시로 들어오다 보면 그 초입에 시카노시마(志賀島)라고 하는 조그마한 섬이 보인다. 조선시대에 노송당 송희경(宋希璟, 1376~1446)이 거룻배로 갈아타고 후쿠오카로 이동하기 위해 배를 정박했던 섬이다.

이처럼 후쿠오카의 문지기 역할을 했던 곳이었기에 시카노시마에서는 한(漢)대의 수려한 예서체로 '한위노국왕(漢委奴國王)'이라는 글씨가 새겨져 있는

시카노시마

시카노시마 금인 발견지

금인(金印)이 발견되기도 했다. 이른 시기부터 후쿠오카는 지리적 이점으로 인해 대륙과 통하는 일본의 관문 역할을 수행해왔던 것이다.

후쿠오카는 견신라사(遣新羅使), 견당사(遣唐使) 등이 출발하고 귀항하는 행로의 중심에 있었으며 8~9세기경에는 신라, 발해, 당에서 온 다수의 상인들이 후쿠오카를 찾아 대륙 문화의 창구가 되기도 하였다. 현재는 주춧돌만이 남아 있지만, 7세기 중엽에 건축되었던 다자이후정청(大宰府政廳)은 규슈 일대의 행정을 총괄하면서 외국사절을 접대하는 등 외교를 담당했던 관문의 역할을 한 것으로 알려져 있다. 더욱이 고대 야마토 정권은 백제로부터 선진문물을 받아들이기 위해 수많은 교류를 이어왔기 때문에 후쿠오카는 그 중심에 있었을 것이고, 당시 일본 열도의 중심부인 긴키(近畿) 지역으로 가기 위해서도 후쿠오카는 꼭 거쳐 갈 수밖에 없는 위치에 있었다.

다자이후정청터

그렇기 때문에 후쿠오카현(福岡縣)에서는 북쪽 해안선을 중심으로 하여 백제와 관련된 지명과 신사가 남아 있는 것을 특징으로 들 수 있을 것이다.

후쿠오카시 히가시구(東區)에 있는 다타라(多々良, 多田羅)라는 지명은 다타라 씨(多々良氏)의 행적에 의해 남겨진 것으로 보이며, 간몬(關門) 해협을 사이에 두고 혼슈와 마주하고 있는 기타큐슈시(北九州市)의 모지(門司) 지구에는 구다라(百濟), 고마이리에(高麗入江), 시라기사키(新羅崎) 등 고대 한반도 계통 지명의 흔적을 발견할 수 있다. 또한 663년 백강구(백촌강) 전투의 패배로 인해 위기 상황을 맞은 왜국이 백제의 지도로 다수의 방어 요새를 만들었는데, 후쿠오카현에 있는 산성은 현재 행정구역의 이름으로 남아 있다.

『일본서기』에 의하면 665년 백제인 달솔(達率) 사비복부(四比福夫)와 달솔 억례복류(憶禮福留)를 쓰쿠시국(筑紫國)에 보내 오노(大野)와 기(椽) 두 성을 쌓게 했다고 한다. 이를 실증하듯 현재 오노성(大野城)과 기이성(基肄城)이 남아 있으며 오노죠시(大野城市)라는 명칭은 백제식 산성에서 유래된 것이다.

구즈하구다라정공원

1) 구즈하구다라정공원(葛葉百濟町公園)

후쿠오카현 기타큐슈시 모지구(門司區)의 가자시(風師)에 가면 구즈하구다라정공원(葛葉百濟町公園)을 만날 수 있다. 마을 동네 비탈길 위에 자리한 조그마한 공원인데, 부근 해변은 구다라하마(百濟濱)로 부르고 있는 곳이다.

지금은 모지 일대에서 백제라는 이름을 찾아보기 어렵지만, 가자시로 이름이 바뀐 1960년대 이전까지만 하더라도 구다라정(百濟町)이었던 곳이다.

원래 모지라는 지역은 간몬 해협을 사이에 두고 건너편으로는 혼슈의 시모노세키(下關)와 접하고 있는 곳으로 예로부터 세토내해(瀬戶內海)를 통해 긴키(近畿)로 향하는 교통의 요충지였다. 따라서 모지 일대는 좁은 해협을 통해 세토내해로 들어가기 위해 수많은 선박들이 이동하면서 정박했던 곳이었다.

예전 이곳에는 구다라(百濟, 백제), 고마이리에(高麗入江, 고려강), 시라기사키(新羅崎, 신라)라는 지명이 남아 있었다. 하지만, 지금은 행정구역의 명칭이 변경되어 구즈하(葛葉), 고모리에(小森江), 시라키자키(白木崎)로 바뀌어 일부 흔적만을 찾을 수 있을 뿐이다. 이러한 지명들은 고대 한반도에서부터 출발하여 긴키 지역으로 가는 도중에 모지 해안에 많은 도왜인들이 정박하였다는 증거이며, 또 이들 중 상당수는 모지 지역에 거주했을 것으로 추측된다.

공원에서 바라본 간몬해협

간몬해협 모지항

오리하타신사   가네자키에서 바라본 바다

2) 오리하타신사(織幡神社)와 가쓰우라(勝浦)

후쿠오카현 무나카타시(宗像市)의 가네자키(鐘崎)라는 곳에는 마을 어귀에 오리하타(織幡)라는 신사가 있다. 제신은 다케우치노스쿠네(武內宿禰)로서 전승에 의하면 삼한정벌 때에 진구(神功)와 다케우치노스쿠네가 가네자키에 들렀는데 그때 군선(軍船)에 홍백(紅白)의 깃발을 짜서 만들었기 때문에 오리하타신사라 이름했다 한다.

하지만 진구의 삼한정벌은 역사적 사실이 아니며 가네자키는 바다 쪽으로 돌출되어 있는 곳으로 예로부터 한반도와 연결되는 항로의 요충지였기에 이러한 전승이 있었던 것으로 생각된다. 가네자키는 고대 시가집인 『만엽집(万葉集)』에도 '거친 가네의 곶(金崎, 鐘崎)이 지나가 버렸다고 해도 나는 잊지 못하네, 시카(志賀)의 신(神)을'과 같이 등장하는 오래된 지명이다. 한반도에서 일본 열도의 중앙부로 이어지는 항로의 중심지였음을 실감케 한다. 가네자키라는 지명의 유래와 관련해서는 한반도에서 큰 종을 가져다가 배에 싣고 바다를 건너가다가 물속에 떨어뜨려 '종의 곶(鐘崎)'이라 했다는 전승이 있어, 특히 한반도와의 관련성이 두드러지는 곳이다.

『일본서기』 오우진 41년 2월조에는 백제계 야마토노아야씨(東漢氏)의 조상인 아지사주(阿知使主)와 도가사주(都加使主)가 오(吳)로부터 봉공녀(縫工女)를 데리고 오는 기사가 있다. 따라서 오리하타신사는 이때 무나카타대신(胸形大神)에게 헌상된 의봉공녀(衣縫工女)를 제사 지냈던 신사로 보기도 한다.

아무튼 다케우치노스쿠네는 실존 인물이 아니며 도왜계(渡倭系) 씨족의 공통 조상이 제신으로 있다는 점에서 당시 직조를 담당했던 백제계 씨족과 연관성이 있을 것으로 추정된다.

또한 부근 후쿠쓰(福津)의 해변에는 가쓰우라(勝浦)라는 지명이 있다. 이러한 명칭과 관련해서는 고대에 직물과 관련된 일을 담당했던 하타씨(秦氏)나 가쓰베(勝部)가 거주했던 데서 붙여진 것으로 보기도 한다. 따라서 오리하타신사 또한 이와 관련된 직조의 신을 제사 지내는 신사로 추정된다. 『신찬성씨록』 야마시로국(山城國) 제번(諸蕃)에는 스구리(勝)가 백제국 사람 다리수수(多利須須)의 후손으로 기재되어 있다. 　　　　　**》》》 관련사료 92, 100, 101**

가쓰우라

다타라천   다타라

3) 다타라(多々良, 多田羅)

　후쿠오카시 히가시구에는 다타라(多々良)라는 지역이 있다. 그리고 남쪽으로는 후쿠오카만으로 흐르는 다타라천(多々良川)이 있으며 부근에 다타라(多田羅)라고 하는 지명도 눈에 띈다. 다타라라는 지명에 대해서는 중세에 규슈(九州), 주고쿠(中國) 지방에 지배권을 갖고 있었던 오우치씨(大內氏)와의 관련 속에서 파악하는 견해가 있다.

　오우치씨의 계도(系圖)에 의하면 오우치씨는 백제의 임성태자(琳聖太子)를 시조로 하고 있다. 임성태자는 성왕(聖王) 또는 무왕의 왕자로 전하는 인물이다. 오우치씨의 선조 전승에 의하면 임성태자가 현재 야마구치현(山口縣)에 해당하는 스오(周防) 지방의 다타라(多々良) 해변에 상륙한 후 그 후손이 다타라라는 성(姓)을 받은 것으로 되어 있다.

　다타라는 쇠를 달구거나 녹이기 위해 사용하는 풀무를 의미하는 것으로 다타라라는 명칭을 통해 제철 기술을 갖고 일본에 들어왔던 것은 아닌가 생

다타라중학교

각된다. 그런데, 이들 임성태자와 관련한 기록은 후대의 것으로 정작 이와 같은 내용이 『삼국사기』나 『일본서기』 등 양국의 고대사서에는 등장하지 않는다는 데에 문제가 있다.

일단 임성태자와 관련된 기록은 오우치씨 측이 자신들의 조상을 현창하는 과정에서 백제 성왕의 후손으로 칭해진 것이다. 이는 조선에도 큰 영향을 주어 오우치씨는 동계의식(同系意識)을 통해 조선과의 통교권을 확립하는 수단으로 삼으려 했던 것으로 판단된다. 당시 백제의 후손으로 자처하는 것이 오우치씨에게는 대국내관계 뿐만 아니라 대조선관계를 원활하게 운영할 수 있는 외교적 수사로 유리하게 활용되었기 때문이다.

이처럼 오우치씨의 조상을 임성태자라고 단순히 판단할 수는 없지만, 야마구치현에는 구마게군(熊毛郡) 히라오(平生) 지역에 구다라베신사(百濟部神社) 등 백제인의 이주 전승이 여러 곳에 남아 있다. 더욱이 엔기(延喜) 8년 스오국(周防國) 나카군(那珂郡) 나카향(那珂鄕) 호적(戶籍)에 다타라공추남(多々良公秋男)이라는 인물이 보이는 등 오래전부터 스오 일대에 다타라씨가 거주하였다는 것을 확인할 수 있다. 그 때문에 고대에 많은 백제인들이 야마구치에 정착해 있었다는 사실을 알 수 있다. 따라서 후쿠오카에서 보이는 다타라 지명의 경우도 다타라씨가 한반도로부터 야마구치로 가는 도중에 경유하였던 지역에 남겨진 명칭으로 추정해볼 수 있다. 다만, 『신찬성씨록』 야마시로국 제번에는 다타라공(多々良公)을 미마나국주(御間名國主) 이리구모왕(爾利久牟王)을 조상으로 두고 있는 임나인(任那人)으로 쓰고 있다.

하지만 교토부(京都府) 교타나베시(京田辺市) 다타라 마을에 있는 신궁사(新宮社)에는 이리구모왕(爾利久牟王)이 백제국인(百濟國人)으로 되어 있다. 이러한 상황은 『신찬성씨록』에서 가라씨(加羅氏)가 백제인으로 기록되어 있는 경우에서도 볼 수 있듯이 당시 한반도에서 백제가 가야를 영향력 하에 두었던 사실로부터 생긴 것으로 보인다. 아무튼 당시 한반도 도왜씨족들이 일본 열도 각 지역에서 동일 씨족 의식 아래에 분포했던 사례를 보여주고 있는 것으로 판단된다.

>>> 관련사료 62, 102

오노성

4) 오노성(大野城)

후쿠오카현에 있는 오노죠시(大野城市)의 명칭은 덴지(天智) 4년(665년)에 현재 시오지야마(四王寺山)라고 부르는 오키산(大城山)에 축성된 백제식 산성 즉, 오노성(大野城)에서 유래된 것이다.

663년 일본은 2만 7,000여 명을 파견하여 백제군과 함께 백강구(백촌강)에서 당(唐), 신라 연합군과 치열한 전투를 벌였다. 하지만 결국 400여 척의 군선이 수몰되면서 백제라는 이름은 역사 속에서 사라지게 되었다. 동아시아 최초의 국제전에서 백제와 왜가 당과 신라의 연합군에게 패하게 된 사실은 일본을 위기 상황에 휘말리게 했다. 그 결과 왜국은 방위체제를 긴급히 정비하게 되었고 이때 백제인의 기술로 서일본 지역에 산성(山城)을 만들었다. 일본에서 산성이 만들어진 것은 이때가 처음이었다.

『일본서기』에는 '덴지 4년 8월에 백제인 달솔(達率) 답본춘초(答㶱春初)를 보내 나가토국(長門國)에 성을 축조하게 하였다. 동시에 달솔 사비복부(四比福夫)와 달솔 억례복류(憶禮福留)를 쓰쿠시국(筑紫國)에 보내 오노(大野)와 기(椽) 두 성을 쌓게 하였다'라는 기록이 있어 665년 백제에서 망명한 고관의 지도로 세 개의 성을 쌓았다는 것을 알 수 있다.

오노성 햣켄이시가키

다자이후(大宰府) 북쪽 해발 410미터의 시오지야마 능선에 올라가면 오노성의 흔적이 남아있다. 전체적으로 흙으로 쌓은 후 골짜기가 지나가는 곳에는 돌로 성을 쌓았다. 총 8킬로미터 정도로 다자이후를 향한 쪽으로 성문(城門) 유적이 남아있는 등 총 4개의 성문 유적이 남아있다. 일본에서는 나라 시대 말기 불교의 힘으로 신라를 항복시킨다는 의미로 사천왕을 제사지내는 시오사(四王寺)를 창건하여 사천왕신앙의 도량이 되었지만, 원래는 산성의 기능을 하였던 곳이다.

북쪽 지구 쪽으로는 당시 성벽을 쌓아올렸던 돌담이 제법 보이는데, 햣켄이시가키(百間石垣)라고 부르고 있다. 그리고 성 내부의 발굴을 통해서 식량이나 무기를 저장했을 법한 건물의 주춧돌이 발견되기도 했다. 일본에서 나타나고 있는 산성은 대개 산의 능선을 따라 외곽을 둘러싸고 골짜기를 돌담으로 차단한 소위 포곡식(包谷式) 산성으로 나타나는데, 이러한 축조방식에 대한 기원도 백제로부터 찾을 수 있다.

오노성은 서쪽으로 수성(水城, 미즈키)의 방죽과 연결시켰다. 백제 멸망 이듬해인 664년, 일본은 하카타만에서 다자이후 사이에 높이 10미터, 길이 1.2킬로미터의 수성을 쌓았다. 개활지 쪽으로 산과 산을 잇는 접근로를 봉쇄할 수 있는 곳에 도랑을 파고 물을 담아 두는 형태의 차단성이었다.

다자이후에서 남쪽 8킬로미터 지점에는 『일본서기』의 기성(橡城)에 해당하

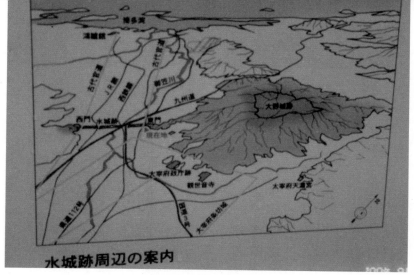

오노성 부근 지도

는 기이성(基肄城)이 있다. 후쿠오카현과 사가현의 경계인 기산(基山) 정상에
자리하고 있는 기이성은 자연 지형을 이용하여 적의 공격을 막아낼 수 있는
곳에 약 4킬로미터에 걸쳐 산성을 만
들었다. 대체적으로 돌로 된 성벽은 보
이지 않고 흙담으로 연결되어 있지만,
성의 안쪽 산등성이에는 주춧돌 여럿
이 눈에 띄기도 하고 백제계 기와가
발견되기도 한다. 남쪽의 골짜기 부분
으로 가면 화강암으로 쌓은 돌담이
있는데, 이곳에 수문(水門) 유적도 남
아있다. 이처럼 다자이후를 방어하기
위해 일본은 국방의 최전선에 백제식
의 오노성, 기이성, 수성을 쌓았다. 이
는 우연히 만든 것이 아니라 국가 방

수성

기이성

기이성 수문

어전략상 치밀한 계획에 의해 배치된 것이었다.

　이후 『일본서기』에는 '667년 11월, 왜국에 다카야스성(高安城), 사누키국(讚吉國) 야마다군(山田郡)에 야시마성(屋嶋城 : 가가와현 다카마쓰시), 쓰시마(對馬島)에 가네타성(金田城)을 쌓았다'라는 기록이 있어 규슈뿐만이 아니라 왜국에 이르는 오사카(大阪) 부근까지 산성을 쌓았던 것을 확인할 수 있다. 이처럼 일본에서는 고대의 산성이 주로 규슈에서 세토내해에 걸쳐 야마토 정권의 중심지인 기나이(畿內) 지역까지 교통로 주변에 자리하고 있다. 당시 일본 열도의 위기감이 어느 정도였는지를 짐작하게 한다.　　　　**》》 관련사료** 77, 103

후쿠오카현 백제계 지명과 신사 지도

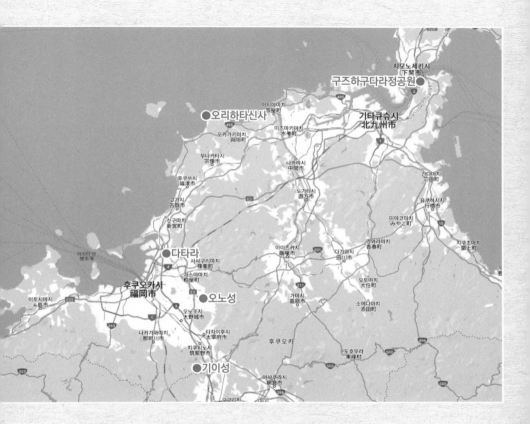

한반도와 최단거리의 항로, 사가현(佐賀縣)

사가현(佐賀縣)의 하토미사키(波戸岬)에 당도하니 북쪽으로 가카라시마(加唐島)와 마쓰시마(松島)가 보이고 멀리 이키(壹岐)섬까지 눈에 잡힐 듯이 보인다. 마쓰우라(松浦) 반도 서북단에 위치한 하토미사키는 북쪽 바다를 향해 돌출된 곳으로 눈앞에 보이는 가카라시마는 백제 곤지(昆支)가 왜국으로 가는 도중에 무령왕이 태어났던 것으로 추정되는 섬이다. 또한 부근에는 임진왜란 때 도요토미 히데요시(豊臣秀吉)가 조선으로 출발하는 거점으로 삼았던 나고야성(名護屋城)이 자리하고 있다. 이러한 정황은 한반도에서 일본 열도로 가는 최단거리에 마쓰우라 반도가 있다는 사실을 알려주고 있다. 그 때문에 일

하토미사키

무령왕탄생지   아리타 도잔신사

찍부터 마쓰우라 반도를 통해 많은 문화가 유입되었다.

『삼국지(三國志)』 위지 동이전에는 대한해협을 건너 첫 번째로 도달하는 곳을 말로국(末盧國)으로 쓰고 있다. 그곳을 마쓰우라의 가라쓰(唐津) 부근으로 보고 있는 데에 학자들간 이견이 없다. 더욱이 가라쓰라는 이름을 통해서도 한반도와 통하는 주요한 길목의 나루였음을 짐작게 한다. 물론 당(唐)이라는 한자말을 쓰고 있지만, 이는 한국을 의미하는 '가라'를 한자어로 바꾸어 놓은 것에 불과할 뿐이기 때문이다.

그래서인지 가라쓰시에는 하다(半田)라는 명칭과 기타하타(北波多)라는 마을이 있고 부근 이마리시(伊万里市)에도 미나미하타(南波多)라는 지명이 있다. 이들 지명은 백제계 도왜인인 하타씨(波多氏)와 관련이 있을 것으로 생각된다. 더욱이 부근 아리타(有田) 지역은 임진왜란 이후 일본에 끌려왔던 이삼평(李參平) 등의 도공(陶工)들이 일본에서 조선의 도자기 문화를 꽃피웠던 곳이기도 하다. 현재 아리타에는 그를 모신 도잔신사(陶山神社)가 자리하고 있다.

일본의 대표적인 야요이(彌生) 시대의 환호 취락 유적이 발견된 요시노가리

요시노가리유적

(吉野ヶ里) 유적지가 있는 곳도 사가현이다. 야요이 문화는 대체적으로 일본 열도의 서쪽에서부터 동쪽으로 진행되고 있다. 이는 조몬(縄文) 시대 이후 일본에 전달된 새로운 문화가 한반도로부터 왔다는 것을 확인해주는 것이라고 하겠다. 따라서 이 일대에도 백제계 지명과 신사가 눈에 띈다. 아야베(綾部)라는 지명은 백제계 도왜인 집단이 북부 규슈 일대에 정착했던 정황을 알려주는 것으로 판단된다. 또한 부근 간자키정(神埼町)에 있는 와니신사(鰐神社)에는 와니텐만구(王仁天滿宮)가 새겨진 작은 사당도 세워져 있어서 그 이름의 유사성으로 인해 백제의 왕인(王仁)과 관련이 있는 신사로 생각되는 곳이다.

이밖에 기시마군(杵島郡)에 있는 이나사신사(稻佐神社)는 백제의 왕자 아좌(阿佐)가 왔을 때 머물렀다는 전승이 있어 성왕과 아좌를 합사해 모시고 있는 신사이다. 이러한 전승은 도왜인들이 백제로부터 사가 지방을 통해 긴키 지방으로 이동했음을 추측게 한다.

가라쓰시 하다   하다천

1) 하다(半田), 기타하타(北波多), 미나미하타(南波多)

　사가현 가라쓰시(唐津市)에 가면 하다, 하타라는 지명이 남아있는 것을 볼
수 있다. 북쪽으로 한반도와 이어지는 바다를 접하고 있는 가라쓰성(唐津城)
에서 마쓰우라천(松浦川)을 건너면 하다(半田)라는 마을이 자리하고 있다. 이
곳에서 가라쓰만으로 흐르는 마쓰우라천의 지류도 그 명칭이 하다천(半田川)
으로 되어 있다. 이 지역에 붙여진 하다(半田)라는 명칭은 하타씨(波多氏, 秦氏)
와 관련이 있을 것으로 생각된다. 이는 하다에서 남쪽으로 10킬로미터 내려
가면 가라쓰시 남부에 기타하타(北波多)라는 마을이 자리하고 있는 것과도
연관성이 있다고 추정된다.
　현재 기타하타는 가라쓰야키(唐津燒)라고 부르는 도자기의 발상지로 알려
져 있다. 가라쓰(唐津)와 부근 이마리(伊万里)의 도자기는 임진왜란 때 조선 도
공의 기술로 만들어졌던 것이 그 시작이기 때문에 우리나라와 관련이 깊은
지역이기도 하다.
　또한 기타하타에서 남쪽으로 7킬로미터 떨어진 이마리시(伊万里市)에도 미

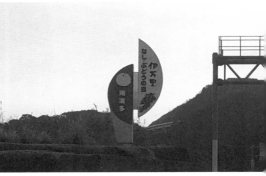

이마리시 미나미하타

가라쓰시 기타하타

나미하타(南波多)라는 동네가 있다. 남, 북의 하타는 예전에는 하타(波多)라는 하나의 지역이었는데, 행정구역이 분할됨에 따라 나눠지게 된 것이다.

　중세시대 이 지역에 기반을 두고 있었던 하타씨(波多氏)의 경우, 헤이안 시대에 마쓰라씨(松浦氏) 일족이 하타(波多)의 땅으로 옮겨와 하타로 성을 바꾼 것이다. 따라서 이 지역에 일찍부터 하타라는 지명이 있었다는 것을 알 수 있는데, 이는 백제 계통의 하타씨(波多氏)로부터 연유했던 것으로 보인다. 가라쓰라는 곳은 일본에서 가장 오래된 벼농사 유적인 나바타케(菜畑) 유적과 우키쿤덴(宇木汲田) 유적이 있다. 일찍부터 한반도로부터 마쓰우라 반도를 통해 많은 문화가 유입되어 교류의 요충지가 되었던 곳이다.　　　　　　　　　　　**》》 관련사료** 24, 25, 50, 53

2) 스와신사(諏訪神社)

　　일본의 3대 소나무 숲 중에 하나인 가라쓰시(唐津市)의 니지노마쓰바라(虹の松原)는 가라쓰만 연안에 방풍림으로 둘린 넓은 솔밭이다. 숲 인근에는 백제와 관련된 전설을 전하는 스와신사(諏訪神社)가 자리하고 있다. 오래전 백제로부터 사신이 매를 갖고 도착하자 야마토 정권에서는 오야다노무라지(大矢田連)의 딸인 스와히메(諏訪姬)를 가라쓰로 보내 매사냥 기술을 배우게 하였다고 한다. 이때 두 사람에게는 사랑이 싹텄지만, 곧 사신은 귀국하게 되었고 그 와중에 매가 살모사에게 죽임을 당하기까지 했다. 결국 이를 개탄하여 스와히메는 자결하였는데 이를 기리기 위해 스와신사가 세워졌다고 한다. 실제 이 신사는 엔랴쿠(延暦) 3년인 784년에 창건된 것으로 전하고 있기 때문에 이러한 전설을 전적으로 신뢰할 수는 없다. 하지만 당시 야마토 정권이 백제로부터 매를 비롯한 선진문물을 수입해왔던 것은 『일본서기』 등의 사료를 통해 확인되고 있으며, 스와신사의 창건 설화를 통해 백제가 야마토로 가기 위해 가라쓰 지역을 경유하였던 사실이 이러한 전설로 남아있게 된 것으로 추정해볼 수 있을 것이다. 스와신사는 당초 항해(航海) 안전(安全)의 신을 모시는 신사였으며, 그 때문에 한반도로부터 왔던 많은 선박들의 안전을 기원하는 역할을 했을 것으로 생각된다.

스와신사

3) 아야베하치만신사(綾部八幡神社)

사가현 미야키정에는 아야베(綾部)라는 지명이 있고 아야베하치만신사(綾部八幡神社)가 있다. 아야베하치만신사는 하치만신인 진구와 오우진 등을 제신으로 하고 있으며, 951년 풍수해와 유행병이 번져 고통받고 있을 때 한 승려가 산 정상에서 풍신(風神)을 제사 지내다가 절명한 이후 바람의 신을 모신 신사로 알려져 있다.

하지만 이곳 아야베(綾部)라는 지명은 원래 아야베(漢部)로서 사가 지방의 풍습이나 지리를 기록한 『히젠국 풍토기(肥前國風土記)』에는 옛날 구메(來目)가 신라를 정벌하려고 오시누미(忍海)의 아야히토(漢人)에게 명령하여 이 마을에 살면서 병기를 만들게 했던 데에서 연유했다고 적고 있다.

오시누미노아야히토(忍海漢人)와 관련해서는 『일본서기』 진구 5년조에 가쓰라기노소쓰히코(葛城襲津彦)가 신라를 공략할 즈음 데리고 왔던 오시누미(忍海) 등이 4읍 아야히토(漢人)의 조상으로 기록되어 있다.

한편 『신찬성씨록』 일문에 의하면 야마토노아야씨(東漢氏)의 조상인 아지사주와 동향(同鄕)의 사람들로 닌토쿠(仁德) 때에 일본으로 건너왔던 사람들의 자손으로 칭하는 촌주 중에 오시누미노스구리(忍海村主)가 보인다.

야마토노아야씨에 대해서는 『신찬성씨록』에 후한(後漢) 영제(靈帝)에 유래를 둔 씨족으로 기재되어 있지만, 이는 나라 시대에 들어 후한에 유래를 둔 씨족으로 창작되었던 것으로 실제로는 한반도에서 도왜한 것으로 보고 있는 것이 학계의 정설이다. 특히 야마토노아야씨의 활동 범위와 양태를 고려하면 백제계로 보는 것이 타당하다.

따라서 신라 정벌 운운하는 것은 후대 일본의 번국사관에 의한 것으로 실

아야베하치만신사

제는 이곳 아야베(綾部) 지역도 백제계 도왜인 집단이 북부 규슈 지역에 정착했던 정황을 알려주는 것으로 판단된다.

>>> **관련사료** 8, 10, 104, 105

일본 백제계 지명과 신사

와니신사

4) 와니신사(鰐神社)

사가현 간자키시(神埼市) 간자키정(神埼町)에는 와니신사(鰐神社)가 있다. 신사의 창건 연대에 대해서는 분명하지 않지만, 제신으로는 와니다이묘진(鰐大明神)과 구마노(熊野) 지역에 위치한 3신(神)을 모시고 있다. 이러한 점에서 이 신사는 바다를 건너는 이들의 안전을 기원하기 위해 창건되었던 것으로 보인다.

신사 안에는 와니텐만구(王仁天滿宮)라고 새겨진 돌로 된 작은 사당도 세워져 있다. 따라서 와니신사는 그 이름의 유사성으로 인해 백제의 왕인(王仁)과 관련이 있는 것은 아닌가 생각되는 곳이다.

왕인은 『고사기』와 『일본서기』에 오우진 때 백제로부터 논어나 천자문을 전하고 태자였던 우지노와키이라쓰코(菟道稚郎子)의 스승으로 일본에 왔다는 인물로서 긴키(近畿) 지방에 많은 흔적을 남기고 있다.

만약 이곳이 왕인과 관련이 있다면 긴키 지방으로 가는 도중에 경유했던 지역이었기 때문에 오래전부터 지역민들의 신앙의 형태로 남아있었던 것은 아닐까 짐작되지만, 확실하지는 않다.

다만 와니신사는 요시노가리(吉野ヶ里) 유적지가 바라다보이는 곳에 있기 때문에 신사가 위치하고 있는 간자키 부근은 일찍부터 한반도로부터 건너왔던 도왜인들과 관련이 깊었던 지역이었던 것만큼은 분명하다.

와니텐만구

>>> **관련사료** 12, 13

5) 이나사신사(稻佐神社)

사가현 기시마군(杵島郡)의 동쪽 기시마산(杵島山) 중턱에는 높은 돌계단 위로 이나사신사(稻佐神社)가 자리하고 있다. 참배도를 오르는 돌계단의 양쪽 측면으로는 진언종(眞言宗)의 사원이 위치하고 있고 오르는 계단 위로는 1585년 돌로 만든 히젠도리이(肥前鳥居)가 버티고 있다. 사가현 내에서는 가장 오래된 도리이로서 중요문화재로 지정되어 있다.

이나사신사의 창건 연대는 불분명하지만, 사전에 의하면 천지개벽 때 내려온 천신(天神) 및 이소타케루노미코토(五十猛命)를 제신으로 하고 있다. 이소타케루가 기시마산에 씨를 뿌려 울창한 수목으로 번성시켰다고 전한다. 또한 백제의 왕자 아좌(阿佐)가 왔을 때 이곳에서 머물렀다는 전승이 있어 아좌가 백제 성명왕(聖明王, 성왕)의 묘(廟)를 건립하여 이나사신(稻佐神)과 함께 모셨다고 한다.

스이코(推古) 15년(606년) 쇼토쿠태자(聖德太子)의 명에 의해 하타노가와카쓰(秦河勝)가 이 지역을 개척하였고 쇼토쿠태자가 성왕의 불교 전래를 기념하여 성왕과 아좌를 합사했기 때문에 대명신(大明神)의 존호를 받게 되어 '이나사3사(稻佐三社)'라 전하고 있다. 이후 헤이안 시대에 들어와 홍법대사(弘法大師) 구카이(空海)에 의해 이나사다이헤이사(稻佐泰平寺)가 개창되었고 진언사(眞言寺) 16방(坊)의 건립 이래 신불습합의 명소로서 진언밀교(眞言密敎)의 신앙처가 되었다. 이 신사는 조간(貞觀) 3년(861년) 종5위하(從五位下)을, 닌나(仁和) 원년(885년) 종5위상(從五位上)을 받았던 것이 『일본삼대실록(日本三代實錄)』에 보인다.

『일본서기』에는 위덕왕의 아들인 아좌가 일본으로 건너왔다는 기록 외에 일본 내에서 활동하였던 상세한 내용을 확인하기가 어렵다. 하지만, 이 지방의 전

승을 통해 아좌가 백제로부터 규슈의 사가 지방을 통해 긴키 지방으로 들어간
행보를 추정해볼 수 있을 것이다. 또한 하타노가와카쓰에 의해 이 지역이 개척
되었다는 전승을 통해서는 사가현에 보이는 하타라는 지명과 더불어 오래전
부터 하타씨 등 백제계 도왜인과 관련이 있는 지역인 것으로 추정된다.

》》 관련사료 106

이나사신사 히젠도리이

이나사신사

일본 백제계 지명과 신사

사가현 백제계 지명과 신사 지도

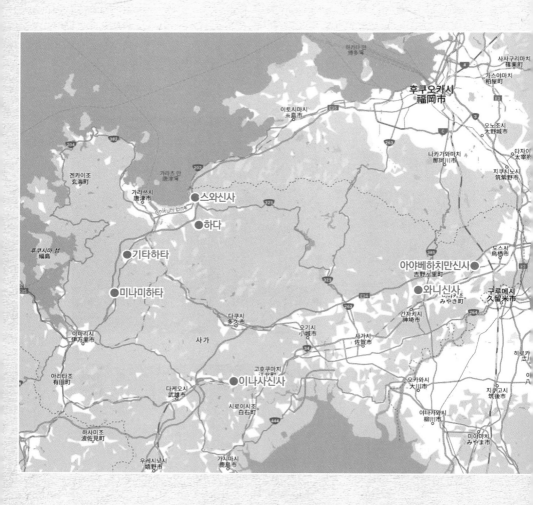

백제가 숨 쉬는 불의 고장, 구마모토현(熊本縣)

아소산

규슈의 중부에 있는 구마모토현(熊本縣)에 도착하면 가장 먼저 떠오르는 것이 타오르는 화산을 조망할 수 있는 아소산(阿蘇山)이다. 아소산은 세계 최대의 칼데라 분화구를 가진 활화산으로써 히노구니(火の國)로 불리는 구마모토의 상징과도 같은 존재라고 할 수 있다.

옛 히고(肥後) 지방인 구마모토는 서쪽 아리아케해(有明海)를 매개로 한 해상 관문이었던 동시에 규슈의 중앙에 위치해 있는 지리적 이점으로 인해 백제와의 교류가 두드러지게 나타나는 지역이다.

주지하듯이 구마모토 지역에는 백제의 유물과 유사한 부장품이 발견된 에타 후나야마고분(江田船山古墳)이 있다. 에타 후나야마고분에서 출토된 금동관모(金銅冠帽)와 금동신발은 백제 지역에서 발견된 것과 매우 흡사하다. 그 때문에 이러한 위세품은 백제와 구마모토 지역이 밀접한 관계에 있었다는 것을 보여주는 징표라고 할 수 있을 것이다.

『일본서기』 583년조에는 히노아시키타노구니노미야쓰코(火葦北國造) 아리사등(阿利斯登)의 아들인 달솔(達率) 일라(日羅)가 등장한다. 백제의 관등을 지

에타후나야마고분

에타후나야마고분 금동관모

에타후나야마고분 금동신발

닌 인물을 통해 구마모토 남단의 아시키 타(葦北) 지역과 백제가 긴밀한 관계에 있 었음을 알 수 있다. 현재 구마모토현 야 쓰시로시(八代市) 사카모토정(坂本町)에는 백제가 왔다는 의미의 구다라기(百濟來, 久 多良木) 마을이 있다. 구다라기 마을이 아리사등과 그의 아들인 일라의 본거 지로서 이들이 백제와 가야에서 왔던 사실들을 통해 백제인들이 이주, 정착 했던 정황을 확인할 수 있다.

구마모토현 북부의 기쿠치(菊池)라는 명칭은 백제계 산성인 기쿠치성(鞠智 城)으로부터 유래한 것이다. 기쿠치성은 663년 백강구(백촌강) 전투의 패전 후 위기 상황에서 오노성(大野城), 기이성(基肄城)과 함께 동 시기에 만들어진 백 제식 산성으로 판단된다. 백제의 망명자에 의해 축조되었을 것으로 생각되 는 기쿠치성에서 백제계 보살입상과 하타씨와 관련된 '秦人' 인명의 목간이 출토됨에 따라 백제와의 관련성을 높이고 있다.

구라다기신사

1) 구다라기(百濟來, 久多良木)

과거 구마모토현의 아시키타군(葦北郡)이었던 야쓰시로시(八代市) 사카모토정(坂本町)에 가면 백제가 왔다는 의미를 지닌 구다라기(百濟來) 마을과 마주할 수 있다. 지금은 행정구역이 바뀌어 백제라는 명칭이 많이 사라졌지만, 아직도 부근에 구다라기천(百濟來川)이 흐르고 구다라기신사(久多良木神祀)와 구다라기지장당(百濟來地藏堂), 구다라기(百濟來) 스포츠센터 등의 이름이 남아 있다. 그리고 구다라기지장당 안에는 소위 백제 달솔 일라의 묘라고 하는 표지석이 있고 일라가 백제로부터 사여 받았다고 하는 불상이 안치되어 있다. 일라라고 하는 인물은 『일본서기』에 의하면 백제 달솔의 관등에 있었으며 그의 아버지가 히노아시키타노구니노미야쓰코(火葦北國造) 아리사등(阿利斯登)인 것으로 되어 있다.

『일본서기』 비다쓰(敏達) 12년(583년)조에 의하면 백제에 있던 일라는 임나를 부흥하려던 왜왕에 의해 일본으로 소환된 것으로 기록하고 있다. 그러나 일본에 온 일라는 백제가 쓰쿠시(筑紫)에 신국(新國)을 세우려 했다는 계획을 폭로하고 이에 대한 대응책을 일본 측에 알려주었기 때문에 동행했던 백제사

구라다기 마을

구라다기지장당

(百濟使)에 의해 살해되어 그의 시신은 아시키타(葦北) 지역에 이장된 것으로 되어 있다. 이곳 구다라기 마을이 일라 일족의 근거지로 판단되는 곳으로 후손에게 전달되었던 불상이 일라의 묘가 있는 곳이라는 증거가 되어 770년경 지장당이 건립되었다고 한다. 그런데 일라의 아버지인 아리사등(阿利斯登)에 대해서는 『일본서기』 게이타이(繼體) 23년조에 나오는 가야의 수장 아리사등(阿利斯等)과 동일인물로 보인다. 그 때문에 가야 멸망 후 아리사등이 일본 열도로 이주하여 이곳 아시키타 지역의 미야쓰코(國造)가 되었다는 것을 알 수 있다. 히노아시키타노구니노미야쓰코 아리사등이라는 명칭은 구마모토 구다라기 마을로 이주했던 일라 일족의 수장에게 붙여준 작호였을 것으로 생각된다. 즉, 일본에 이주했던 아리사등의 아들 일라가 백제로 돌아가 어느 시점엔가 달솔의 관등에 올랐고 583년 다시 일본으로 돌아왔던 것으로 판단된다.

『일본서기』 스이코(推古) 17년(609년)조에는 백제의 승려 10인과 속인(俗人) 75인이 폭풍을 만나 표류해서 아시키타에 머물렀다는 기록이 있다. 이를 통해 이 지방은 아리아케해(有明海)를 매개로 한 해상 관문인 동시에 백제와의 관련성이 깊었던 것을 알 수 있다. 따라서 일라 일족의 근거지인 구다라기에 백제인들이 이주했을 가능성은 높으며 이들로 인해 마을 이름도 구다라기로 정착되었던 것으로 생각된다. >>> 관련사료 107, 108

기쿠치성 유적

2) 기쿠치(菊池)의 기쿠치성(鞠智城)

구마모토현의 북쪽인 기쿠치시(菊池市)의 기노(木野) 지역과 야마가시(山鹿市)의 기쿠카정(菊鹿町) 요나바루(米原) 및 기노(木野) 지역에 걸쳐 고대 산성인 기쿠치성(鞠智城)이 축조되어 있다. 기쿠치성은 오노성, 기이성과는 달리『일본서기』에 그 축조 기록이 보이지 않지만,『속일본기』몬무(文武) 2년(698년)조에 오노성, 기이성과 함께 수리하였다는 기록이 있다. 때문에 오노성, 기이성과 동 시기에 백강구(백촌강) 전투의 패전 후 위기상황 하에서 만들어진 백제식 산성인 것으로 판단하고 있다. 백제식 산성 중에 가장 남쪽에 위치하고 있는 기쿠치성은 규슈 북단을 지나 아리아케해(有明海) 방면으로부터의 공격에 대비할 목적이 있었던 것으로 추측된다.

『일본몬토쿠실록(日本文德實錄)』덴안(天安) 2년(858년) 2월, 6월조와『일본삼대실록(日本三代實錄)』간교(元慶) 3년(879년) 3월조에는 기쿠치성원(菊池城院) 또는 기쿠치군성원(菊池郡城院)으로 기술되어 있다. 헤이안 시대의 백과사전인『화명류취초(和名類聚抄)』에는 이 지역을 '菊池'라고 쓰고 구구치(久々知)로 훈(訓)하

일본 백제계 지명과 신사

185

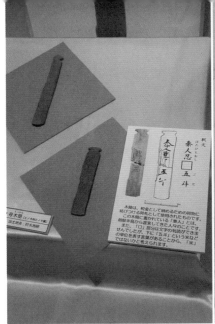

기쿠치성 출토 목간   기쿠치성 출토 금동보살입상

고 있기 때문에 기쿠치라는 지명은 기쿠치성으로부터 나온 것으로 볼 수 있
다. 기쿠치성의 발굴조사 결과, 8각 건물 유적과 성문, 저수지 유적 등이 발견
되는 등 기쿠치성의 전체 구조가 확인되었다. 특히 저수지 유적에서는 백제
계 보살입상이 발견되어 기쿠치성이 백제인에 의해서 축조되었을 가능성이
높아졌다. 또한 '秦人忍□五斗'라는 명문이 쓰인 목간이 발견되어 이 역시 도
왜계로 생각되는 하타씨(秦氏)와의 관련성도 확인되고 있다. 하타씨에 대해서
는 『신찬성씨록』에 '우즈마사노기미노스쿠네(太秦公宿禰)라는 씨족은 진시황제
의 3세손인 효무왕(孝武王)으로부터 나왔다'고 기록되어 있지만, 『신찬성씨록』
의 또 다른 기록에는 하타노미야쓰코(波多造)와 하타노이미키(波多忌寸)가 백제
계로 기재되어 있다. 더욱이 백제로부터의 망명자가 축조하였을 것으로 생각
되는 기쿠치성에서 하타씨와 관련된 인명의 목간이 출토된 것은 백제와의 관
련성을 높이는 증거가 되고 있다.   **》》관련사료** 24, 25, 50, 53, 109, 110, 111, 112

구마모토현 백제계 지명과 신사 지도

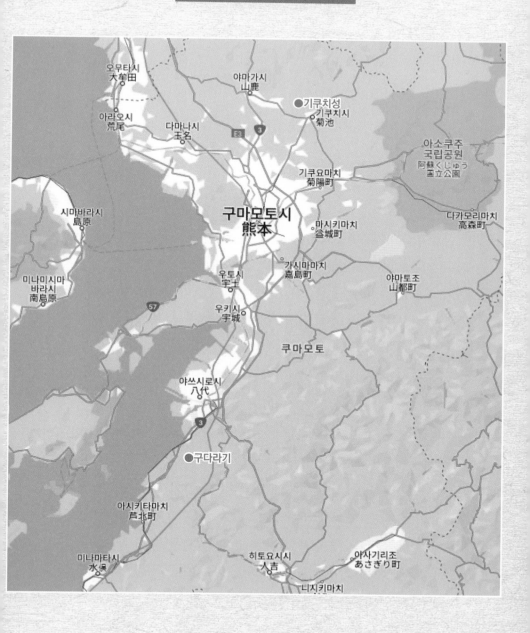

도왜씨족의 기착지, 오이타현(大分縣)

　규슈의 동북부에 해당하는 오이타현(大分縣)에 들어서자마자 짙은 유황 내음이 짙게 배어난다. 이곳은 벳부(別府) 온천, 유후인(由布院) 온천 등 온천장으로 우리에게 익히 알려진 곳이다. 하지만 일본 전국 하치만(八幡) 신앙의 총본산인 우사신궁(宇佐神宮)이 있는 곳이 오이타현이라는 사실을 아는 이는 드물다. 현재 하치만 신사는 다양한 모습으로 나타나고 있지만, 원래는 임신한 상태에서 신라를 정벌한 진구가 돌아와서 낳았다고 하는 오우진과 더불어 모자신(母子神)의 신앙이 특히 두드러지게 나타나는 신사였다.

　하치만 신앙은 『일본서기』에서 '일신(日神)과 스사노오노미코토(素戔嗚尊)의 서약에 의해 태어난 3명의 여신이 우사시마(宇佐島)로 강림하였다'는 신화에 의해 생긴 것으로 되어 있다. 때문에 일반적으로 오이타에 있는 우사신궁으로부터 시작되었던 것으로 알려져 있다. 그 후 8세기 초에 이르러서는 한반도와 관련이 있다고 하는 오우진이 하치만신에 포함되었고 9세기에는 진구마저 추가되어 이들 모자를 중심으로 한 신앙이 북부 규슈를 중심으로 하여 전국적인 신앙으로 퍼져 나가기 시작했던 것으로 보인다.

벳부온천 우사신궁

　그러나 진구의 삼한정벌이나 신라정벌은 역사적 사실이 아니며, 실제로는 한반도로부터 건너온 하타씨(秦氏)에 의해 하치만 신앙이 성립되었던 것으로 보고 있는 것이 대체적인 견해이다. 따라서 오히타현에 남아 있는 지명과 신사는 대개 하타씨와 관련된 것이다.

　하타씨의 선조는 궁월군(弓月君)으로 『일본서기』 오우진조에 궁월군이 백제로부터 120현의 사람들을 이끌고 귀화했다고 기록하고 있어서 '백제'로부터 도왜했다는 기록을 분명하게 하고 있다. 그동안은 히라노 구니오(平野邦雄)의 논고에 기반하여 출토 유물에서 확인할 수 있는 기술 등이 백제보다는 신라 쪽이 우수하다는 것을 근거로 하타씨가 진한(辰韓), 신라(新羅) 계통인 것으로 인식되어 왔다. 이를 통해 하타씨가 신라 불교를 바탕으로 쇼토쿠태자와 신흥세력을 결성했던 것으로 보았던 것이다.

　하지만 이러한 논증에 사용되었던 고고학적 성과는 반세기 이전의 자료를 검토한 것으로 최근 한성백제시대부터 발굴되는 고고학적 자료를 통해 뛰어난 백제의 기술에 대해 재인식되고 있는 상황이다. 따라서 현재 백제와 신라의 불교 양상에 대해 검토하면서 신라계에 의해 하치만 신앙이 성립되었다는 히라노의 견해에 문제가 있다는 논고가 나오고 있는 실정이기도 하다.

고모신사

1) 고모신사(薦神社)

　오이타현의 나카쓰시(中津市)에 있는 고모신사(薦神社)는 오사다하치만궁(大貞八幡宮)이라고 부르고 있는데, 일본 전국 하치만신사의 총본산인 우사신궁(宇佐神宮)의 모태가 되는 신사로 알려져 있다.

　고모신사의 경내로 들어서면 본전이 보이고 뒤편으로 삼각지(三角池)라고 부르는 연못이 있다. 삼각지 안에도 도리이(鳥居)가 세워져 있는데, 연못을 신체(神体)로 하여 내궁(內宮)으로 하고 신전(神殿)을 외궁(外宮)으로 칭하고 있는 독특한 신사이다. 과거에는 이곳에서 자생하는 야생 벼를 베어서 베개 모양으로 엮어 부근에 있는 우사신궁의 신체(神体)로 삼았다고 한다.

삼각지

고모신사는 조와(承和)년간(834~848년)에 창건되었지만 삼각지의 축조는 그
보다 오래된 것으로 수리시설이 불편했던 대지에 한반도에서 건너왔던 도왜
인(渡倭人)에 의해 건설된 저수지 중에 하나로 보고 있다.

일설에 의하면 하치만신(八幡神)은 본래 야하타신이었다고 하며, 도왜인 하
타씨(秦氏)의 씨신(氏神)이었다고 한다. 하타씨는 수리시설이 불편했던 나카쓰
평야에 많은 저수지를 조성하여 논밭을 일구었는데, 이 때문에 연못의 수호
신을 신사에 모시게 되었다고 한다.

>>> **관련사료** 24, 25, 50, 53

하다

2) 하다(羽田)

오이타시(大分市)에 있는 하다(羽田)라는 지역은 오이타현의 중부와 벳푸만(別府湾) 남쪽으로 오이타천(大分川)과 오노천(大野川)으로 형성된 충적지에 오이타 평야가 넓게 펼쳐져 있는 곳이다. 특히 오이타천의 하구 부근에서는 야요이 시대부터 고분 시대 걸친 하다(羽田) 유적이 발굴되었고, 자연제방 위에는 대규모 촌락의 존재가 확인되어 고대 오이타 지역의 거점이 있었던 것으로 추측하고 있다. 특히 하다 유적의 동쪽 구릉에서는 고분 시대 후기로 비정되는 굴식무덤군[横穴墓群]이 다수 발견되기도 하였다.

따라서 하다라는 지명을 통해 하타씨(波多氏, 秦氏)가 세력을 펼쳤던 지역으로 추정하고 있다.

>>> **관련사료** 24, 25, 50, 53

오이타현 백제계 지명과 신사 지도

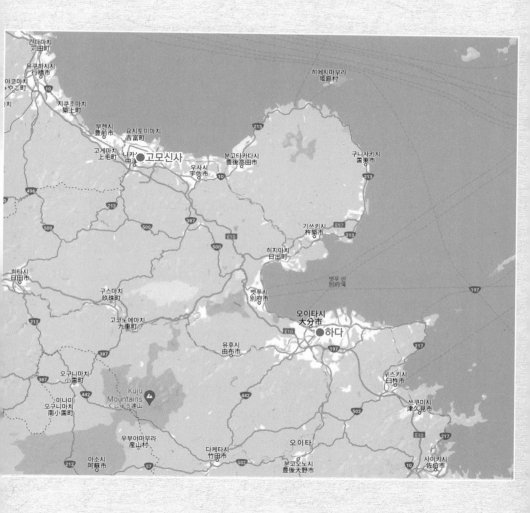

신화와 전설의 고향, 미야자키현(宮崎縣)

규슈의 남동부에 위치하고 있는 미야자키현(宮崎縣)은 태평양 연안에 접하고 있는 온화한 기후로 인해 남국(南國)의 정서가 물씬 풍기는 곳이다. 그러나 남북으로 400킬로미터에 달하는 해안선을 제외하고는 약 75% 정도가 산지로 이루어져 있다. 그래서인지 옛 히무카노구니(日向國)였던 미야자키현에는 가는 곳곳마다 신화와 전설로 가득 차 있다.

일본의 건국신화에는 태초에 이사나기(伊奘諾尊)와 이사나미(伊奘冉尊)라는 신이 등장하고 이들 사이에서 태어났다는 태양의 여신 아마테라스오미카미(天照大神)가 천상계(天上界)인 다카마가하라(高天原)의 지배자가 되는 것을 그 시작으로 하고 있다. 이후 아마테라스오미카미의 손자인 니니기노미코토(瓊瓊杵尊)가 천상으로부터 지상에 내려오게 되는데, 이른바 천손강림(天孫降臨)의 신화이다. 이때의 강림지를 통상 미야자키에 있는 다카치호노미네(高千穗峰)로 보고 있다.

결국 니니기노미코토의 증손자가 되는 이와레비코(磐余彦尊)가 동쪽으로 진격하여 야마토 지방을 정복하고 초대 천황인 진무(神武)로 즉위하게 된다.

다카치호노미네

그 때문에 미야자키는 일본 건국신화의 발상지이면서 신들의 이야기가 풍부하게 남아 있는 신화와 전설의 고향인 셈이다. 그런 고장의 특색 때문인지 한반도와는 정반대 방향에 있어 전혀 인연이 없을 것 같은 미야자키에도 백제와 관련된 전설이 숨 쉬고 있는 것은 여간 흥미로운 일이 아닐 수 없다.

미야자키현 북서쪽의 깊은 산골 마을인 난고촌(南郷村)에 가면 반란군에 쫓기던 백제 왕족의 슬픈 전설이 있다. 히가시우스키군(東臼杵郡) 미사토정(美郷町)에는 정가왕(禎嘉王)을 모시고 있는 미카도신사(神門神社)가 자리하고 있으며, 고유군(兒湯郡) 기조정(木城町)에는 그의 아들 복지왕(福智王)을 제사 지내고 있는 히키신사(比木神社)가 있다. 또한 미야자키시(宮崎市) 다노정(田野町)에도 백제왕이 표착했다는 전설이 있어 현재 다노덴켄신사(田野天建神社)의 제신으로 모셔져 있다.

1) 난고촌(南鄕村) 백제마을

난고촌 백제마을

미야자키현의 북서쪽 지역으로 깊은 벼랑굽이를 따라가다 보면 산골마을인 난고촌(南鄕村)이 나온다. 들어서는 입구에는 '백제의 마을'이라는 표지판이 세워져 있고 '백제교'라는 명칭도 보인다.

이곳 난고촌은 백제 정가왕(禎嘉王)의 전설이 서려 있는 곳으로 마을 한쪽으로는 정가왕을 제사 지내고 있는 미카도신사(神門神社)가 요로(養老) 2년(718년)에 창건된 이래 지금까지 명맥을 유지하고 있다. 정가왕이라는 백제왕은 사서에는 나타나지 않는 왕으로 이 지역 전승에만 등장하는 인물이다.

전하는 얘기에 따르면 반란군에 쫓기는 백제의 왕족이 격렬한 폭풍우 속에서 이곳 히무카(日向) 지방에 있는 두 개의 해변에 도착했다고 한다. 현재 휴가시(日向市)의 가네가하마(金ヶ濱)라는 해변에는 아버지인 정가왕(禎嘉王)과 그 일행들이 도착했고, 다카나베정(高鍋町)의 가구치우라(蚊口浦)라는 해안에는 장남 복지왕(福智王)과 그의 아내, 정가왕후가 안착했다고 한다.

이후 정가왕은 난고촌에 정착했고 복지왕 일행은 부근 기조정(木城町)으로 이주했는데 얼마 후 왕의 소재를 밝혀낸 추격군과 대전투를 벌여 결국 이사가(伊佐賀) 전투에서 모두 전사하고 말았다는 전설이다. 지금도 당시의 애절함을 그리며 난고촌의 사람들과 기조정의 사람들이 만남의 축제를 연

미카도신사   니시노쇼소인

다고 한다.

  그래서 난고촌에는 국립부여박물관의 객사를 모델로 해서 만들었다는 '백제의 관(百濟の館)'이라는 명칭의 전시장이 있고 그 옆에는 나라현(奈良縣)의 쇼소인(正倉院)과 똑같은 모양을 한 유물보관소, 니시노쇼소인(西の正倉院)이 세워져 있다. 이는 나라의 도다이사(東大寺)에 있는 쇼소인을 모델로 해서 1996년에 만들어진 것인데, 그 모양에서뿐만 아니라 기와의 수에 이르기까지 나라의 것과 같은 모습으로 만들었다고 한다. 이곳 난고촌에서 출토된 33개의 청동제 거울 등의 유품이 니시노쇼소인에 보관되어 있다.

  난고촌에 남아 있는 전설에 대해서는 신라와 당의 공격으로 멸망한 백제 왕족의 대부분이 일단 일본의 긴키(近畿) 지방으로 도피했다가, 이후 어느 시점엔가 내전으로 인해 다시 규슈 방면으로 쫓겨 왔던 이야기가 전승되었던 것으로 보는 견해가 통설로 되어 있다.

히키신사

2) 히키신사(比木神社)

  난고촌에서 동남쪽으로 40여 킬로미터 떨어진 고유군 기조정의 히키신사(比木神社)는 지금으로부터 1,800년 전에 창건된 오래된 신사이다. 난고촌의 전설에 따라 정가왕(禎嘉王)은 사후에 히가시우스키군 미사토정의 미카도신사(神門神社)에서 제사를 지내고 있는 반면, 아들인 복지왕(福智王)은 기조정에 있는 히키신사에 합사되었다고 한다. 복지왕이 도착했다고 하는 가구치우라 바닷가에서 그리 멀지 않은 곳이다.

  현재도 히키신사에 모시고 있는 복지왕의 신체(神體)가 미카도신사에 모셔져 있는 정가왕과 대면하는 축제가 매년 1월에 열리고 있다.

다노덴켄신사

3) 다노덴켄신사(田野天建神社)

　미야자키시 다노정(田野町)의 아부라쓰(油津)의 해안가에는 백제왕(百濟王)이 표착했다는 전설이 있다.

　옛날 다노 마을에 표착한 백제왕은 마을 사람에게 융숭한 대접을 받아 편안히 지내고 있었다고 한다. 평소에 애마(愛馬)를 타고 유람을 다니고 있었는데, 그러던 어느 날 애마가 무엇에 놀랐는지 왕을 태운 채 그대로 우물로 뛰어들고 말았다.

　그렇게 생애를 마친 백제왕의 명복을 빌기 위해 마을 사람들은 후하게 장사를 지냈고 마을 내 우물을 모두 메웠다고 한다.

　이후 백제왕을 기리며 다노덴켄신사(田野天建神社)에서 제사 지내게 되었다고 한다.

미야자키현 백제계 지명과 신사 지도

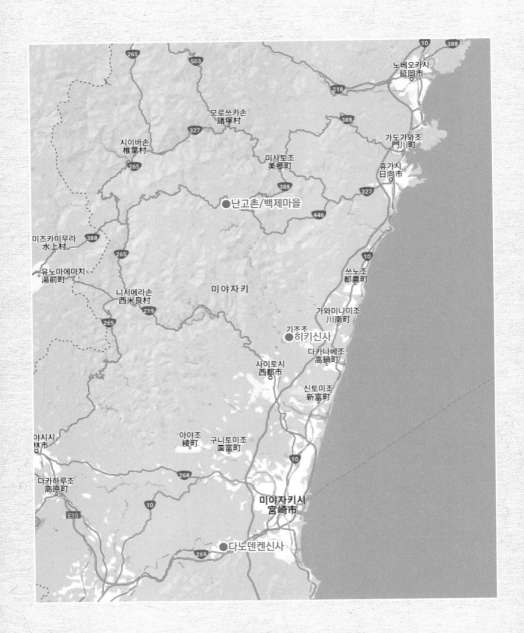

	지명	신사	관련 씨족, 인물	위치
후쿠오카현	구즈하구다라정공원(葛葉百濟町公園)			기타규슈시 모지구 가자시 4-6
	가네자키(鐘崎), 가쓰우라(勝浦)	오리하타(織幡)신사	의봉 공녀(衣縫工女), 하타씨(秦氏)	무나가타시 가네자키 224
	다타라(多々良, 多田羅)		다타라씨(多々良氏), 임성태자(琳聖太子)	후쿠오카시 히가시구 다타라
	오노죠(大野城)		사비복부(四比福夫), 억례복류(憶禮福留)	오노죠시 시오지야마(오키야마)
사가현	하다(半田)		하타씨(波多氏, 秦氏)	가라쓰시 하다 일대
	기타하타(北波多), 미나미하타(南波多)		하타씨(波多氏)	가라쓰시 기타하타, 이마리시 미나미하타
	아야베(綾部,漢部)	스와(諏訪)신사		가라쓰시 하마타나마치 하마사키 1181
		아에베하치만(綾部八幡)신사	오시누미(忍海), 아야히토(漢人)	미야키군 미야키쵸 하루코가 2338
		와니(鰐)신사	왕인(王仁)	간자키시 간사키마치 시와야 823
		이나사(稻佐)신사	아좌(阿佐), 성명왕(聖明王,성왕)	기시마군 시로이시초 헤타 292
구마모토현	구다라기(百濟來, 久多良木)	구다라기(久多良木)신사	아리사등(阿利斯登), 일라(日羅)	야쓰시로시 사카모토마치 구다라기
	기쿠치(菊池) 기쿠치성(鞠智城)		하타씨(秦氏)	기쿠치시 기노, 야마가시 기쿠카마치 요나바루
오이타현		고모(薦)신사	하타씨(秦氏)	나카쓰시 오사다 209
	하다(羽田)		하타씨(波多氏, 秦氏)	오이타시 하다
미야자키현	난고촌(南鄕村) 백제마을	미카도(神門)신사	정가왕(禎嘉王)	히가시우스키군 미사토초 난고손
		히키(比木)신사	복지왕(福智王)	고유군 기조초 시노키 1306
		다노덴켄(田野天建)신사	백제왕(百濟王)	미야자키시 다노초 고 2793

본래 일본 고유의 종교라고 하는 신도(神道)는 의례와 신사만 있을 뿐 교조도 경전도 없는 자연발생적인 민족종교였다. 그랬던 일본의 신도가 체계화될 수 있었던 계기는 불교의 전래였다.

문헌상 신도라는 용어가 처음 등장하는 것은 『일본서기』 요메이(用明) 즉위전기(584년)에 '천황이 불법을 믿고 신도를 공경하였다'는 기록이다. 백제로부터 전해진 불교가 점차 자리를 잡게 되자 신도는 불교사상을 적극적으로 받아들이면서 스스로를 체계화해 나갔다.

그래서 신도와 불교가 융합되는 과정을 보이는데, 이를 신불습합(神佛褶合)이라고 한다. 일본인이 불교라는 타자를 만나 자기로서의 신도를 자각하게 되는 과정으로 세계종교사에서도 그 유례를 찾아보기는 힘들다.

그러나 여몽연합군의 침공으로 인해 신국(神國) 사상이 강조되면서 스스로에 대한 자각이 높아지기 시작하였고, 에도 시대 들어와 유교의 강력한 영향을 받아 외래 사상을 일체 배제하고 국학(國學)을 중시하는 풍조가 생기면서 점차 신불분리가 주장되었다.

결국 메이지유신을 계기로 천황제라는 이데올로기를 성립시킴으로써 천황제 국가체제의 정통성을 세우고자 국가 신도화가 되어 오늘에 이르고 있다.

현재 일본인들에게 신도는 하나의 민족 종교처럼 인식되어 있으며 신도에 입신을 하지 않더라도 특별한 종교라기보다는 일상적 삶과 밀접하게 연결되어 있다. 새해가 되면 하쓰모데(初詣)로부터 시작하는데, 처음으로 신사에 가서 참배를 하는 행위를 말한다.

또한 일본인은 태어나면서부터 대략 1개월째가 되었을 때 신사에서 하쓰미야마이리(初宮参り)라는 참배를 하고 시치고산(七五三)이라고 해서 3살, 5살, 7살이 되었을 때 성장을 축하하는 행사를 신사에서 행한다.

성인이 되어서도 결혼식이나 액막이, 가내 안전이나 무병장수, 합격 기원과 같은 소원을 빌 때 신사를 참배하는 행위는 여전히 성행하고 있다. 인생의 중요한 고비마다 신사를 방문하는 등 신도는 하나의 생활 문화로 자리 잡고 있다.

하지만, 우리는 일본의 신사를 방문할 때 주의해야 할 부분이 있다. 신사에는 각각 제신(祭神)이 있으며 그들 중에는 정한론, 삼한정벌 등 우리나라와는 적대적인 인물이나 신들을 제사 지내는 경우가 많다. 더욱이 군국주의 시절에 주변국을 침략하는 이데올로기를 제공했던 신사도 있기 때문에 함부로 참배를 행해서는 안 될 일이다.

3장

주고쿠中國 지방

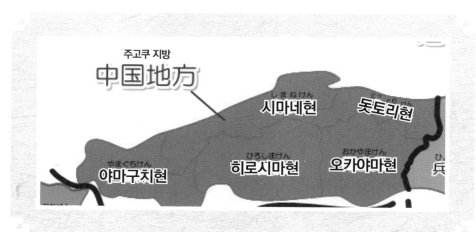

주고쿠 지방
中国地方

시마네현

돗토리현

야마구치현

히로시마현

오카야마현

兵

백제의 후손임을 자처했던 고장, 야마구치현(山口縣)

혼슈의 제일 서쪽 끝에 위치해 있는 야마구치현(山口縣)에 와 보니 현청 소재지는 중앙부에 있는 야마구치시(山口市)이지만, 정작 규슈와 마주하고 있는 시모노세키시(下關市)가 더 번화한 듯했다. 규슈와는 간몬(關門) 해협을 사이에 두고 있는 시모노세키가 경제 규모가 큰 후쿠오카현(福岡縣)과 가까이 있는 까닭에 그 영향을 받고 있는 것 같다. 어업 또한 성행하여 시모노세키의 하에도마리항(南風泊港)은 일본에서 가장 많은 복어를 취급하는 곳이기도 하다.

건너편 규슈에서도 보이는 붉은 색의 아카마신궁(赤間神宮)은 1185년 단노

간몬해협

우라(壇ノ浦) 싸움에서 8살의 나이로 바다에 뛰어들어 생을 마감한 안토쿠(安德)의 신당(神堂)으로 만들어진 것이다. 결국 이 싸움에서 겐지(源氏)가 헤이케(平家) 일족을 누르고 가마쿠라(鎌倉) 막부를 태동하게 된다.

가마쿠라 시대부터 무로마치 시대에 이르기까지 야마구치 지역에 세력을 펼쳤던 세력은 오우치씨(大內氏)이다. 이들은 자신들의 계보를 백제국 임성태자(琳聖太子)에 두고 그의 후손으로 자처하기도 하였다. 이를 구실로 하여 조선에도 독자적인 무역을 수행하여 중국 및 조선과의 무역을 통해 막대한 경제력을 지니면서 전성기를 구가했다.

현재 임성태자의 표착지로 전해지는 곳은 세토내해(瀬戶內海)에 연해 있는 호후(防府)시이며 중심가에는 기시쓰(岸津)신사가 자리하고 있다. 호후시의 동쪽에 있는 구다마쓰시(下松市) 또한 임성태자의 전설과 관련이 있는 곳으로서 구다마쓰는 백제의 나루라는 구다라쓰(百濟津)가 전화된 지명으로 보기도 한다. 또한 구마게군(熊毛郡) 히라오(平生) 바닷가에는 백제를 의미하는 구다라베신사(百濟部神社)가 자리하고 있어서 백제의 숨결을 느낄 수 있는 곳이기도 하다.

조선 후기에는 통신사 일행이 시모노세키(下關)에 정박한 후 세토내해를 통해 이동하다가 야마구치현의 최남단인 가미노세키(上關)에도 머물러 통신사와 관련된 행적이 남아 있는 곳이다.

또한 러일전쟁 이후부터 해방 전까지 시모노세키와 부산(釜山)을 연결했던 관부(關釜)연락선은 한반도와 일본 열도를 잇는 대표적인 운송 기관이었다. 이래저래 야마구치현은 우리나라와도 관련이 없지 않은 지역이다.

아카마신궁

하에도마리항의 복어

일본 백제계 지명과 신사

1) 구다라베신사(百濟部神社)

야마구치현 구마게군(熊毛郡) 히라오정(平生町)의 바닷가에는 백제를 뜻하는 구다라베신사(百濟部神社)가 있다.

원래 히라오만의 입구에서 동쪽 연안의 지명이 구다라베(百濟部)였고 따라서 그 해역에 신사가 위치해있는 것이다. 당초 이곳에는 후미시마류신사(文島龍神社)가 있었는데, 구다라베 지역에 전하고 있는 구다라베신사를 이곳에 합사했다고 한다.

히라오만 일대는 한반도에서 간몬 해협을 지나 세토내해를 통해 긴키(近畿)로 향하는 경로상에 있는 지역이다. 따라서 고대 교통의 요충지 역할을 했던 곳으로 해안에 백제인의 선박이 정박하였고 또 이들의 거주지가 되었을 것이다. 따라서 백제인들이 거주하면서 구다라베라는 지명이 생겼을 것이며 이후 현지인들에 의해 바다를 수호하는 신을 제사 지내는 공간으로 자리했을 것이다.

『일본후기(日本後紀)』 고닌(弘仁) 2년(811년)조를 보면 아와국(阿波國) 사람 구다라베노히로사마(百濟部廣濱) 등 100인에게 백제공(百濟公)이라는 성(姓)을 하사하였다는 기록을 확인할 수 있다. 현재 시코쿠(四國)의 도쿠시마현(德島縣)에 해당하는 아와(阿波) 지역의 구다라베와 야마구치현에 위치한 구다라베신사가 과거에 어떠한 관계에 있었는지 자세히 확인할 수는 없다. 하지만, 세토내해를 중심으로 활약했던 백제인들의 모습을 상상하는 것은 그리 어렵지 않다. 『만엽집』에도 히라오(平生) 부근의 바다를 가리켜 '한(韓)의 포(浦)'로 쓰고 있는 것을 보더라도 바다를 통해 많은 한반도인들이 정착했음을 짐작게 한다.

구다라베신사

》》 관련사료 18, 113, 114

2) 기시쓰신사(岸津神社)

야마구치현 호후시(防府市)의 중심가에는 세토내해를 향해 기시쓰신사(岸津神社)가 자리하고 있다. 소위 백제 임성태자(琳聖太子)의 표착지로 전해지는 곳이다. 오우치씨(大內氏)의 계도(系圖)에 의하면 시조인 임성태자는 백제 성왕(聖王) 또는 무왕(武王)의 아들로 전한다. 야마구치현에 해당하는 스오(周防) 지방의 다타라(多々良) 해변에 상륙한 후 그 후손이 다타라(多々良)라는 성(姓)을 받은 것으로 되어 있다. 따라서 기시쓰신사의 입구에는 '임성태자가 도착한 곳(琳聖太子來朝着岸之地)'이라는 안내판이 걸려 있다. 하지만 임성태자가 일본에 내조(來朝)했다고 씌어 있어 아직까지 한반도에 대한 일본인의 번국관(蕃國觀)이 그대로 살아있음을 보여주고 있다.

임성태자의 후손이라고 하는 오우치씨는 겐페이(源平) 전쟁 때에 헤이케(平家) 토벌에 협력한 공으로 미나모토노 요리토모(源頼朝)에 의해 나가토(長門) 영내에 영지를 받아 가마쿠라 시대에 걸쳐 스오 지역의 실질적인 지배자가 된다. 조선에도 독자적인 무역을 수행하여 중국, 조선과의 무역을 통해 막대한 경제력을 지니면서 오우치씨의 치세에 가장 번성했던 전성기를 구가하게 된다. 이를 바탕으로 북부 규슈에서부터 세토내해에 이르기까지 세력을 확대해 나갔다.

오우치씨는 고려 말에서부터 시작해 『조선왕조실록』에 이르기까지 우리의 역사서에도 자주 등장하고 있다. '일본 대내전(大內殿)의 다다량(多多良)이 사람을 보내서 토산물을 바쳤다'는 기록에서부터 '일본 대내전(大內殿)은 자칭 백제(百濟)의 온조(溫祚)의 후손'이라는 표현에 이르기까지 당시 왜구를 진압하는데 협조한 세력으로 기술하고 있다. 그런데, 이들 임성태자와 관련한 기

기시쓰신사

임성태자공양탑

록은 후대의 것으로 정작 이와 같은
내용이 『삼국사기』나 『일본서기』 등
양국의 고대사서에는 등장하지 않는
다는 데에 문제가 있다.

　일단 임성태자와 관련된 기록은 오
우치 측에서 자신들의 조상을 현창하
는 과정에서 백제 성왕의 후손으로 칭해진 것으로 생각되며, 이는 조선에도
큰 영향을 주어 오우치씨는 동계의식(同系意識)을 통해 조선과의 통교권을 확
립하는 수단으로 삼으려 했던 것으로 판단된다. 당시 오우치씨의 입장에서
보면 백제의 후손으로 자처하는 것이 국내관계뿐만 아니라 대조선관계를
원활하게 운영하는 데에 유리했을 것이다. 아무튼 오우치씨의 조상을 곧바
로 임성태자라고 단정할 수는 없지만, 남아 있는 전승과 신사를 통해서 과거
야마구치 지역에 정착한 백제계 도왜인들의 현황을 알 수 있게 한다.

>>> 관련사료 102

일본 백제계 지명과 신사

구다마쓰역 　　　　　　　　　　　　　　　　가나와신사와 소나무

3) 구다마쓰(下松), 가나와신사(金輪神社)

　야마구치현 동남부에 위치한 구다마쓰시(下松市) 역시 임성태자의 전설과
관련이 있는 곳이다. 과거 구다마쓰 지역에 있는 소나무에 큰 별이 내려와서
7일 밤을 반짝이면서 이 땅에 백제의 왕자가 찾아온다는 계시를 했다고 한
다. 그 후 백제의 임성태자가 도착했기 때문에 큰 별을 모시는 신사를 세웠
고 소나무에 큰 별이 떨어졌다고 해서 구다마쓰(下松)라 이름했다 한다.

　지금도 구다마쓰역 북쪽에 있는 가나와신사(金輪神社)에는 큰 별이 떨어졌
다는 소나무가 전해지고 있다. 또한 구다마쓰의 지명 유래와 관련해서는 백
제의 나루라는 의미인 구다라쓰(百濟津)가 전화되어 나온 명칭으로 보기도
한다.

　야마구치 지역에는 구마게군 히라오에 구다라베신사(百濟部神社)가 있는 등
백제인의 이주 전승이 여러 곳에 남아 있다. 그 때문에 과거 백제와 세토내
해 교역의 중심지로서 이러한 지명이 붙여졌을 가능성이 크다.

》》》 **관련사료 102**

야마구치현 백제계 지명과 신사 지도

서일본 교통의 중심지, 오카야마현(岡山縣)

서일본을 자주 오가다 보면 오카야마현(岡山縣)에 머무는 경우가 종종 있다. 그도 그럴 것이 오카야마현은 긴키 지방에서 히로시마(廣島)와 규슈로 가는 육상 교통의 중간 지대에 위치하고 있으며 세토대교(瀬戶大橋)를 통해 시코쿠(四國)와 연결되는 교통의 중심지이기 때문이다. 더욱이 산인(山陰) 지방이라고 하는 시마네현(島根縣)이나 돗토리현(鳥取縣)으로 가는 분기점을 이루는 곳이기도 하다. 오카야마현의 북쪽 지구는 산지로 이루어져 있기 때문에 대체적으로 세토내해 남부 지역에 자리하고 있는 오카야마시(岡山市)와 구라시키시(倉敷市)를 중심으로 인구가 집중되어 있는 상황이다.

오카야마가 현재의 모습을 갖추게 된 것은 에도 시대 이후 이케다(池田) 가문이 통치하면서부터라고 한다. 원래 고대에는 기비(吉備) 지방이었던 곳으로 히로시마 동부, 효고현 서부 지역까지 포괄하고 있었다. 일본에서 4번째로 큰 전방후원분으로 알려진 5세기대의 쓰쿠리야마(造山) 고분도 오카야마에 자리하고 있다. 이를 통해 고대 일본 열도의 중심 세력이 위치한 곳은 긴키 지방이었지만 서쪽 규슈와의 중간 지대에도 기비라고 하는 나름 독자적

쓰쿠리야마고분

인 문화를 가진 지방 정권이 있었던 것으로 추정된다.

『속일본기(續日本紀)』, 『일본삼대실록(日本三代實錄)』, 『속일본후기(續日本後紀)』, 헤이죠궁목간(平城宮木簡) 등에는 고대 기비 지역에 분포하는 도왜인과 관련하여 가와치노아야씨(西漢氏), 야마토노아야씨(東漢氏) 등 아야씨(漢氏)의 계통이 많이 보이며 하타씨(秦氏) 계통도 다수 보이는 것으로 나타난다. 지명의 경우도 야마토노아야씨와 관련이 있는 가미아치(上阿知), 시모아치(下阿知)가 남아 있고 신사에 있어서도 아치신사(阿智神社, 阿知神社) 등이 남아 있다. 또한 하다촌(秦村), 하타폐사(幡多廢寺)라는 명칭을 통해 오카야마 지역에 분포했던 하타씨의 세력을 엿볼 수 있다.

소자시(總社市)의 기노죠산(鬼城山) 위에는 기록에 나오지 않는 백제식 산성인 기노성(鬼の城) 유적이 남아 있다. 기비쓰히코노미코토(吉備津彦命)와 싸우다가 결국 패하고 말았다는 백제 왕자 온라(溫羅)의 전설이 남아 있다.

기노성

하지만 실제로는 백제 멸망기 서일본 지역에 만들어진 백제식 산성들과의 연장선상에서 고찰할 필요가 있다.

한편 세토내해에 연해 있는 히비항(日比港)이나 혼렌사(本蓮寺)의 3층탑이 인상적인 우시마도(牛窓) 지역에는 조선 후기의 통신사들이 머물고 갔다. 오카야마 지역 또한 이들 사절의 흔적이 고스란히 남아 있는 곳이다.

아치신사 입구   아치신사

1) 아치신사(阿智神社)

　오카야마현 구라시키시의 중심부에는 쓰루가타야마(鶴形山)라고 부르는 나지막한 언덕 위에 아치신사(阿智神社)가 자리하고 있다. 신사가 있는 지역은 과거 구보야군(窪屋郡)의 아치향(阿智郷)이 있었던 곳으로 원래는 섬이었던 것이 에도 시대 초기 육지화되었다. 현재는 해상 안전의 수호신으로서 무나가타(宗像) 3신(神)을 제신으로 하고 있지만, 본래 아지사주(阿知使主) 일족이 백제로부터 건너와서 자리를 잡고 살았던 지역이라고 전해진다. 주변은 아치가타(阿知潟)라고 부르던 얕은 해역으로서 일대 해상교통의 요충지였던 것으로 추정된다.

　구라시키 지역 내에는 과거 아사구치군(淺口郡)에 소속되었던 니시아치(西阿知)라는 지명도 보이고 있어 아지사주와의 관련성을 높이고 있다. 아지사주는 야마토노아야씨(東漢氏)의 선조로서 백제에서 건너온 고대의 가장 유력한 도왜인으로 보고 있다.　　　　　　　　　　　》》》 **관련사료** 8, 9, 12

가미아치

시모아치

2) **가미아치**(上阿知), **시모아치**(下阿知)**와**
아치신사(阿知神社)

  현재는 오카야마시 히가시구(東區)
로 소속이 바뀌었지만, 과거 오쿠군(邑久郡) 오미야촌(大宮村)에는 아지사주(阿知使主)와 관련된 지명과 신사가 남아 있다. 지금도 가미아치(上阿知), 시모아치(下阿知)라는 지명이 있어서 과거 아지촌(阿知村)의 자취를 회상케 한다. 더욱이 가미아치의 마을 뒷산에는 가스가신사(春日神社)가 자리하고 있는데, 말사(末社)로서 아치신사(阿知神社)가 세워져 있다. 아치의 마을(阿知の里)로서 아지사주의 흔적이 곳곳에 남아 있는 곳이다.   **>>> 관련사료** 8, 9, 12

아치의 마을

아치신사

3) 아니신사(安仁神社)

가미아치, 시모아치와 멀지 않은 곳에 아니신사(安仁神社)가 있다. 현재 신사의 제신은 초대 천황인 진무(神武)의 형에 해당하는 이쓰세노미코토(五瀨命)로 되어 있지만 이는 메이지 시대에 와서 정해진 것이라고 한다.

신사의 제신과 관련해서는 고문헌에 여러 기술이 보이며 특히 신사의 명칭과 관련하여 와니씨(和邇氏)의 조상신으로 보는 설이 있다. 아니(安仁)라는 명칭을 와니(和邇)의 음이 바뀐 것으로 보아 야마토 부근에 있던 와니씨의 동족이 옮겨와서 거주하였던 것으로 추정하고 있는 것이다.

와니씨는 '和邇', '和爾', '和珥', '王仁' 등으로 쓰고 있기 때문에 백제에서 건너와 왜국에 논어와 천자문을 전달했던 왕인 박사와 같은 씨족으로 보고 있다. 『고사기』에서도 왕인을 와니키시(和邇吉師)로 쓰고 있기 때문에 '와니'와 서로 같은 글자로서 통용되고 있다.

아니신사

>>> 관련사료 12, 13

오우지가타케   세토내해의 모습

4) 오우지가타케(王子が岳)

오카야마현의 남단 다마노시(玉野市)와 구라사키시(倉敷市)에 걸쳐 있는 오우지가타케(王子が岳)는 수려한 세토내해의 풍광과 시코쿠로 연결된 세토대교의 전경을 조망할 수 있는 곳이다. 더욱이 새토내해국립공원으로 지정된 234미터의 작은 산봉우리에서 기암괴석이 빚어내는 경관 또한 볼거리를 제공하고 있다.

오우지가타케라는 명칭에 대해서는 백제와 관련된 전승이 전해진다. 이곳에 백제 왕녀가 낳은 8명의 왕자가 살았기 때문에 이러한 명칭이 붙여진 것이라고 한다.

물론 이러한 전승이 어디까지가 사실인지를 확인할 길은 없다. 하지만 백제와 왜국의 관계는 왕실 혼인으로 연결된 화친 관계로서 긴밀한 외교 관계를 맺어왔다. 따라서 고대에 있었던 백제와 왜국 간의 혼인 관계를 모티브로 해서 이와 관련된 전승이 오카야마 지역에 남게 된 것은 아닌가 추측된다.

소자시립하다소학교

하타폐사 유적

5) 하다촌(秦村), 하타향(幡多鄕)

오카야마현 소자시의 하다촌(秦村)은 헤이안 시대 편찬된 『화명류취초(和名類聚抄)』에 나오는 기비(吉備) 지역의 가토군(下道郡) 하다하라향(秦原鄕)에 해당된다. 하다하라향은 현재 진자이촌(神在村) 간바라(上原), 돈바라(富原), 시모바라(下原)와 쓰쿠보군(都窪郡) 도키와촌(常盤村) 나카바라(中原) 일대를 포함하는 지역을 가리킨다. 대체적으로 하다하라향이라는 지명은 하타씨(秦氏)로부터 나온 것으로 보고 있다. 따라서 과거 이 일대에 하타씨의 세력이 자리 잡고 있었던 것으로 판단된다.

또한 『화명류취초』에 있는 죠토군(上道郡)의 하타향(幡多鄕)이라는 지명 또한 '幡多'를 하타로 읽고 있는 오래된 지명이다. 현재 오카야마시 나카구(中區)에 해당하는 이 지역에는 굴식돌방무덤인 사와다오쓰카고분(澤田大塚古墳)을 비롯하여 가나쿠라야마고분(金藏山古墳) 등 다수의 고분이 산재해있으며 하타폐사(幡多廢寺)의 유적 등이 남아 있다.

>>> 관련사료 24, 25, 50, 53

6) 유쓰기신사(湯次神社)

세토우치시(瀨戶內市) 오사후네정(長船町)에 있는 유쓰기신사(湯次神社)는 『히젠국신명장(備前國神名帳)』에 종5위상 유쓰기명신(五位上湯次明神)으로 되어 있는 오래된 신사이다. 제신인 유쓰기신(湯次神)은 하타씨(秦氏)의 조상인 궁월군(弓月君), 즉 유즈키노기미를 말하는 것으로 유쓰기신사는 궁월군을 제사 지내는 신사로 추정하고 있다.

유쓰기(湯次) 일대는 오래전부터 하타씨 세력이 거주하고 있던 곳으로 부근 효고현(兵庫縣)의 사코시(坂越)에 있는 오사케신사(大避神社)와도 멀지 않은 곳에 위치하고 있다. 이 일대에 자리 잡았던 하타씨의 총씨신(總氏神)인 유즈키(弓月, 融通王)를 조상신으로 하여 제사 지냈던 것이 유쓰기신사의 시작으로 판단된다.

>>> 관련사료 50

유쓰기신사

오카야마현 백제계 지명 과 신사 지도

●유쓰기신사

●하타폐사지

오카야마시
岡山市

●가미아치/시모아치/아치신사

●아니신사

●하다촌

니시아치● 구라시키시● 아치신사

●오유지가타케

신들의 땅, 신화의 고장, 시마네현(島根縣)

동해(東海)의 푸른 바다를 품안에 두고 장구한 세월 동안 신화와 함께 성장해 온 시마네현(島根縣)에 도착했다. 현소재지인 마쓰에(松江) 부근에는 재첩으로 유명한 신지호(宍道湖)가 호수에 붉은 석양을 머금은 채 포효하고 있는 듯했다. 하지만 시마네현은 우리에게 독도를 자국 영토라고 주장하고 있는 현으로 잘 알려져 있는 곳이다.

고대 이즈모(出雲) 지방에 해당하는 시마네현은 일본 고대 신화에서 800만의 신이 모인다고 하는 곳이다. 특히 고색창연한 이즈모대사(出雲大社)를 통해 신으로 둘러싸인 신의 나라, 신화의 나라로 수천 년을 이어왔다.

시마네현을 비롯한 산인(山陰) 지방에는 고고학적으로 전방후원분이라는 고분 양식이 나타나기 이전에 조성된 것으로 보이는 사우돌출형(四隅突出形)의 무덤 양식이 산재해 있어 눈길을 끈다. 네 귀퉁이가 특이하게 돌출되어 있는 분구묘인데, 일본의 고분시대가 시작되기 전 단계에 이 지방에서만 나타나는 것으로서 당시 야마토 지역과는 차별되는 부분이 보인다.

이즈모 지방에 남아 있는 구전과 민속담 또한 그들 나름의 독특한 문화 전

이즈모대사

사우돌출형분구묘

승이 계승되고 있어서 당시 일본의 중심지였던 야마토 지역과는 상당히 다른 문화유산을 지니고 있는 것을 확인할 수 있다.

『이즈모국 풍토기(出雲國風土記)』 오우군(意宇郡)조에는 신라의 땅을 끌어들여 일본 열도와 연결했다는 구니비키(國引き)의 유명한 사장(詞章)이 있다. 동해를 통해 신라와 인접한 지방이니만큼 이러한 전승이 있었던 것이겠지만, 현실적으로 신라의 국토를 시마네 지역으로 끌어온다는 것은 있을 수 없는 일이다. 아마 신라의 국토에 살고 있었던 사람들이 이즈모 지역으로 대규모로 이주했던 것을 은유적으로 표현한 것은 아닐까 싶다. 그렇기 때문에 시마네현에서는 신라와 관련된 흔적이 다수 목격되는 것으로 알려져 있다.

오다시(大田市) 이소타케정(五十猛町) 오우라(大浦) 마을 포구에 자리한 가라카미시라기신사(韓神新羅神社)와 가라고(韓鄕), 니마초(仁摩町)의 타쿠노(宅野) 항 앞바다에 있는 가라시마(韓島), 그리고 히노미사키신사 내에 위치한 가라쿠니(韓

가라시마신사

가라카미시라기신사

國)신사 등은 모두 신라와 관련된 지명과 신사이다. 그런데 시마네현에서는 신라뿐만이 아니라 백제와 관련된 지명도 보인다.

오다시에는 '백제포(百濟浦)', '백제도(百濟道)', '다타라'라는 지명이 있다. 또한 백제포와 멀지 않은 곳에 산호(山號)를 '백제산(百濟山)'으로 두고 있는 관음사(觀音寺)라는 사찰도 있다. 과거 백제의 유민들이 시마네 해안에 정착하여 백제의 문화를 전파했던 데에서 유래되었을 것으로 추측된다.

구다라포

1) 구다라포(百濟浦)와 백제산(百濟山) 관음사(觀音寺)

  시마네현 이즈모시(出雲市)의 서쪽 편에 자리한 오다시(大田市)에 가면 '백제'라는 이름을 만날 수 있다. 동해에 연한 도리이정(鳥井町)의 해안을 현재 '구다라포(百濟浦)'로 부르고 있으며 이곳에서 나온 소금은 '구다라포(百濟浦)의 조염(藻塩)'이라는 이름으로 상품화되어 팔리고 있다. 부근 토산품점에서 어렵지 않게 발견할 수 있다. 메이지 시대 말기의 지도를 보면 '백제'라는 해안의 이름과 제철 문화를 암시하는 '다타라'라는 명칭도 보이고 '백제도(百濟道)'라는 길의 명칭도 확인할 수 있다.

  또한 구다라포와 멀지 않은 곳에는 백제의 전승이 남겨진 관음사(觀音寺)라는 사찰이 자리하고 있다. 물론 본당은 근래에 현대식으로 지어진 것이라서 옛 모습을 확인하기는 어렵지만, 사찰의 산호(山號)가 '백제산(百濟山)'으로 되

구다라포의 소금   구다라포 지도

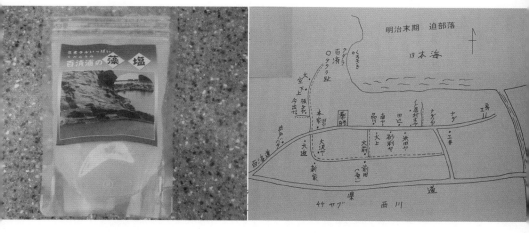

어 있다. 이 지역이 '백제'로 명명되어진 것과 관련해서는 7세기경 백제에서 건너온 집단이 도리이정에 상륙해서 사코(迫)에 머물렀고 9세기에는 부근의 사철을 원료로 하여 철의 산지로 만들었다는 전승이 전해진다.

또 다른 전승으로는 과거 관음사에 안치되었던 백제관음불상과 관련된 이야기가 있다. 15세기 초인 고하나조(後花園) 치세에 백제포 해상에서 관음불상을 건져 올렸는데 불상의 대좌에는 '백제'라고 새겨져 있었다고 한다. 백제로부터 흘러왔다는 것을 알게 된 주민들이 이 지역을 '구다라(百濟)'라 칭했고 사당을 건립했다. 그러다가 200여 년이 지난 뒤 현재의 위치에 백제산을 산호로 하는 관음사를 건립하게 되었다고 한다. 그런데, 1955년경 불의의 화재로 인하여 백제관음불상은 본당과 함께 소실되어 버려 현재는 새로이 만들어진 본당과 불상만이 자리를 지키고 있다.

현재의 관음사에는 옛 모습이 남아 있는 것이 없어 실제 이러한 전승의 사실 여부를 확인할 길은 없다. 다만 백제로부터 불상이 바다를 통해 흘러왔다는 것이 전승의 줄거리이지만, 이는 과거 백제로부터 일본 열도로 건너왔던 백제 유민과의 관련성 속에서 파악할 수 있을 것이다. 불상을 통한 외래문화라고 하는 것은 백제인들이 전래한 문화일 가능성이 높기 때문이다. 아무튼 동해와 맞닿아 있는 시마네현에서 '백제'라는 이름을 마주할 수 있는 것은 무척 흥미로운 사건이 아닐 수 없다.

백제산 관음사

시마네현 백제계 지명과 신사 지도

일본 백제계 지명과 신사

* 주고쿠 지방의 백제 관련 지명과 신사

	지명	신사	관련 씨족, 인물	위치
야마구치현		구다라베(百濟部)신사		구마게군 히라오초 소네 니시미즈바 233
		기시쓰(岸津)신사	임성태자(琳聖太子)	호후시 기시쓰 1
	구다마쓰(下松)	가나와(金輪)신사	임성태자(琳聖太子)	구다마쓰시 호쿠토초 11
오카야마현		아치(阿智)신사	아지사주(아치노오미, 阿知使主)	구라시키시 혼마치 12-1
	니시아치(西阿知)		아지사주	구라시키시 니시아치
	가미아치(上阿知), 시모아치(下阿知)	아치신사(阿知神社)	아지사주	오카야마시 히가시구 가미아치, 시모아치
		아니(安仁)신사	와니씨(和爾氏)	오카야마시 히가시구 사이다이지 이치노미야 895
	오우지가타케(王子が岳)		백제 왕자	다마노시 시부카와 4
	하다(秦)		하타씨(秦氏)	소자시 하다손 일대
	하타(幡多)	하타폐사(幡多廢寺) 유적	하타씨(波多氏, 秦氏)	오카야마시 나카구 아코다 73-2
		유스기(湯次)신사	궁월군(유즈키노기미, 弓月君)	세토우치시 오사후네초 이소카미 3277
시마네현	구다라포(百濟浦)			오다시 도리이초 구다라
	백제산(百濟山)	관음사(觀音寺)		오다시 구테초 하네니시 2178

일본은 광역지방자치단체로 47개의 도(都), 도(道), 부(府), 현(縣)의 체계를 갖고 있다. 도(都)로는 도쿄도(東京都)가 있으며 또 다른 도(道)로는 홋카이도(北海道)가 있다. 그리고 부(府)로는 교토부(京都府)와 오사카부(大阪府)가 있으며 나머지는 43개 현으로 이루어져 있다. 광역지방자치단체의 하부 체제인 기초지방자치단체로는 1,724개의 시정촌(市町村)과 도쿄도의 23개 특별구를 두고 있다. 통상 일본에서는 지방을 표기할 때 8개의 지방으로 구분하는 경우가 많다.

· 홋카이도
· 도호쿠(東北) 지방(아오모리현, 이와테현, 미야기현, 아키타현, 야마가타현, 후쿠시마현)
· 간토(關東) 지방(도쿄도, 이바라키현, 도치기현, 군마현, 사이타마현, 지바현, 가나가와현)
· 주부(中部) 지방(야마나시현, 나가노현, 기후현, 아이치현, 기후현, 니가타현, 도야마현, 이시카와현, 후쿠이현)
· 긴키(近畿) 지방(오사카부, 교토부, 나라현, 와카야마현, 시가현, 효고현, 미에현)
· 주고쿠(中國) 지방(오카야마현, 히로시마현, 야마구치현, 시마네현, 돗토리현)
· 시코쿠(四國) 지방(도쿠시마현, 가가와현, 에히메현, 고치현)
· 규슈(九州) 지방(후쿠오카현, 사가현, 나가사키현, 구마모토현, 오이타현, 미야자키현, 가고시마현, 오키나와현)

동일본(東日本), 서일본(西日本)

이는 지리적인 분류에 의해 도쿄와 오사카의 2대 도시권을 중심으로 하는 표현이다. 또한 역사적으로 오랫동안 도읍이 있었던 기나이(畿內) 지역과 경제 문화의 중심인 간토(關東) 지역으로 분류하는 표현이라고 할 수 있다.

긴키(近畿), 기나이(畿內), 간사이(關西)

긴키는 오랫동안 일본의 도읍지가 있었던 교토 근처의 장소라는 의미이다. 현재 통상적으로 오사카부, 교토부, 나라현(奈良縣), 와카야마현(和歌山縣), 시가현(滋賀縣), 효고현(兵庫縣), 미에현(三重縣)을 일컫는다. 기나이 지방은 과거 율령제하에 있던 교토 주변의 5기(畿) 지역에 해당하는 지역을 가리키는 말이다. 교토부 남부의 야마시로(山城), 나라현에 해당하는 야마토(大和), 오사카부 남서부의 이즈미(和泉), 오사카부 남동부의 가와치(河內), 오사카부 북중부와 효고현 남동부의 셋쓰(攝津)를 말한다.

간사이는 간토와 대응해서 생긴 말로서 과거 교통의 요지나 지역의 경계 등에 설치해서 사람이나 물자를 감시하는 역할을 하던 관소(關所)의 서쪽이라는 의미이다. 간사이는 당초 서일본 일대를 가리키는 말이었으나 그 범위는 시대에 따라 변화하고 있다. 현재 가장 좁은 의미로는 교토, 오사카, 고베의 대도시권을 의미하며 통상 오사카부, 교토부, 효고현, 나라현, 와카야마현의 2부 3현 및 시가현을 포함한 2부 4현을 나타내는 경우가 많다.

산인(山陰) 지방, 산요(山陽) 지방

주고쿠(中國) 지방 중에서 동해에 연하고 있는 지방인 돗토리현(鳥取縣)과 시마네현(島根縣)을 산인 지방이라고 부른다. 반면 주고쿠 지방 중에서 세토내해를 연하고 있는 지방인 오카야마현(岡山縣), 히로시마현(廣島縣), 야마구치현(山口縣)을 산요 지방으로 부른다. 산인과 산요라는 호칭은 중국에서의 한자 용법에서 유래했다. 양(陽)에는 산의 남쪽, 음(陰)에는 산의 북쪽이라는 뜻이 있어 산양과 산음은 중국 산지를 기점으로 산의 남쪽에 펼쳐져 있는 지역과 북쪽에 펼쳐져 있는 지역이라는 뜻에서 나온 말이다.

도카이(東海) 지방, 호쿠리쿠(北陸) 지방, 고신에쓰(甲信越) 지방

도카이 지방은 주부, 긴키 지방 중에서 태평양에 면하고 있는 지역의 명칭을 의미한다. 일반적으로 아이치현(愛知縣), 기후현(岐阜縣), 미에현, 시즈오카현(靜岡縣)을 가리킨다.

호쿠리쿠 지방은 혼슈 중앙부에서 동해에 면하고 있는 지역을 가리킨다. 일반적으로 니가타현(新潟縣), 토야마현(富山縣), 이시카와현(石川縣), 후쿠이현(福井縣)을 말한다.

고신에쓰 지방은 야마나시현(山梨縣), 나가노현(長野縣), 니가타현을 총칭하는데, 각각 옛 명칭인 가이(甲斐), 시나노(信濃), 에치고(越後)의 앞 글자를 딴 명칭이다. 간토의 외곽에 있으면서 도쿄와 연결이 강한 지역이다.

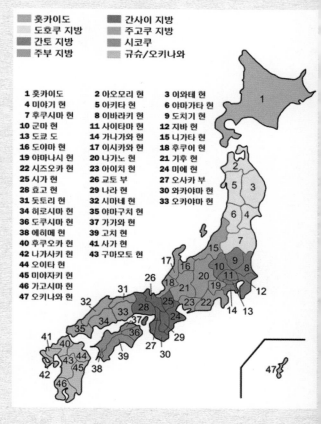

235

4장
시코쿠四國 지방

かがわけん
가가와현

えひめけん
에히메현

こうちけん
고치현

とくしまけん
도쿠시마현

시코쿠 지방
四国地方

피로인의 애환이 깃든 고장, 도쿠시마현(德島縣)

시코쿠(四國)에 해당하는 도쿠시마현(德島縣)은 혼슈(本州)와 별도의 섬으로 분리되어 있지만, 의외로 긴키 지역과는 그리 멀지 않은 곳처럼 느껴진다. 과거에는 해상을 통해 이동을 해야 하는 번거로움이 있었겠지만, 1985년 소용돌이치는 조수(潮水)로 유명한 나루토(鳴門)와 효고현에 속한 아와지(淡路)섬에 다리가 놓였고, 급기야는 1998년에 고베(神戶)와 아와지 섬을 연결하는 아카시해협대교(明石海峽大橋)가 놓이면서 긴키 지역과 매우 가까운 지역으로 탈바꿈되었다.

일본의 주요한 4개 섬 가운데 가장 작은 시코쿠는 그 명칭을 통해서도 알

도쿠시마와 아와지를 연결하는 오나루토교

일본 백제계 지명과 신사

도쿠시마성 유적

수 있듯이 도쿠시마현, 가가와현(香川縣), 에히메현(愛媛縣), 고치현(高知縣) 4개의 현으로 이루어져 있다. 그중 시코쿠의 동북부에 위치해 있는 도쿠시마현은 예전에 아와(阿波) 지방으로 불렸다. 과거에는 세토내해를 통해 긴키 및 혼슈 지역과 긴밀하게 연결되는 지점에 있었기 때문에 한반도 도왜인들의 이동로와도 밀접한 관련이 있을 법하다. 그렇기 때문인지 백제공(百濟公)이라는 성(姓)을 받았던 구다라베노히로하마(百濟部廣濱)와 관련된 히로하마신사(廣濱神社)가 도쿠시마현에 자리하고 있다. 신사의 아래 남아 있는 야노고분(矢野古墳)을 통해서도 백제의 흔적을 확인할 수 있다.

특히 도쿠시마는 임진왜란 이후에 일본에 끌려왔던 피로인(被虜人)의 흔적이 남아 있는 곳이다. 정희득(鄭希得, 1573년~1623년)의 『해상록(海上錄)』에는 도쿠시마 지역에 끌려와 있었던 많은 조선인들의 이야기가 실려 있다. 괴산, 영광 출신 정증, 나주 출신 임득제, 전주 출신 유여굉 형제, 유오, 주현남, 정호인 형제 등 양반에 대한 인적사항은 물론 배를 훔쳐 탈출하려다가 죽을 고비를 넘긴 양돌만, 정희득의 하인이었던 덕용과 여금, 정희득 아내의 몸종이었던 줄비, 정희득 부친의 하인이었던 덕남, 선창가에 살았던 원덕어미 등 하층민들에 대한 기록도 많이 남아 있다.

돌아가지 못한 많은 피로인들은 이국땅에서 어떻게 죽어갔는지 알 수 없지만, 더러 무덤이 남아 있는 경우도 있다. 가와시마성(川島城) 부근 도칸바라(道感原)에는 '조선녀(朝鮮女)의 묘(墓)'가 있고, 간쇼사(觀正寺)라는 사찰에는 '고려관녀(高麗舘女)의 묘(墓)'가 남아 있다.

고려관녀의 묘

조선녀의 묘

일본 백제계 지명과 신사

1) 히로하마신사(廣濱神社)

　도쿠시마시(德島市) 고쿠후정(國府町)의 야노(矢野) 지역은 본래 고대 아와 지역의 유적과 고분이 산재해 있는 곳으로 현재 역사문화공원이 조성되어 있는 곳이기도 하다. 도쿠시마시립고고자료관도 이곳에 위치해 있는데, 자료관 뒤편으로 언덕을 오르면 자그마한 히로하마신사(廣濱神社)가 목격된다. 신사의 제신은 히로하마대명신(廣濱大明神)으로 이는 곧 백제계 구다라베노히로하마(百濟部廣濱)를 일컫는 말이다.

　『일본후기(日本後紀)』 고닌(弘仁) 2년(811년)조를 보면 아와국인(阿波國人) 구다라베노히로하마 등 100인에게 백제공(百濟公)이라는 성(姓)을 하사하였다는 기록을 확인할 수 있다. 이 지역의 호족으로는 구다라베노마키오(百濟部牧夫)라든지, 구다라베노마에모리(百濟部前守) 등의 이름이 보이기 때문에 도쿠시마 일대에 오래전부터 구다라베 일족들이 거주하고 있었던 것을 알 수 있다. 『신찬성씨록』에는 백제공(百濟公)이 백제국(百濟國) 주왕(酒王)의 후손이라는 기록이 있다.

　더욱이 신사의 바로 아래쪽으로는 6세기 후반에 조성된 것으로 추정되는 야노고분(矢野古墳)이 있다. 예전 전쟁 중에 방공호로 쓰였다는 야노고분은 직경 17.5미터의 굴식돌방무덤으로 고분 내에서 스에키(須惠器), 금환(金環) 등이 출토되고 있는 것으로 미루어 짐작하면 백제 문화와 밀접한 관련이 있는 것으로 추정된다. 백제계통의 씨족이 이 지역에 거주하고 있었음을 보여주는 증거가 되기도 한다.

　시코쿠 지역에서 세토내해를 건너가면 마주하게 되는 야마구치현 히라오정(平生町)의 바닷가에도 구다라베를 명칭으로 한 구다라베신사(百濟部神社)

가 있다. 야마구치현의 구다라베와 어떤 관계였는지 확인되는 바는 없지만, 지리적인 구도로 보아 이들 구다라베씨(百濟部氏)가 세토내해를 중심으로 하는 해상 무대에서 활약했던 씨족일 가능성도 배제할 수 없다.

≫≫ 관련사료 18, 114

히로하마신사

야노고분

도쿠시마현 백제계 지명과 신사 지도

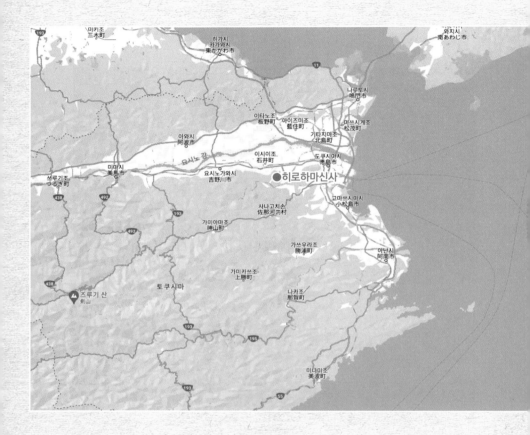

일본 해적의 본거지, 에히메현(愛媛縣)

시코쿠의 서북부에 위치한 에히메현(愛媛縣)으로 가기 위해서는 히로시마현과 연결된 오밀조밀한 섬들을 통과해야 했다. 통상 시마나미해도(海道)라고 부르는 길로 히로시마현의 오노미치(尾道)에서 에히메현의 이마바라(今治)까지 이어진다. 일본 최대의 해적이라고 하는 무라카미(村上) 해적의 본거지인 곳이다. 옛 이요(伊豫) 지방에 해당하는 에히메현은 그 명칭을 『고사기』에 실린 일본의 신화에서 따왔다.

일본 열도 태동의 신화에는 태초에 이자나미와 이와나미의 사이에서 몸은 하나에 얼굴이 4개인 섬이 태어나는데, 이것이 현재 시코쿠라는 명칭의 유래라고 할 수 있다. 이 신화에서 이요 지방을 설명하면서 에히메(愛比賣)라고 이름한다는 구절이 나온다. 아마 사랑스러운 여신(女神)을 의미하는 것으로 보인다.

현청 소재지인 마쓰야마(松山)의 성(城)에 오르면 서쪽 수평선 끝으로 혼슈가 흐릿하게 조망되며 맑은 날에는 멀리 규슈까지도 보일 듯하다. 에히메현은 세토내해를 사이에 두고 혼슈의 히로시마현 및 야마구치현과 마주하면서 규슈의 오이타현과 접하고 있다.

히로시마현과 에히메현의 경계에는 다타라대교(多々羅大橋)가 있는데, 이는 에히메현의 오미시마(大三島)에 소재한 다타라곶의 명칭에서 따온 것이라고 한다. 다타라라는 명칭을 통해 제철 문화의 흔적이 엿보이는 곳이다.

이를 증명이라도 하듯 오미시마에 있는 오야마즈미신사(大山祇神社)는 『이요국 풍토기(伊豫國風土記)』 일문(逸文)에 백제국으로부터 건너온 신을 모시고 있는 신사로 되어 있다.

에히메현의 오즈(大洲)라는 곳은 1597년 정유재란 때 일본군에게 잡혀 끌려왔던 강항(姜沆, 1567년~1618년)이 2년 동안 억류 생활을 했던 곳이다. 그가 쓴 『간양록(看羊錄)』에는 당시 에히메의 상황이 자세하게 기록되어 있다.

이후 강항은 1599년 교토의 후시미(伏見)로 이송되어 승려였던 후지와라 세이카(藤原惺窩) 등과 교류하면서 조선의 유교를 일본에 전수한 인물이다. 현

강항 현창비

다타라대교

재 오즈의 시민회관 앞에는 그의 현창비가 세워져 있다.

1) 오야마즈미신사(大山祇神社)

혼슈의 히로시마현에서 시마나미해도를 통해 시코쿠까지 건너가려면 징검다리처럼 놓여 있는 다도해의 섬들을 통과해야 한다. 다타라대교를 사이에 두고 히로시마현과 에히메현이 나누어지는데, 첫 번째로 도달하는 섬이 오미시마(大三島)이다. 오미시마의 서쪽 바다 끝에는 전국 미시마신사(三島神社)와 야마즈미신사(山祇神社)의 총본산인 오야마즈미신사(大山祇神社)가 자

오야마즈미신사

리하고 있다. 본전 앞에는 녹나무가 신목(神木)으로서 위용을 뽐내고 있다. 2,600년 전에 제사를 지냈던 오치노미코토(乎知命)가 손수 심었던 것이라고 전해진다.

오야마즈미신사의 제신인 오야마즈미는 『고사기』에서 일본의 창세신인 이자나기, 이자나미의 자식으로 묘사되어 있다. 하지만 『이요국 풍토기』 일문(逸文)에는 이요의 미시마(御嶋)에 있는 신의 이름이 오야마모리노가미(大山積神)로 나오며 일명 와타시(和多志, 渡海)의 신으로 기재되어 있다. 그런데, 이 와타시신이 닌토쿠(仁德) 때에 백제국으로부터 건너온 신으로 되어 있다. 이와 같은 계통의 신사가 오사카부(大阪府) 다카쓰키시(高槻市)에 미시마카모신사(三島鴨神社)로 남아 있으며 시즈오카현(靜岡)에는 미시마대사(三嶋大社)로 남아 있다. 이것이 신화에 남아 있는 전승이기는 하지만, 실제로는 백제계 이주민의 정착과 밀접한 관련이 있으리라고 생각된다. 즉, 제신이 백제로부터 시코쿠, 기나이(畿內), 이즈(伊豆) 지역으로 옮겼다는 내용은 실제 백제계 도왜 집단들이 일본 열도를 이동하면서 그들의 문화와 신앙을 퍼트렸던 경로를 보여주고 있는 것으로 생각된다.

천연기념물 녹나무와 본전

신사 앞 바다

》》》 관련사료 51

일본 백제계 지명과 신사

에히메현 백제계 지명과 신사 지도

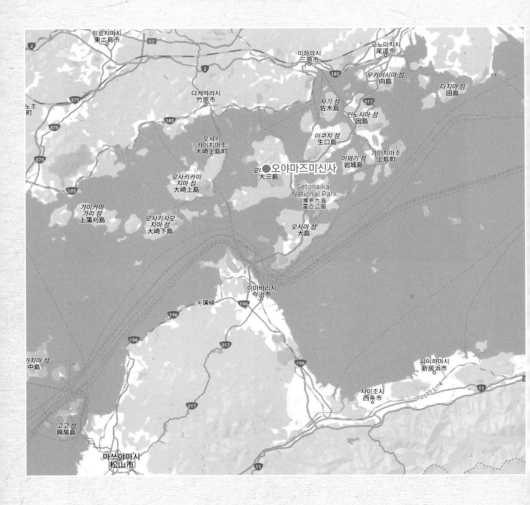

* 시코쿠 지방의 백제 관련 지명과 신사

	지명	신사	관련 씨족, 인물	위치
도쿠시마현		히로하마(廣濱)신사	구다라베노히로하마(百濟部廣濱)	도쿠시마시 고쿠후초 니시야노 오쿠타니 66
에히메현		오야마즈미(大山祇)신사	와타시신(和多志神)	이마바리시 오미시마초 미야우라 3327

1. 원시 시대

•구석기 시대 : 기원전 14,000년경까지

떼석기, 잔석기 등의 석기가 제작 사용되었다.

•조몬(繩文) 시대 : 기원전 14000년~기원전 4세기

조몬토기가 제작되고 간석기를 사용하였으며 수렵 어로 활동을 통해 움집 등 취락이 형성되었다.

•야요이(彌生) 시대 : 기원전 4세기~3세기

서일본을 중심으로 야요이 문화가 시작되었으며 농경문화가 발전하고 청동기, 철기가 유입되었다. 일본 열도에 지역을 기반으로 한 소국이 출현했던 시기이다.

2. 고대

•고분(古墳) 시대 : 3세기~7세기

전방후원분(前方後圓墳)이 출현했던 시기를 말한다. 고대 야마토 정권이 성립되고 야마토를 중심으로 각 지역에 호족들이 성장했던 시대이다. 백제와 야마토 정권의 외교관계가 처음 수립된 시기이다.

•아스카(飛鳥) 시대 : 592년~710년

나니와(難波)나 오쓰(大津)로 잠시 도읍을 옮긴 것 외에는 주로 도읍이 아스카에 있었던 시기를 말한다. 한반도와의 교류 및 백제로부터 불교의 도입을 통해 야스카 문화와 하쿠호(白鳳) 문화가 펼쳐졌던 시대이다.

•나라(奈良) 시대 : 710년~794년

나라의 헤이죠경(平城京)에 도읍이 있었던 시기를 말하여 율령 제도가 만들어지고 중국의 문물제도를 적극적으로 받아들여 덴표(天平) 문화가 꽃을 피웠던 시기이다.

· **헤이안(平安) 시대** : 794년~1185년

교토에 도읍으로 헤이안경(平安京)이 만들어졌던 시대이다. 초기에는 천황 중심 통치가 이루어졌지만, 후기 귀족 중심으로 섭관(攝關) 정치가 시작되었던 사회로 국풍(國風) 등 일본 문화가 형성된 시기이다.

3. 중세

· **가마쿠라(鎌倉) 시대** : 1185년~1333년

미나모토노 요리토모(源賴朝)가 가마쿠라에 막부를 열어 무사 정권이 있었던 시대를 말한다. 무사계급이 천황 및 귀족 계급과 분리된 새로운 지배체제로 천황과 쇼군의 역할이 확립되었다.

· **남북조 시대** : 1336년~1392년

막부 타도를 외쳤던 천황과 아시카가씨가 내세웠던 천황을 중심으로 조정이 북조와 남조로 분열되었던 시대를 말한다. 아시카가 요시미쓰(足利義滿)에 의해 남북조가 통일되었다.

· **무로마치(室町) 시대** : 1336년~1573년

교토의 무로마치에 아시카가(足利) 막부가 있었던 시대를 말한다. 다도나 꽃꽂이 등의 문화가 생겨났다.

· **전국 시대** : 1467년~1590년

오닌(應仁)의 난 이후 오랜 전란이 계속되었던 시대로 싸움이 거듭되어 강한 다이묘(大名)가 생겨나게 된다.

4. 근세

• 아즈치모모야마(安土桃山) 시대 : 1573년~1603년

오다 노부나가(織田信長)와 도요토미 히데요시(豊臣秀吉)가 정권을 잡았던 시대를 말한다. 전국시대가 끝나고 일본이 통일되어 중앙정부의 강화 및 무역과 상업이 확대된 시기이다.

• 에도(江戶) 시대 : 1603년~1868년

에도에 도쿠가와(德川) 막부가 있었던 시기로 약 250년간 전쟁이 없는 평화 시대가 지속되었다. 쇄국 정책을 통해 봉건 영주들의 지위를 고정하고 우키요에나 하이쿠와 같은 다양한 문화가 발전하였다,

5. 근현대

• 메이지(明治) 시대 : 1868년~1912년

막부 체제가 무너지고 천황이 중심이 되는 체제를 꾀했던 시대를 말한다. 도쿄로 수도를 옮겼으며 근대화가 진행되면서 제국주의화 되었다.

· 다이쇼(大正) 시대 : 1912년~1926년

· 쇼와(昭和) 시대 : 1926년~1989년

· 헤이세이(平成) 시대 : 1989년~2019년

· 레이와(令和) 시대 : 2019년~

5장
주부中部 지방

凡例

■ 北陸地方（ほくりくちほう）
■ 中央高地（ちゅうおうこうち）
■ 東海地方（とうかいちほう）

주부 지방
中部地方（주부 지방）

니가타현（新潟県）
도야마현（富山県）
石川県
福井県
群馬県（ぐんまけん）
후쿠이현
나가노현（長野県）
기후현（岐阜県）
埼玉
야마나시현（山梨県）
東京
아이치현（愛知県）
神奈川県
시즈오카현（静岡県）
重県

동해안 해상교통의 요충지, 후쿠이현(福井縣)

　호쿠리쿠(北陸) 지방에 속한 후쿠이현(福井縣)은 겨울이면 동해안과 연하고 있는 높은 산지로 인해 눈이 몹시 많이 내리는 곳이다. 3,000 미터급의 산악 지대가 혼슈(本州) 중부를 막고 있는 지형적 특성으로 인해 동해로부터 불어오는 습한 기류가 육지에 도달하자마자 산맥에 부딪혀 상승하게 되고, 이 때문에 눈구름이 만들어져 많은 눈이 내리게 된다고 한다. 우리나라에서도 겨울철, 해발 고도 1,000여 미터 되는 태백산맥을 사이에 두고 있는 강원도 동해안의 영동 지방에 눈이 많이 내리는 것과 지형적으로 같은 이치일 듯싶다.

　동해를 연하고 있는 지리적 이점으로 해상 교통의 요충지였던 호쿠리쿠 지방은 고대부터 한반도의 많은 세력이 일본으로 건너와 정착하면서 선진문물을 전파했던 곳이다.

　후쿠이현은 쓰루가(敦賀)를 중심으로 하는 와카사(若狹) 지역과 에치젠(越前) 지역으로 나눌 수 있는데, 쓰루가에는 오호가라국(意富加羅國)의 왕자인 쓰누가아라시토(都怒我阿羅斯等)를 제신으로 하는 쓰누가신사(角鹿神社)가 자리하고 있다.

쓰누가신사

　또한 쓰루가 북쪽 바닷가에는 신라를 의미하는 시라기(白木) 마을이 있고, 난조군(南條郡)에는 시라기신사(新羅神社)가 보여 지리적 근접성 때문에 후쿠이 지방 곳곳에는 신라와 관련된 명칭이 눈에 띈다.

　반면 에치젠(越前) 지역에는 백제와 관련된 신사가 보인다. 직조(織造)의 신을 모시는 구다시하치만신사(朽飯八幡神社)를 통해서는 백제국의 노리사주(怒理使主)의 후손들이 정착하게 된 정황을 짐작게 한다. 길쌈에 능한 백제인들이 견직물을 생산하면서 양잠과 견직 기술을 현지인에게 전수하였다고 한다.

　이베이와쿠라신사(飯部磐座神社)는 이베씨(伊部氏)에 의해 건립된 신사로서 『신찬성씨록』 야마시로국(山城國) 제번(諸蕃)에는 이베노미야쓰코(伊部造)가 백제국 사람 내리사주(乃里使主)로부터 나왔다고 적고 있다.

시라기 마을

시라기신사

구다시정 구다시하치만신사

1) 구다시정(朽飯町)의 하치만신사(八幡神社)

후쿠이현 에치젠시(越前市)의 구다시정(朽飯町)에 가면 하치만신사(八幡神社)가 자리하고 있는데, 현지인들에게는 구다시하치만신사(朽飯八幡神社)로 알려져 있다. 전하는 바에 따르면 마라노스쿠네(麻羅宿禰)의 후손인 하토리노무라지(服部連)가 이 지역으로 오게 되면서 하토리향(服部郷)으로 명명되었다고 한다. 이후 겐소(顯宗) 때에는 백제국(百濟國)의 노리사주(怒理使主)의 후손들이 정착하게 되었다고 하는데, 아구태(阿久太)의 자식인 미화(彌和)를 비롯하여 길쌈에 능한 사람들이 건너와서 양잠과 견직 기술을 현지인에게 가르치고 견직물을 생산하여 번영을 이루었다고 한다. 따라서 하치만신사는 이들 직조(織造)의 신을 모시는 신사로 세워지게 되었다.

『신찬성씨록』에도 쓰키노무라지(調連)가 백제국 노리사주의 후예로서 양잠, 직조와 관련이 있음을 기록하고 있다.

하토리(服部, 服織)는 하타오리(機織)의 약칭으로 베를 짜는 것을 생업으로 하는 사람들을 가리킨다. 하타라는 명칭을 통해 하타씨(秦氏)와 연관을 짓기

큰 바위와 연못   에치젠와시 마을

도 한다. 『신찬성씨록』에는 하타씨를 여러 지역에 나누어서 양잠과 명주를 짜고 공납을 시켰으며 당시 닌토쿠(仁德)가 이 옷을 입으니 유연, 온난함이 피부(하다)와 같다고 하여 성(姓)을 하타(波多)로 하였다고 적고 있다. 지금도 이 지방에는 하토리천(服部川), 하토리곡(服部谷)이라는 명칭이 남아 있다.

신사의 본전 곁에는 길쌈을 하였던 백제의 여인이 고향을 그리는 마음으로 앉아 있었다는 전설의 큰 바위[大岩]가 남아 있으며 길쌈을 하면서 사용했다고 전해지는 연못의 흔적도 남아있다. 구다시라는 지명과 관련해서도 이론(異論)이 있지만 구다라씨(百濟氏)가 변해서 된 것이라는 설도 있다.

신사가 위치한 곳에서 4킬로미터쯤 떨어진 지점에는 종이로 유명한 에치젠와시(越前和紙)의 마을이 자리하고 있다. 1,500년 전 에치젠 오카모토(岡太) 지구를 흐르는 강 상류에 나타난 여신(女神)이 마을 사람들에게 종이 만드는 기술을 가르쳤다는 데서 비롯되었다고 한다. 그래서 현재 오카모토신사(岡太神社)에서 종이의 신으로 모시고 있다고 하는데, 구다시정의 백제인 전승을 통해 백제계 도왜인과의 관련성이 주목되는 곳이 아닐 수 없다.

>>> 관련사료 53, 115

2) 나카노향(中野鄕)

후쿠이시(福井市)의 나카노고정(中ノ鄕町)은 『화명류취초(和名類聚抄)』에 나오는 에치젠국(越前國) 아스와군(足羽郡) 나카노향(中野鄕)에 비정된다. 『신찬성씨록』 우경(右京) 제번(諸蕃)에는 나카노향과 동일한 이름을 가진 나카노노미야쓰코(中野造)가 나오는데, 나카노향을 근거로 했던 백제계 도왜인으로 추정된다.

나카노노미야쓰코의 옛 성(姓)은 다후타(答他)로서, 『속일본기』 761년 3월 15일조에 의하면 백제인 답타이나마려(答他伊奈麻呂) 등 5인에게 나카노노미야쓰코의 성(姓)을 주었던 것으로 되어 있다. **》》 관련사료 116, 117**

나카노고정

3) 이베이와쿠라신사(飯部磐座神社)

후쿠이현의 중앙부에 있는 에치젠시(越前市)는 2005년 다케후시(武生市)와 이마다테정(今立町)의 합병으로 생긴 신설시이다. 이곳 시바하라(芝原) 지구에 가면 완만한 경사로 기운 구릉 위에 이베이와쿠라신사(飯部磐座神社)가 위치해 있다. 전승에 의하면 이 신사는 『엔기식』에 기재되어 있는 에치젠 지방 쓰루가군(敦賀郡)의 이베이와쿠라신사(伊部磐座神社)에 비정된다고 한다. 이베씨(伊部氏)에 대해서는 『신찬성씨록』 야마시로국(山城國) 제번(諸蕃)에 이베노미야쓰코(伊部造)가 백제국 사람 내리사주(乃里使主)로부터 나왔던 것으로 적고 있다. 여기 나오는 내리사주는 통상 노리사주(努里使主)와 같은 인물로 보고 있으며 이 신사 또한 백제계 도왜인에 의해 건립된 것으로 추정된다. 본전으로 오르려면 높은 돌계단을 올라가야 하는데, 주변에 수많은 거석들이 흩어져 있는 것이 인상적이다. 이와쿠라(磐座)라고 하는 것은 고대부터 신령이 깃든 신성한 돌을 신앙의 대상으로 했던 애니미즘의 일종인데, 제사의 장소로 이용되어 왔기 때문에 이러한 명칭이 붙은 것 같다.

신사의 전승에 따르면 에치젠 지역의 호족인 이베노미야쓰코노토요모치(伊部造豊持)가 먼 곳으로부터 거석들을 운반해 와서 신사를 세운 것이라고 한다. 이베노미야쓰코노토요모치는 『일본삼대실록』에서 873년 12월에 이타카노아손(飯高朝臣)의 성을 사여 받았던 인물로 등장한다. **》》 관련사료 118, 119**

이베이와쿠라신사

263

후쿠이현 백제계 지명과 신사 지도

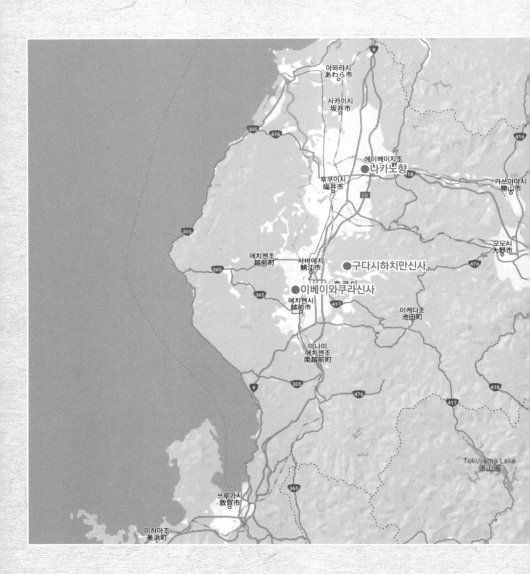

간사이와 간토를 연결하는 교차로, 기후현(岐阜縣)

바다가 없이 사방이 7개의 현으로 둘러싸여 있는 기후현(岐阜縣)은 내륙의 고장이다. 북쪽은 북알프스라는 이름에서 알 수 있듯이 눈이 덮인 3,000미터급의 높은 봉우리가 연이어 있는 곳이면서 남서부 쪽으로는 기소천(木曽川), 나가라천(長良川), 이비천(揖斐川) 연안의 충적평야가 넓게 펼쳐져 있는 곳이다.

기후현을 지나다 보면 우리에게도 익히 알려진 세키가하라(關ヶ原)가 나온다. 도요토미 히데요시에 의해 전국 시대가 통일되고도 불완전하고 지루한 권력 분점이 계속되다가 1600년 동군, 서군으로 나뉜 17만 명의 대군들이 세키가하라에서 결판을 냈다. 결국 모든 공은 도쿠가와 이에야스(德川家康, 1543년~1616년)에게 돌아가 에도 막부의 시작을 알리고 있다.

오가키시(大垣市)의 젠쇼사(全昌寺)는 조선 후기 통신사들이 묵었던 숙소였으며 기소천, 이비천 등은 일본 측이 제공한 배다리를 이용해 통신사들이 건넜던 강이다. 지금도 그들의 흔적이 일부 남아 있다.

후와군(不破郡)은 이 지방 호족인 후와노스구리(不破勝), 후와노무라지(不破

세키가하라 　　　　　　　　　　　　　오가키 젠쇼사

連)와 관련이 있는 곳이다. 이들 씨족은 백제 도모왕(都慕王)의 후손인 비유왕
(毗有王)으로부터 나왔으며 순무지등(淳武止等)의 후손으로 알려져 있다.

후와군과 오가키시에 보이는 아야도(綾戶)와 아야노(綾野)라는 지명은 백제
계 아야씨(漢氏)에서 유래된 것으로 추정된다.

또한 고후쿠지정(興福地町)에 있는 스가노신사(菅野神社)는 나라 시대에 백제
국왕의 후손이 조상신을 제사 지내기 위해 세운 신사이다. 스가노씨(菅野氏)
는 왕진이(王辰爾)의 동생인 우시를 직계조상으로 하고 있다.

1) 후와군(不破郡) 다이료신사(大領神社)

기후현 후와군은 오래전부터 기나이(畿內)와 간토(關東)를 연결하는 교통의
요지로서 후와노세키(不破關)라는 관소(關所)가 설치되었던 곳이다. 후와(不破)
의 지명과 관련해서는 『일본서기』 사이메이(齊明) 6년(660년) 10월에 백제의 귀
실복신(鬼室福信)이 보낸 당(唐)의 포로 100여 명이 미노(美濃) 지방 후와의 당
인(唐人)인 것으로 기록하고 있으며, 덴무(天武) 원년(672년) '임신(壬申)의 난' 때
후와에 들어간 덴무가 타케치(高市)의 영접을 받았다는 기록이 있다.

『신찬성씨록』에는 후와노스구리(不破勝), 후와노무라지(不破連)가 등장하는
데, 백제 도모왕(都慕王)의 후손인 비유왕(毗有王)으로부터 나왔고 순무지등
(淳武止等)의 후손으로 되어 있어 백제계 도왜인인 것으로 기록되어 있다.

후와군(不破郡) 다루이정(垂井町)에 있는 다이료신사(大領神社)의 제신은 미야
노스구리노고노미(宮勝木實)이다. 그는 '임신의 난'의 공으로 후와군을 하사
받고 후와로 개성(改姓)했던 것으로 전해진다. 이후 후와군의 다이료(大領)라
는 관위를 얻었고 다이료신사에 모셔졌다.

>>> **관련사료 120, 121**

기후현립 후와고등학교

다이료신사

2) 스가노신사(菅野神社)

　기후현 오가키시의 고후쿠지정(興福地町)에 있는 스가노신사(菅野神社)는 나라 시대에 백제국왕의 후손이 조상신을 기리기 위해 고후쿠사령(興福寺領)이었던 땅에 제사 지냈던 것을 시작으로 하고 있다. 이후 이 지역 13개 촌의 총사(總社)로서 풍요와 장수의 신으로 숭배되었다.

　『신찬성씨록』에는 스가노노아손(菅野朝臣)이 기재되어 있는데, 백제 도모왕(都慕王)의 10세손 귀수왕(貴首王)에서 나왔다고 기록하고 있어 스가노씨(菅野氏)가 백제왕족 출신의 도왜인인 것을 알 수 있다.

　그런데, 『신찬성씨록』에는 스가노노아손과 같은 조상의 씨족으로 후지이노스쿠네(葛井宿禰), 미야하라노스쿠네(宮原宿禰), 쓰노스쿠네(津宿禰), 나카시나노스쿠네(中科宿禰), 후나노무라지(船連)가 적혀 있다.

　『속일본기』엔랴쿠(延曆) 9년(790년)조에 의하면 후지이씨(葛井氏), 후나씨(船氏), 쓰시(津氏)는 백제 귀수왕(貴須王, 근구수왕)의 자손이며 쓰노무라지노마미치(津連眞道) 등이 아손(朝臣)으로 개성(改姓)하고 스가노노아손으로 칭했다는 사실을 알 수 있다.

　또한 『일본서기』비다쓰(敏達) 3년조에는 후나노후히토(船史) 왕진이(王辰爾)의 아우인 우시(牛, 麻呂)에게 쓰노후히토(津史)라는 성(姓)을 내린 것으로 되어 있다. 이러한 내용을 통해 스가노씨가 왕진이의 동생인 우시를 직계 조상으로 하고 있다는 사실을 알 수 있다.

스가노신사

>>> **관련사료** 32, 33, 122, 123, 124, 125, 126, 127

3) 아야토(綾戸), 아야노(綾野)

　기후현 후와군 다루이정(垂井町)에는 아야토(綾戸)라는 지명이 있다. 이곳은 백제계 도왜인인 아야씨(漢氏)로부터 유래된 것으로 보고 있다.

　또한 오가키시에도 아야노(綾野)라는 지명이 보이는데, 이 또한 도왜계 아야씨(漢氏)로부터 나온 것으로 추정된다.

　아야씨 계통에는 야마토노아야씨(東漢氏)와 가와치노아야씨(西漢氏)가 있는 것으로 알려져 있다. 야마토노아야씨와 관련해서는 『일본서기』에서 선조인 아지사주(阿知使主)가 오우진 20년(409년)에 그의 아들 도가사주(都加使主)와 함께 17현(縣)을 거느리고 왜국으로 건너간 것으로 기록되어 있다. 또한 직물을 생산하는 수공업자 집단의 기술자 등 이마키노아야히토(今來漢人)로 칭해지는 한반도 이주민을 거느리고 히노쿠마(檜隈) 근거지 부근에 집중적으로 거주하고 있었기 때문에 그 활동 범위와 양태를 고려하면 백제계로 보는 것이 타당하다고 보고 있다.

　가와치노아야씨의 경우도 다양한 설이 제기되고 있지만 거론되는 씨족의 대부분이 백제계통인 것을 알 수 있다.

　또한 『신찬성씨록』에서 아야히토(漢人)가 백제국 사람 다야가(多夜加)의 후손이라는 기록이 보이는 것을 통해서도 아야씨를 백제계로 볼 수 있을 것이다.

아야토   아야노

》》》관련사료 8, 10, 58

기후현 백제계 지명과 신사 지도

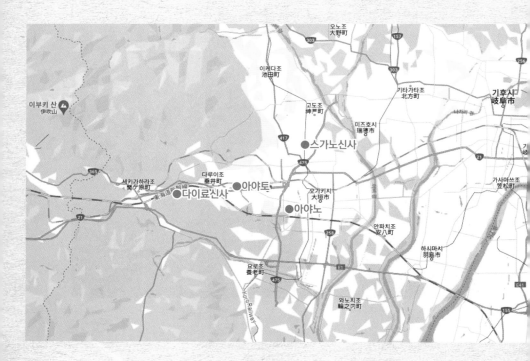

일본 제3의 도시권, 아이치현(愛知縣)

아이치현(愛知縣)의 현청인 나고야시(名古屋市)를 지날 때면 교통 체증으로 인해 항상 시간이 지체되곤 한다. 나고야가 도쿄를 중심으로 한 수도권, 오사카를 중심으로 한 긴키권과 더불어 일본 3대 도시권 중에 하나를 점하고 있기 때문일 것이다. 더군다나 일본의 최대 공업지대인 주쿄(中京) 공업지대를 이루고 있어서 인구 또한 도쿄, 가나가와, 오사카에 이어 4번째로 많다.

나고야가 오늘의 모습을 갖추게 된 것은 도쿠가와 이에야스(德川家康)가 나고야성(名古屋城)을 쌓고 나서부터였다. 현재의 나고야성은 제2차 세계대전의 공습으로 소실되어 새로이 재건된 것이지만, 천수각의 용마루에 금으로 만든 사치호코(金魚虎)는 호랑이 머리에 물고기 형상을 하고 있어 아직도 도쿠가와의 번영을 상징하고 있는 듯했다.

에도 시대에도 교토에서 에도까지 가는 도카이도(東海道) 중에서 최대의 숙역(宿驛)을 갖추고 있던 곳이 나고야였다. 당시에도 에도, 오사카, 교토에 이어 4번째 가는 도시였다고 한다.

아이치현은 일본 전국시대를 풍미했던 주역들과 관련이 있는 지역이다. 오

나고야성

다 노부나가(織田信長, 1534년~1582년)가 나고야성(那古野城)에서 태어나 오와리(尾張)를 중심으로 세력을 확장했고, 도요토미 히데요시(豊臣秀吉)도 현재 나고야시 나카무라(中村)에서 태어난 것으로 알려져 있다. 도쿠가와 이에야스 또한 동부 지구인 오카자키(岡崎) 출신이었으니 일본의 전국 시대를 끝낸 것이 바로 아이치현이었다고 해도 과언이 아닌 셈이다.

　나고야의 중심가에 있는 아쓰타신궁(熱田神宮)은 일본의 최고신이라는 아마테라스오미카미(天照大神)를 제사 지내고 있는 신사이다. 특히 일본 왕실의 3종 신기(神器) 중의 하나인 구사나기노쓰루기(草薙劍)라는 검을 신체(神體)로 하고 있다고 한다. 이 검은 스사노오노미코토(素盞嗚尊)가 천상(天上)에서 쫓겨 내려왔을 때 머리가 여덟 개인 뱀을 죽이고는 그 꼬리에서 발견한 것이라고 전해진다.

아쓰타신궁

태평양 연안에 있는 다하라시(田原市) 아시정(芦町)에는 아시신사(阿志神社)가
위치해있는데, 이곳은 백제계 도왜인 아지사주(阿知使主)를 제신으로 하는 신
사이다.

또한 동쪽 도요하시시(豊橋市)의 하다하치만궁(羽田八幡宮)은 과거 하다촌
(羽田村, 幡太村)이 있었던 곳으로 도왜인 하타씨(波多氏, 秦氏)와 관련이 깊은
곳이다.

1) 아시신사(阿志神社)

아이치현 다하라시 아시정에 있는 아시신사(阿志神社)는『엔기식』신명장(神明帳)에 기재되어 있는 오래된 신사이다. 아시신사는 백제계 도왜인 아지사주(阿知使主)를 제신으로 하고 있는데, 그 연원은 아스카(飛鳥)의 히노쿠마(檜前)에 있는 오미아시신사(於美阿志神社)에 두고 있다.

『일본서기』오우진 20년(409년)에는 야마토노아야노아타이(倭漢直)의 선조인 아지사주(阿知使主)가 그 일족 17현의 백성을 거느리고 야마토에 도착했다고 하면서 고대의 가장 유력한 도왜인으로 기술하고 있다.

한반도에서 도왜한 씨족 가운데 가장 큰 집단에 해당하는 야마토노아야씨(東漢氏)는 이마키노아야히토(今來漢人)로 칭해지는 한반도 이주민을 거느리고 나라의 히노쿠마 근거지 부근에 집중적으로 거주하고 있던 백제계 도왜인이었다. 현재 신사가 위치하고 있는 지명인 아시(芦)도 과거 이 지역을 개발했던 아시신사의 제신인 아시(阿志)로부터 유래했다고 한다.

>>> 관련사료 8, 9

아시신사

하다하치만궁

2) 하다촌(羽田村) 하다하치만궁(羽田八幡宮)

아이치현 도요하시시(豊橋市)의 하나다정(花田町) 일원은 과거 하다촌(羽田村)이었던 곳으로 『화명류취초(和名類聚抄)』에 나오는 아쓰미군(渥美郡)의 하다촌(幡太村)에 비정되는 곳이다. 지금도 이 일원에는 하다하치만궁(羽田八幡宮) 등 하다의 명칭을 간직하고 있는 곳이 종종 눈에 띈다. 이처럼 '하다' 또는 '하타'로 읽을 수 있는 '幡太', '羽田', '秦', '波多', '八多' 등의 지명과 관련해서는 대체적으로 도왜인 하타씨(波多氏, 秦氏)와 관련이 있는 것으로 보고 있다.

하타씨에 대해 『신찬성씨록』에는 진시황제의 3세손인 효무왕(孝武王)으로부터 나왔다고 쓰고 있지만, 또 다른 기록에는 하타(波多)의 성(姓)을 받았다고 하는 하타노미야쓰코(波多造)와 하타노이미키(波多忌寸) 등이 백제인을 선조로 하였다고 기재되어 있어 백제계일 가능성이 높다.

>>> **관련사료 24, 25, 50, 53**

3) 이나정(伊奈町)

이나정 이나역

아이치현 도요카와시(豊川市)에는 도요천(豊川) 하구 부근에 이나정(伊奈町)이라는 동네가 있다. 메이지 2년에는 부근에 이나현(伊奈縣)이 설치되었던 곳으로 '이나'라는 명칭은 이나베씨(猪名部氏)와 관련이 있는 것으로 보고 있다. 즉, 이세(伊勢) 지역에 있던 이나베씨가 미카와(三河) 지역으로 이동했던 정황을 보여주고 있다. 이후 이나베씨는 도요천을 거슬러 올라가 현재의 사쿠마(佐久間) 댐 부근에서 다시 덴류천(天龍川)을 따라 나가노현(長野縣)의 이나(伊那) 지역으로 이동해갔다.

이나베씨(猪名部氏)는 본래 효고현(兵庫縣)의 이나천(猪名川) 주변을 근거지로 하고 있던 씨족으로 이나라는 지명은 이들의 이동 경로를 보여주고 있다. 이나베는 이나베(爲奈部)라고도 쓰는데, 『신찬성씨록』 셋쓰국(攝津國) 제번(諸蕃)에 이나베노오비토(爲奈部首)가 백제인 나카쓰하테(中津波手)의 자손으로 기록되어 백제계임을 명확하게 하고 있다.

>>> 관련사료 82, 83, 84, 85

아이치현 백제계 지명과 신사 지도

긴키로부터 이어진 도왜인의 행보, 나가노현(長野縣)

혼슈 중부에 위치하고 있는 나가노(長野) 지방은 3,000미터급의 높은 산들이 연이어 있는 고지대에 위치해 있어서 소위 '일본의 지붕'이라고 불리는 곳이다. 눈이 많이 내리는 고장으로 겨울 스포츠가 발달해 있으며 1998년 동계올림픽을 주최한 곳이기도 하다.

고대에는 시나노(斯那奴, 科野)로 불렀던 지역인데, 8세기에 들어와서는 '시나노(信濃)'라는 명칭이 보인다. 예로부터 도산도(東山道)과 나카센도(中山道)를 통해 서일본과 동일본을 연결하는 교통의 요지였다.

그래서인지 이 지방에서는 백제계 도왜인의 흔적이 다수 목격된다. 특히 긴키 지역에서 시작된 말의 사육이 고대 시나노 지역으로 전파되어 나가노의 산록과 고원지대 등에서 말의 생산이 활발하게 이루어졌다.

오무로고분군(大室古墳群) 등에서는 500 여기의 돌무지무덤 및 굴식돌방무덤이 발견되고 있어 야마나시현(山梨縣)과 더불어 일본 열도에서 돌무지무덤이 나타나는 이색적인 지역이기도 하다.

또한 『일본서기』에는 시나노의 씨성(氏姓)을 가지고 있으면서 동시에 백제

오무로고분군의 돌무지무덤과 굴식돌방무덤

의 관등을 지니고 있었던 왜계백제관료(倭系百濟官僚)가 나타나고 있어서 백제와의 관련성이 주목되는 곳이기도 하다

나가노현의 남쪽에 위치하고 있는 아치촌(阿智村)은 백제로부터 건너왔던 아지사주의 일족이 거주하였던 것으로 알려져 있으며 니시고리(錦部, 錦織)라

는 지명은 직물의 기술을 가지고 있었던 백제계 도왜인으로부터 유래한 것이다.

또한 긴키 지역 이나천(猪名川)에 기원을 두고 있는 이나베(猪名部) 씨족과 관련한 명칭이 나가노현으로도 이어져 이나시(伊那市)에는 과거 데라향(㤠良鄕)에 해당하는 데라(手良)라는 지명이 있다. 데라촌(手良) 나카쓰보(中坪)에는 현재도 오구다라케(大百濟毛), 고구다라케(小百濟毛)라고 하는 백제 관련 지명이 나타나고 있는데, 『신찬성씨록』에는 데라공(㤠良公)이 백제국주 의리도해(意里都解)의 4세손인 진라군(秦羅君)의 후손으로 되어 있다.

하타정(波田町)에 있는 하타신사(波多神社)도 하타씨 일족이 터전을 잡고 있던 곳이었다.

나가노 지역과 백제의 관련성은 젠코사(善光寺)의 비불(秘佛)을 통해서도 익히 알려져 있다. 현재 젠코사에 안치되어 있는 아미타여래삼존상은 비불로 공개되고 있지는 않지만, '젠코사연기(善光寺緣起)'를 통해 백제 성왕이 보낸 불상을 긴키 지역에서 가지고 와서 모시게 된 것으로 전한다.

이러한 '젠코사연기'의 내용은 니리고리씨, 이나베씨, 야마토노아야씨 등 백제계 도왜씨족들의 행보가 보여주고 있는 것처럼 고대 긴키 지역에서 나가노 지역까지 옮겨온 백제계 씨족들의 이동 행적을 암시하고 있는 것으로 생각된다.

아치촌   아치천교

1) 아치촌(阿智村)의 아치신사(阿智神社), 아후치신사(安布知神社)

나가노현의 아치촌은 500~600미터 고지에 위치하고 있으면서 고대부터 동쪽 무쓰(陸奧)에서 오우미(近江)까지 이어지는 도산도(東山道) 중에 나가노(長野)로 들어오는 최초의 역인 아치역(阿智驛)이 있었던 곳이다.

아치(阿智)라는 지명에 대해서는 헤이안 시대에 편찬되었다고 하는 『선대구사본기(先代旧事本紀)』에 아메노오모이가네노미코토(天思兼命)와 그의 아들인 아메노우와하루노미코토(天表春命)가 하늘에서 내려와 아치노하후리베(阿智祝部) 등의 조상이 되었다고 하는 데에서 유래되었다고 한다.

하지만 일본 열도에 다수 분포하고 있는 아치(阿智, 阿知)라는 지명과 관련해서는 한반도로부터 건너온 도왜인의 집락촌으로 인식되고 있으며, 백제로부터 도왜했던 아지사주(阿知使主)의 일족이 거주하였던 것으로 알려져 있다.

따라서 아치촌은 고대 이나곡(伊那谷) 서남부 일대를 개척했던 아치씨족의 모습을 잘 보여주고 있는 장소로서 아치촌에 있는 아치신사는 백제계 도왜인들에 의해 조영된 것으로 보인다.

아치신사 전궁

『엔기식(延喜式)』에는 일찍이 나가노 지역에 있었던 식내사(式内社)의 하나로 아치신사가 보이고 있어서 늦어도 『엔기식』이 편찬된 927년 이전부터 존재했던 것을 알 수 있다.

현재 아치촌에는 관련 신사로 아치신사(阿智神社) 전궁(前宮)과 오궁(奧宮) 및 아후치신사(安布知神社)가 있다. 전궁은 히루가미(昼神) 마을 중앙부의 아치천(阿知川)이 바라보이는 언덕 위에 위치하고 있으며 오궁은 전궁에서 아치천 상류로 거슬러 올라가 2킬로미터 떨어진 지점에 위치하고 있다.

오궁은 예로부터 아치의 조상인 아메노우와하루노미코토의 분묘라고 이름 붙여진 신앙의 집결지였다. 신사 안에는 길이 약 2미터, 너비 약 1.5미터의 거석이 있는데 최근 거석 주변에 유구가 발견되면서 고대의 제단으로 사용되었던 이와쿠라(磐座)였던 것으로 보고 있다.

아치촌의 중심부 고마바(駒場)에 있는 아후치신사(安布知神社)는 신사에서 전하는 바에 따르면 닌토쿠(仁徳) 56년 아치촌의 지주신(地主神)을 제사 지내

아치신사 오궁

아치신사 오궁의 이와쿠라

아후치신사

는 것으로부터 시작되었다고 한다. 그러다가 706년에는 신사에 하치만신(八
幡神)을 권청(勸請)하였고 1573년에는 이 지역의 영주였던 오가사와라부타카
(小笠原信貴)가 오우미(近江)의 미이데라(三井寺)에서 신라명신(新羅明神)을 권청
한 이후에 신라명신사(新羅明神社)로 칭했던 적도 있었다. 아후치로 바꾸어 사
용하게 된 것은 비교적 후대인 1804년부터로 한반도 도왜계 신사의 변천을
보여주고 있는 사례로 생각된다.

》》 관련사료 8, 9

2) 자코지촌(座光寺村)

　　나가노현 이다시(飯田市)의 자코지(座光寺)라는 지명은 이곳에 자리하고 있는 모토젠코사(元善光寺)로부터 연유한다. 모토젠코사는 백제 불상이 현재 나가노시(長野市)에 있는 젠코사(善光寺)로 옮겨질 때까지 이 사찰에 보관되어 있었기 때문에 칭해진 이름이다. 모토젠코사로 불리기 이전에는 자코사(座光寺)로 불렀다.

　　모토젠코사는 스이코(推古) 10년(602년)에 혼다 요시미쓰(本田善光)에 의해 창건되었다고 한다. 그는 자코지촌의 옛 이름인 오미(麻績) 출신으로 어느 날 왕경으로 갔다가 비다쓰(敏達) 14년 모노노베노모리야(物部守屋)가 나니와(難波)의 호리에(堀江)에 버렸다고 하는 백제 불상을 우연히 손에 넣어 가지고 와서 안치했다고 전해진다. 처음 가져와서 불상을 절구통에 모셔놓았는데 이때 절구통에서 광채가 났기 때문에 사원의 명칭을 자코사로 했다.

　　이후 불상은 고교쿠(皇極)에 의해 현재의 젠코사로 옮겨졌고 혼다 요시미쓰가 산속에서 만난 산신령으로부터 받은 영목(靈木)으로 본래의 본존불과 똑같은 불상을 만들어 안치한 것이 현재 모토젠코사의 본존불이라고 한다.

>>> **관련사료** 128

자코지촌 주민센터

모토젠코사

3) 이나시(伊那市) 데라(手良)의 구다라케(百濟毛)

나가노현의 이나시는 에도 시대 이전부터 이나베촌(伊那部村)이 있었던 지역으로 지금도 시내에 이나베(伊那部)라는 지명이 남아 있다. 이곳 이나의 지명은 이나베(猪名部)로부터 나온 것이다.

이나베씨(猪名部氏)는 본래 현재의 효고현(兵庫縣) 이나천(猪名川) 주변을 근거지로 하고 있던 씨족으로 이나라는 지명은 이들의 이동 경로를 보여주고 있는 것으로 판단된다.

이나베는 이나베(爲奈部)라고도 쓰는데, 『신찬성씨록』 셋쓰국(攝津國) 제번(諸蕃)에는 이나베노오비토(爲奈部首)가 백제인 나카쓰하테(中津波手)의 자손으로 기록되어 백제계임을 명확하게 하고 있다.

더욱이 이나시의 덴류천(天龍川) 동쪽 편으로는 『화명류취초(和名類聚抄)』의 데라향(苧良鄕)에 해당하는 데라(手良)라는 지명이 보인다. 데라향의 범위에 대해서는 여러 가지 설이 있지만, 대체로 덴류천 서쪽 지구까지 포함하는 광대한 지역으로 보고 있으며 이는 이나베촌과 겹치는 지역이다. 데라향에 대해서는 일찍이 데라공(苧良公)으로 칭하는 백제계 도왜인이 거주했던 지역으로 전해지고 있다.

『신찬성씨록』 미정잡성(未定雜姓) 우경(右京)에는 데라공이 백제국주(百濟國主) 의리도해(意里都解)의 4세손인 진라군(秦羅君)의 후손으로 되어 있다. 백제국주 의리도해에 관해 자세한 사항을 알 수는 없지만, 백제계통임을 알 수 있는 기록이다.

이 때문에 데라촌의 나카쓰보(中坪)에는 현재에도 백제와 관련된 오구다라케(大百濟毛), 고구다라케(小百濟毛)의 지명이 남아 있다.

이나시 데라우체국

》》 **관련사료** 82, 83, 84, 85, 129

이나시립 데라소학교

4) 이사고다신사(沙田神社)

　나고야현 마쓰모토시(松本市)의 시마다치(島立)에 있는 이사고다신사(沙田神社)는 예로부터 '시나노의 3궁(信濃三宮)'으로 불렸던 신사이다. 신사에서 전하는 바에 따르면 원래는 부근 하타정(波田町)의 사기사와다케(鷺沢嶽)에 있었는데 649년에 시나노(信濃)의 장관이 칙명을 받아 현재의 위치에 창건했다고 한다. 『엔기식』신명장(神名帳)에 시나노(信濃) 지쿠마군(筑摩郡)에 이사고다신사가 기재되어 있을 정도로 오래된 신사이다.

　특히 신사의 명칭인 '沙田'는 이 신사 외에 다른 지역에 있는 신사의 이름으로 사용된 예가 없으며 다른 지명으로도 사용된 예가 매우 드물다. 그런 의미에서 『신찬성씨록』에 '沙田'의 명칭을 쓰고 있는 백제계 도왜인 마쓰다노후히토(沙田史)가 주목된다. 『신찬성씨록』에서는 마쓰다노후히토가 백제국 사람 의보니왕(意保尼王)으로부터 나왔다고 기록하고 있다. 실제 백제국 의보니왕이 누구인지는 확실하지 않지만, 이사고다신사의 명칭으로 보면 이 신사는 백제왕족의 후손으로 기록되어 있는 마쓰다노후히토 일족과 관련이 있는 신사로 판단된다.

》》 관련사료 130

이사고다신사

5) 하타정(波田町)의 하타신사(波多神社)

　나가노현 마쓰모토시 하타정(波田町)은 본래 하타(波多)라는 한자를 썼던 고장이었다. 하지만 상수도 부설 문제로 대립이 생겨 유혈사태로까지 번졌기 때문에 1933년 '파란이 많다(波多)'라고 읽힐 수 있는 마을의 명칭을 '波田'로 개칭하였다고 한다.

　그 때문에 하타정에는 옛 명칭 그대로의 하타신사(波多神社)가 자리하고 있으며 이 지역은 본래 도왜계 하타씨(波多氏)가 터전을 잡고 있던 곳이었다.

　하타씨는 목장이었던 이 지역을 개간하여 특권을 가진 장원(莊園)으로서 실권을 장악했다고 한다. 또한 하타씨는 관개공사를 실시하여 둑과 보를 만들고 그 용수를 통해 지쿠마노(筑摩野)의 벌판에 수전(水田)을 열기 시작했다.

　하타(波多)로 표기되어 있는 씨족에 대해서는 『신찬성씨록』 야마토국(大和國) 제번(諸蕃)에 하타노미야쓰코(波多造)가 백제인으로부터 나왔다는 기록이 있으며, 『신찬성씨록』 일문(逸文) 「사카노우에계도(坂上系圖)」에는 백제계 야마토노아야노아타이(倭漢直)의 조상인 아지사주의 증손 지노직(志努直)을 선조로 하는 하타노이미키(波多忌寸)가 기재되어 있다.

>>> **관련사료** 24, 25, 50, 53

하타정의 하타역　　　　　　　　　　　　　　　　　하타신사

니시고리우체국

6) 니시고리(錦部)의 니시고리신사(錦織神社)

　나가노현 마쓰모토시의 동북부에 해당하는 아카누다(赤怒田)라는 지역에는 마을 언덕 위로 니시고리신사(錦織神社)가 자리하고 있다. 원래 신사가 자리하고 있는 지역은 니시고리촌(錦部村)이었던 곳으로 지금은 지방행정구역의 합병으로 인해 명칭이 사라졌다. 현재는 우체국이나 보육원 등 일부에서 니시고리(錦部)라고 하는 옛 지명의 흔적을 볼 수 있을 뿐이다.

　『화명류취초(和名類聚抄)』에는 지쿠마군(筑摩郡)의 6향(鄕) 중에 하나로 니시고리(錦服)가 기재되어 있는데, 니시고리촌이 있었던 지역이다.

　니시고리라는 지명은 직물(織物)의 기술을 가지고 있었던 백제계 도왜인으로부터 유래한 것이다. 본래의 거주지는 『일본서기』에 등장하는 '이시카와(石川)의 백제촌(百濟村)'으로 지금의 오사카부 돈다바야시(富田林市)에서

니시고리신사

가와치나가노시(河內長野市)에 걸쳐 있는 지역이다. 긴키 지방에 있던 백제계 도왜인이 나가노(長野) 지역으로 이동했던 정황을 보여주고 있는 것으로 생각된다.

　니시고리노스구리(錦部村主)에 대해서는 『신찬성씨록』 야마시로국(山城國) 제번(諸蕃)에 니시고리노스구리(錦織村主)와 같은 조상으로서 파능지(波能志)의 후손으로 되어 있으며, 우경(右京) 제번(諸蕃)에는 한국인(韓國人) 파노지(波努志)로부터 나왔다고 기록하고 있다. 또한 가와치국(河內國) 제번(諸蕃)에는 니시고리노무라지(錦部連)가 백제(百濟) 속고대왕(速古大王, 근초고왕)의 후예로 나오고 있어 백제계 씨족으로 보고 있다.

》》》 **관련사료** 3, 40, 41, 42, 107

7) 하루타신사(治田神社)

　나가노현 지쿠마시(千曲市)에 있는 하루타신사(治田神社)는 『엔기식(延喜式)』
에 시나노(信濃) 지역의 48개 신사 중에 하나로 기재되어 있으며 하타노신사
로 읽고 있다. 현재 하루타신사는 북쪽 이나리야마(稻荷山) 지역과 남쪽 구와
바라(桑原) 지역에 각각 2개소에 걸쳐 자리하고 있다. 16세기 중엽 다케다 신
겐(武田信玄)이 출병하였을 때 신사가 방화로 피해 입을 것을 염려하여 다케
다 일족이 모셨던 스와신사(諏訪神社)와 합사해서 상, 하 스와명신(諏訪明神)으
로 가칭했기에 피해를 면했다고 전한다. 이후 구와바라의 하루타신사를 가
미노미야(上の宮), 이나리야마의 하루타신사를 시모노미야(下の宮)로 칭했다
고 한다.

　신사의 명칭이며 제신이기도 한 하루타에 대해서는 도왜인 하타씨(秦氏, 波
多氏)에서 나왔다고 하며, 따라서 이들 신사는 하타씨족들이 조상을 제사 지
내기 위해서 세운 신사로 보는 설이 유력하다.

하루타신사 가미노미야

하루타신사 시모노미야

하루타신사 도리이

>>> 관련사료 24, 25, 50, 53

8) 젠코지다이라(善光寺平)와 젠코사(善光寺)

젠코지다이라(善光寺平)라는 명칭은 나가노시(長野市), 지쿠마시(千曲市), 스자카시(須坂市) 등지에 걸친 남북 40킬로미터의 내륙 분지를 말한다. 해발 300~400미터의 대지에 지쿠마천(千曲川)을 본류로 하여 크고 작은 하천들이 흐르면서 선상지(扇狀地)를 형성하고 있다. 나가노분지(長野盆地)로도 부르는데, 젠코지다이라라는 명칭이 붙은 이유는 나가노에서 가장 중심이 되는 젠코사(善光寺)로부터 발달한 평탄지가 넓게 펼쳐져 있기 때문이다.

젠코사는 나가노시 모토요시정(元善町)에 있는 불교 사원으로서 일본에서 가장 오래되었다고 하는 비불(秘佛) 아미타여래삼존상을 본존불로 하고 있다. 이 본존불은 백제 성왕(聖王)이 일본에 보낸 것으로 전해지는데, 숭불파인 소가씨(蘇我氏)와 대립했던 모노노베씨(物部)가 호리에(堀江)에 버렸던 것을

50여 년이 지난 후 시나노(信濃) 출신의 혼다 요시미쓰(本田善光)가 가져온 것으로 전한다. 처음에는 모토젠코사(元善光寺)에 보관했다가 이후 현재의 나가노시로 옮겼는데, 644년에는 고쿄쿠(皇極)에 의해 가람을 조영하고 혼다 요시미쓰의 이름을 따서 젠코사로 명명하였다고 한다.

　고고학적인 발굴 결과 대체적으로 7세기 후반경에 조영된 것으로 추정되기 때문에 젠코사가 나가노 지역에 일찍부터 이주해왔던 백제계 도왜인들에 의해 건립되었던 사실이 이러한 창건연기로 남게 된 것은 아닌가 생각된다. 백제 멸망 당시 일본에 있었던 백제왕자 선광(禪廣, 젠코)과는 동명의 사찰로서 젠코사 창건이 그와 밀접하게 관련이 있는 것으로 보는 견해도 있다.

　어쨌든 젠코사가 위치하고 있는 젠코지다이라에는 한반도계통의 돌무지무덤 1,000여 기가 분포하고 있으며 5~8세기에 해당하는 오무로고분군(大室古墳群)을 통해서는 돌무지무덤 및 굴식돌방무덤 등 500여 기가 발견되고 있다. 이처럼 젠코사 주변에 매우 이른 시기부터 한반도 계통의 유적과 유물이 발견되고 있어서 나가노가 일찍부터 한반도 도왜인들에 의해 개척되었던 곳임을 알 수 있다.

더욱이 나가노현 일대에 니시고리(錦部), 이나베(伊那部), 아치(阿智) 등의 지명이 보이는 것은 백제계 씨족이 긴키 지역으로부터 나가노 지역으로 이동해 온 경로를 보여주고 있다. 『일본서기』에 시나노를 성씨로 하는 왜계백제관료가 다수 등장하고 있는데, 이러한 사실도 일찍부터 나가노 지역으로 이주했던 백제계 도왜인과 밀접한 관련이 있을 것으로 추정된다.

>>> **관련사료 128**

나가노현 백제계 지명과 신사 지도

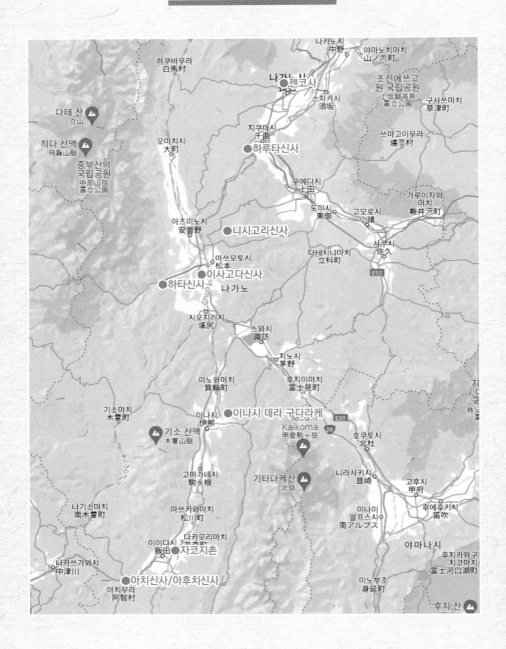

녹차향이 풍기는 후지산의 고장, 시즈오카현(靜岡縣)

시즈오카현(靜岡縣)에 진입하게 되면 제일 먼저 북쪽으로 높이 솟아 있는 후지산(富士山)을 떠올리게 된다. 그러고는 남쪽 바다로 이어진 이즈(伊豆)반도의 절경이 생각나는 곳이다. 본래 시즈오카는 도토우미(遠江), 스루가(駿河), 이즈 3개의 지방이 합쳐진 현으로 현재는 하마마쓰(浜松) 지구과 시즈오카 지구, 이즈 지구로 서로 나뉘어 있는 형국이다. 그렇기 때문에 같은 현임에도 불구하고 주민들의 문화나 언어에서도 서로 차이를 보이는 특색이 있다.

이즈반도 남쪽 태평양상으로는 미야케지마(三宅島) 등 이즈제도(伊豆諸島)의 섬들이 포진하고 있다. 원거리에 위치하고 있어서 일찍부터 일본에서는 죄인

삿타고개에서 본 후지산

세이켄사   세이켄사의 편액

들의 유배지가 되었던 곳이다. 미시마시(三島市)의 미시마대사(三嶋大社)는 이 들 이즈제도의 섬을 개척한 신을 모시고 있는 신사인데, 백제의 신이 모셔진 곳이기도 하다. 또한 이즈반도에 보이는 이나카미신사(伊那上神社)와 이나시모신사(伊那下神社)도 긴키 지역에 있던 이나베씨의 행보를 보여주고 있다.

시즈오카에 있는 세이켄사(淸見寺)라는 사찰은 조선 후기 통신사의 흔적이 많이 남아 있는 곳이다. 세이켄사 정문에 있는 '동해명구(東海名區)'라는 편액 은 1711년 상통사 금곡(錦谷) 현덕윤(玄德潤, 1676년~1737년)의 것이고, 불전 정면 에 있는 '흥국(興國)'은 1655년 정사였던 취병(翠屛) 조형(趙珩, 1606년~1679년)이 쓴 것이다. 2층 종루에 있는 '경요세계(瓊瑤世界)'라는 글자도 1643년의 제술관 나산(螺山) 박안기(朴安期, 1607년~1656년)가 쓴 것으로 세이켄사에 통신사들이 남기고 간 시, 그림, 현판만도 86여 점이나 된다.

무엇보다 시즈오카현의 특산품은 전국 50% 이상을 생산하는 녹차이다. 시즈오카현을 돌아다니다 보면 심심치 않게 녹차 밭을 목격하게 된다.

하토리다신사

1) 하토리다신사(服織田神社)

　시즈오카현 마키노하라시(牧之原市)에 있는 하토리다신사(服織田神社)는 『엔기식』 신명장(神明帳)에 기재되어 있는 신사로 직물(織物)의 신을 모시고 있다.

　본래 이 지역은 하토리타촌(服織田村)으로 불렸던 곳인데, 베 짜는 것을 생업으로 하는 하토리(服織, 服部)에서 왔을 것으로 추정된다.

　하토리는 하타오리(機織)의 약칭으로 '하타'라는 명칭을 통해 하타씨(秦氏)와 연관을 짓기도 한다. 『신찬성씨록』에는 하타씨의 사람들을 여러 지역에 나누어서 양잠과 명주를 짜고 공납을 시켰으며 당시 닌토쿠(仁德)가 이 옷을 입으니 유연, 온난함이 피부(하다)와 같다고 하여 성(姓)을 하타(波多)로 하였다고 적고 있다.

》》》 관련사료 53

2) 교만신사(敬満神社)

시즈오카현 시마다시(島田市)의 사카모토(阪本)에는 게이만신사로도 부르는 교만신사(敬満神社)가 있다. 제신으로 교만신(敬満神)을 모시고 있는데, 하타씨(秦氏)의 선조인 공만왕(功満王)에 비정되고 있다. 따라서 교만신사는 이 일대에 거주했던 도왜인 하타씨가 그 씨신(氏神)을 제사지냈던 것으로부터 시작되었다고 보는 설이 있다.

『신찬성씨록』에 의하면 우즈마사노기미노스쿠네(太秦公宿禰)는 진시황제의 3세손인 효무왕(孝武王)으로부터 나왔으며 공만왕(功満王)은 주아이(仲哀) 때 일본으로 왔고 궁월군(弓月君)이라 칭하는 융통왕(融通王)은 오우진 14년 127현의 백성을 데리고 일본으로 건너왔던 것으로 기록되어 있다. 『속일본후기(續日本後紀)』에서는 이 지역에 해당하는 도토우미(遠江)의 하이바라군(蓁原郡) 출신의 하타씨[秦黒成]의 존재를 확인할 수 있기 때문에 이를 통해 이 일대를 하타씨의 거주지로 추정할 수 있을 것이다. 현재 부근에는 같은 제신을 모시는 게이만오이신사(敬満大井神社), 게이만신사(鏡満神社) 등이 분포되어 있다. 하타씨에 대해서는 하타씨의 일족이 진(秦)나라의 진과 같은 성을 쓰고 있었기 때문에 진시황의 후손으로 부회된 것이지만, 『일본서기』에는 궁월군이 백제로부터 건너왔다는 것을 분명하게 밝히고 있다. **》》 관련사료 24, 25, 50, 53**

교만신사

미시마대사

3) 미시마대사(三嶋大社)

시즈오카현 미시마시(三島市)에 있는 미시마대사(三嶋大社)는 동서로는 도카이도(東海道)가 이어지고 남으로는 이즈반도의 시모다가도(下田街道)가 만나는 중심부에 위치하고 있다.

신사의 명칭인 미시마(三嶋)는 이즈오시마(伊豆大島), 미야케지마(三宅島) 등으로 구성된 이즈제도(伊豆諸島)의 존칭인 미시마(御島)에서 유래된 것으로 제신은 이들 섬을 개척한 신이다. 본래는 오야마쓰미노가미(大山祇神)를 모시고 있었는데, 메이지 시대에 와서 고토시로누시노가미(事代主神)로 변경되었고 이후에 두 신을 동시에 제사 지내고 있다.

그런데, 『이요국 풍토기』 일문(逸文)에는 미시마(御島)의 신이 백제로부터 건너왔던 것으로 적고 있다. 즉, 이요의 미시마에 있는 신의 이름은 오야마모리노가미(大山積神), 일명 와타시(和多志, 渡海)의 신이며 백제국에서 건너와 셋

일본 백제계 지명과 신사

303

이즈반도에서 본 후지산

쓰(攝津)에 머물렀다고 되어 있다. 이러한 기록에 따라 현재에도 시코쿠 에히메현(愛媛縣)의 오미시마(大三島)에 오야마즈미신사(大山祇神社)가 남아 있으며, 오사카부 다카쓰키시(高槻市)에 미시마카모신사(三島鴨神社)가 자리하고 있다.

결국 미시마대사의 제신이 백제로부터 시코쿠, 기나이(畿內), 이즈 지역으로 옮겨왔다는 기록은 실제 백제로부터 도왜했던 집단의 이동 경로를 보여주고 있는 것으로 생각된다.

이즈 지역의 미시마신사는 처음에 미야케지마에 있다가 이어 이즈반도 남동부에 위치한 시모다(下田) 근처로 옮겨졌고 다시 이즈 중부로 이전된 뒤에 마지막으로 이즈 북부에 해당하는 현재지에 머물게 되었다고 한다. 이는 도왜인 집단이 해상을 통해 북상해오면서 이즈 반도를 개척하던 정황을 추정케 한다. 현재 미시마신사는 이즈에서 간토(關東) 지방에 걸쳐 다수 분포되어 있다.

>>> 관련사료 51

이나카미신사   이나시모신사

4) 이나카미신사(伊那上神社), 이나시모신사(伊那下神社)

시즈오카의 이즈반도 서쪽 마쓰자키항(松崎港) 부근에는 바다를 향해 500
미터 간격을 두고 이나카미신사(伊那上神社)와 이나시모신사(伊那下神社)가 자
리를 잡고 있다. 신사에 전하는 바에 따르면 선박 제조 기술이 뛰어난 도왜
인 이나베(猪名部) 일족이 이곳에 도착하여 이나(伊那)란 지명이 생겼고, 이후
이들 일족에 의해 이나만(伊那灣) 부근에 모셔졌던 것이라고 한다.

이나베씨(猪名部氏)는 본래 효고현(兵庫県)의 이나천(猪名川) 주변을 근거지로
하고 있던 씨족으로 이나라는 지명은 이들의 이동 경로를 보여주고 있는 것
으로 판단된다. 이나베는 이나베(爲奈部)라고도 쓰는데,『신찬성씨록』셋쓰국
(攝津國) 제번(諸蕃)에는 이나베씨에 해당하는 이나베노오비토(爲奈部首)가 백
제인 나카쓰하테(中津波手)의 자손으로 기록되어 있다.

》》 **관련사료** 82, 83, 84, 85

시즈오카현 백제계 지명과 신사 지도

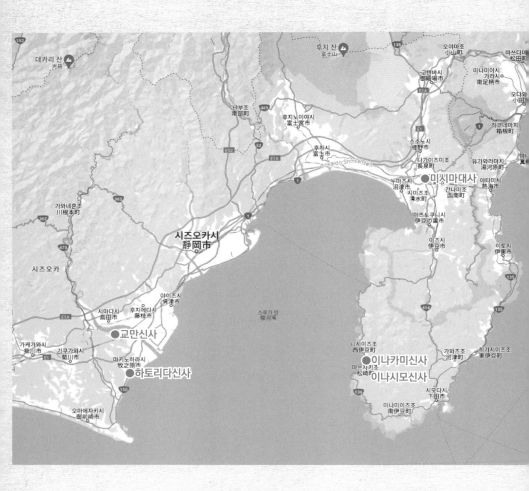

산과 물을 아우르는 고장, 야마나시현(山梨縣)

일본에서 제일 높은 산인 후지산은 통상 시즈오카현에서 마주하게 되는 경우가 많지만, 실은 야마나시현(山梨縣)의 야마나카호(山中湖) 등 호반과 함께 어우러질 때 더욱 아름답게 보인다. 이렇듯 주부(中部) 지방에서 가장 동쪽에 위치하고 있는 야마나시현은 산과 물을 함께 아우르고 있는 곳이다. 남으로는 후지산, 북으로는 야쓰가타케(八ヶ岳), 서로는 미나미(南)알프스 등 해발 2,000~3,000미터가 넘는 산악지대에 둘러싸여 산림 면적이 78%를 차지하

야마나카호에서 본 후지산

고 있으며 물이 풍부해서 일본 전체 생수 생산량의 40%를 점하고 있다.

야마나시현의 고대 현황을 살펴볼 수 있는 유적으로는 소네(曾根) 구릉에 위치한 마루야마즈카(丸山塚) 고분과 조시즈카(銚子塚) 고분이 있다. 주로 4세기경에 조성된 것으로 보여 이른 시기부터 야마나시 지역에 상당한 세력이 있었음을 짐작게 한다. 더욱이 야마나시현에는 나가노현과 더불어 일본 열도에서는 잘 보이지 않는 돌무지무덤이 나타나고 있는 특이한 지역이다. 고대 한반도와 깊은 관련성을 지닌 곳이라고 할 수 있다. 그러한 면에 있어서 오하타(大幡) 마을의 하타신사(機神社)와 니라사키시(韮崎市)의 후지이(葛井)는 백제계 도왜인의 흔적을 보여주고 있는 곳이다. 또한 오쓰키시(大月市)에는 백제에서 온 도왜인이 만들었다고 전하는 사루하시(猿橋)가 남아 있기도 하다.

야마나시현은 옛 가이(甲斐) 지역에 해당하는 곳이다. 1582년 오다 노부나가와 도쿠가와 이에야스 연합군에 의해 멸망했던 다케다 신겐(武田信玄, 1521

조시즈카고분

돌무지무덤

다케다신겐 동상　　　　　　　종이의 3신

년~1573년)이 활동했던 지역으로 유명하다. 현청 소재지인 고후시(甲府市)에는 다케다 신겐의 동상이 세워져 있기도 하다.

　니시지마(西嶋)라는 고장은 다케다 시대부터 모치즈키 세베에(望月淸兵衛)라는 인물이 일본의 종이[和紙] 산업을 일으켰던 곳이다. 사당인 채륜사(蔡倫社)에는 종이를 처음으로 만들었다는 채륜과 종이를 일본에 전파했다는 고구려의 담징(曇徵)이 함께 모셔져 있다.

채륜사

하타신사

사루하시

1) 하타신사(機神社)와 사루하시(猿橋)

　야마나시현 쓰루시(都留市) 오하타천(大幡川)의 상류에 있는 하타신사(機神社)
는 오하타(大幡) 마을이 멀리 바라다보이는 야트막한 언덕에 자리하고 있다.
직물의 신을 모시고 있는 하타신사는 도왜인 하타씨(秦氏)와 관련이 있는 신
사이다. 베틀을 의미하는 기(機)는 '하타'로 읽히고 있으며 고대 일본의 베틀
을 이용한 직물 제조기술이 도왜인 하타씨에 의해 전해진 것으로부터 유래
한다. 하타신사 부근에는 오하타(大幡), 다카하타(高畑) 등의 지명이 보이고 있
어서 도왜인 하타씨와의 관련성을 높이고 있다.

　과거 신사가 위치하던 지역은 쓰루군(都留郡)으로서 현재 이 지역에 속해 있
는 오쓰키시(大月市)에는 고대 백제에서 온 도왜인이 만들었다고 전하는 나
무다리가 있다. 전승에 의하면 원숭이가 서로 몸을 지탱해서 만들었기 때문
에 사루하시(猿橋)라고 부르고 있다. 현재 사루하시는 지역명으로 사용되고
있다. 이러한 전승은 과거 쓰루군에 백제인이 정착했음을 보여주는 사례라
고 할 수 있다.　　　　　　　　　　　　　　　　　》》》 **관련사료** 24, 25, 50, 53

니라사키후지이우체국

나카타소학교

2) 후지이다이라(藤井平)의 후지이(葛井)

야마나시현 니라사키시(韮崎市)에는 가마나시천(釜無川)과 시오천(鹽川) 사이에 후지이정(藤井町)이라는 마을이 있다. 이 지역은 예로부터 고마이(駒井)로 불리던 지역으로 한반도 도왜인과 관련된 고마이(高麗居)에서 온 명칭으로 알려져 있다. 고마이의 바로 북쪽 지역은 지금의 행정구역으로는 나카타정(中田町)에 속하는데, 1984년 나카타소학교 유적에서 백제계 도왜인들이 이주해왔던 흔적을 보여주는 유물이 출토된 적이 있다.

고대 주거지 터와 함께 많은 유물이 출토되었고 그중 8세기 후반 경의 토기에서 후지이(葛井)라는 글자가 발견되었던 것이다. 유적 주변은 예로부터 후지이다이라(藤井平) 등으로 칭했던 곡창 지대이다. 이를 통해 후지이라는 지명이 헤이안 시대로까지 올라갈 가능성이 보여 새삼 후지이씨와의 관련성이 주목되고 있다.

후지이씨(葛井氏)에 대해서는 『속일본기』 요로(養老) 4년(720년)조에 시라이후히토(白猪史)에게 후지이노무라지(葛井連)의 성(姓)을 내린 것으로 되어 있다.

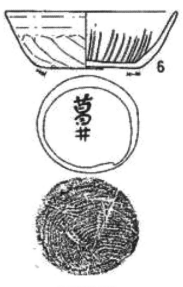

후지이명문 토기

시라이후히토에 대해서는 『일본서기』 비다쓰(敏達) 3년(569년)조에 왕진이(王辰爾)의 조카인 담진(膽津)에게 시라이 전부(白猪田部)의 호적을 정한 공을 인정하여 시라이후히토라는 성(姓)을 내려 준 것으로 되어 있다. 담진은 진손왕(辰孫王)의 4세손인 미사(味沙, 味散君)의 아들로서 이들 기록에 따른다면 백제계 도왜인의 후손이 후지이씨(葛井氏)가 된 것이다.

》》 **관련사료** 32, 34, 35

야마나시현 백제계 지명과 신사 지도

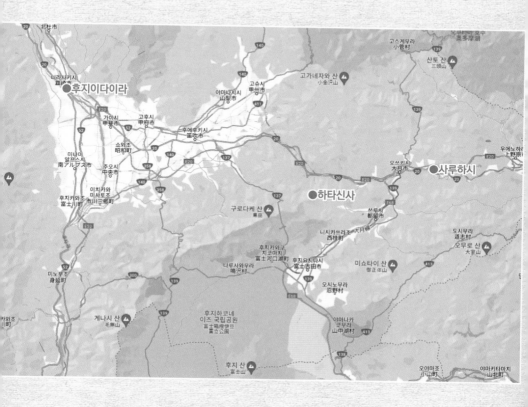

일본 백제계 지명과 신사

* 주부 지방의 백제 관련 지명과 신사

	지명	신사	관련 씨족, 인물	위치
후쿠이현	구다시(朽飯), 하토리(服部)	하치만(八幡)신사	노리사주(怒理使主), 하토리노무라지(服部連)	에치젠시 구다시초 21-33
	나카노(中野)		나카노미야쓰코(中野造)	후쿠이시 나카노고초 일대
		이베이와쿠라(飯部磐座)신사	이베씨(伊部氏)	에치젠시 시바하라 5-16-1
기후현	후와군(不破郡)	다이료(大領)신사	후와노스구리(不破勝), 후와노무라지(不破連)	후와군 다루이초 미야시로 모리시타 765
		스가노(菅野)신사	스가노노아손(菅野朝臣)	오가키시 고후쿠지초 4-664-1
	아야토(綾戸)		아야씨(漢氏)	후와군 다루이초 아야토 일대
	아야노(綾野)		아야씨(漢氏)	오가키시 아야노 일대
아이치현		아시(阿志)신사	아지사주(아치노오미, 阿知使主)	다하라시 아시초 가키노키 12
		하다하치만궁(羽田八幡宮)	하타씨(波多氏, 秦氏)	도요하시시 하나다초 사이토 54
	이나(伊奈)		이나베씨(猪名部氏)	도요카와시 이나초 일대
나가노현	아치(阿智)	아치(阿智)신사 전궁(前宮)	아지사주(아치노오미, 阿知使主)	시모이나군 아치무라 지사토 하루가미
	아치(阿智)	아치(阿智)신사 오궁(奧宮)	아지사주	시모이나군 아치무라 지사토 497
	아치(阿智)	아후치(安布知)신사	아지사주	시모이나군 아치무라 고마바 2079
	자코지(座光寺)			이다시 자코지 일대
	이나시(伊那市)		이나베씨(猪名部氏)	이나시 일대
	데라(手良), 오구다라케(大百濟毛), 고구다라케(小百濟毛)		데라공(旦良公)	이나시 데라 일대
		이사고다(沙田)신사	마쓰다노후히토(沙田史)	마쓰모토시 시마다치 산노미야 3316
	하타(波田)	하타(波多)신사	하타씨(波多氏, 秦氏)	마쓰모토시 하타 4751
	니시고리(錦部)	니시고리(錦織)신사	니시고리씨(錦部氏)	마쓰모토시 아카누타 4203
		하루타(治田)신사 가미노미야(上の宮)	하타씨(波多氏, 秦氏)	지쿠마시 구와바라
		하루타(治田)신사 시모노미야(下の宮)	하타씨(波多氏, 秦氏)	치쿠마시 이나리야마
	젠코지다이라(善光寺平)	젠코사(善光寺)		나가노시 일대
시즈오카현		하토리다(服織田)신사	하타씨(秦氏)	마키노하라시 시즈나미 1292
		교만(敬滿)신사	공만왕(功滿王)	시마다시 사카모토 4054-1
		미시마(三嶋)대사	와타시신(和多志神)	미시마시 오미야초 2-1-5
		이나카미(伊那上)신사	이나베씨(猪名部氏)	가모군 마쓰자키초 미야우치 37-1
		이나시모(伊那下)신사	이나베씨(猪名部氏)	가모군 마쓰자키초 마쓰자키 28
야마나시현		하타(機)신사	하타씨(秦氏)	쓰루시 오하타 4940
	사루하시(猿橋)			오쓰키시 사루하시마치 사루하시
	후지이다이라(藤井平)		후지이씨(葛井氏)	니라사키시 후지이마치, 나카다마치 일대

8세기부터 10세기에 걸쳐 율령국가 체제를 중심으로 한 일본 조정에서는 법전의 정비와 함께 국사 편찬에 주력했다. 그 성과로 나온 것이 『고사기(古事記)』를 비롯하여 통상 6국사(國史)로 부르는 『일본서기(日本書紀)』, 『속일본기(續日本紀)』, 『일본후기(日本後紀)』, 『속일본후기(續日本後紀)』, 『일본몬토쿠실록(日本文德實錄)』, 『일본삼대실록(日本三代實錄)』이라는 사서이다.

이러한 사료는 당시 일본이 천황이나 황족을 중심으로 한 전제정치를 목표로 하여 율령제에 의한 중앙집권 국가 건설에 주력했을 때 편찬된 사료이다. 더욱이 4세기 이래 백제를 비롯한 한반도의 국가로부터 우수한 선진문화를 받아들였던 왜국의 경우 백제가 패망하고 율령국가를 추진하게 되면서 신라를 적대시하고 자신들이 한반도보다 우월했다는 인식으로 바뀌게 된다. 그렇기 때문에 이들 사료에 나오는 한반도 관련 사료에 대해서는 그 자체를 역사적 사실로 볼 수는 없다. 사료에 대한 치밀한 분석이 필요하기 때문에 주의를 요하는 부분이 많다. 그러한 측면에서 한반도로부터 건너가 일본에서 활동했던 도왜계 씨족에 대한 행방은 당시 일본의 사료를 재해석하는 데에 있어서 중요한 단서를 제공해주고 있다.

고대 일본에 있어서 한반도 관련 씨족에 대한 계보를 다수 확인할 수 있는 책으로는 『신찬성씨록(新撰姓氏錄)』이 있다. 헤이안 시대 초기인 815년 사가(嵯峨)의 명으로 편찬된 『신찬성씨록』은 교토와 기나이에 사는 1,182씨족을 그 출신에 따라 황별(皇別), 신별(神別), 제번(諸蕃)으로 분류하여 그 조상의 밝히고 씨명(氏名)의 유래를 밝힌 책이다. 제번 씨족에서 백제는 104씨족, 고구려는 41씨족, 신라는 9씨족, 가야는 9씨족 등 한반도 관련 씨족도 다수 확인된다. 이외에 본래는 한반도에서 건너온 도왜계 씨족임에도 중국계로 씌어 있거나 황별, 신별의 씨족을 참칭한 경우도 다수 있는 것으로 분석된다.

관찬 지지(地誌)로는 나라 시대 초기 겐메이(元明)의 명에 따라 편찬된 『풍토기(風土記)』가 있다. 『이즈모국(出雲國) 풍토기』가 거의 완본으로 남아 있으며, 『하리마국(播磨國) 풍토기』, 『히젠국(肥前國) 풍토기』, 『히타치국(常陸國) 풍토기』, 『분고국(豊後國) 풍토기』가 일부 결락이 된 상태로 남아 있다. 나머지 지역의 풍토기는 후대의 서적에 일문(逸文)으로만 인용되고 있는 상황이지만, 이것도 본래 풍토기 원본 그대로인지에 대해서는 논란이 있는 부분도 있다.

헤이안 시대 편찬된 백과사전으로 『화명류취초(和名類聚抄)』가 있다. 10세기 초 미나모토노시타고(源順)가 편찬한 것으로 화(和)를 왜(倭)라고 적어 『왜명류취초』라고도 한다. 한자어의 출처, 글자의 음, 일본어의 명칭 등을 설명한 일종의 백과사전으로 고대의 어휘를 연구하는데 있어 귀중한 자료로서 당시의 사회, 풍속, 제도를 알 수 있는 자료이다.

『엔기식(延喜式)』은 헤이안 시대 중기인 927년 완성된 율령의 시행세칙을 정리한 법전을 말한다, 거의 완전한 형태로 남아 세목까지 규정되어 있으며 9, 10권은 신명장(神名帳)으로서 당시 조정으로부터 중요시 된 2,861개의 신사가 기재되어 있다.

6장
간토關東 지방

무리 지은 말을 떠올리는 고장, 군마현(群馬縣)

간토(關東) 지방 북서부에 있는 군마(群馬)는 한자를 우리말로 읽어도 '군마'가 된다. 군마는 한자대로라면 '무리지어 있는 말들'을 의미하는데, 그렇다면 군마현은 말과 관련이 있기 때문에 이러한 지명이 붙여진 것일까?

원래 고대의 군마 지역은 부근 도치기현(栃木縣)과 함께 게노(毛野) 지방을 형성했던 곳이다. 그러다가 중앙인 교토에 가까운 순으로 고즈케(上野), 시모쓰케(下野)로 나뉘어 고즈케(上野)로 불렸다. 이후 메이지 시대에 지방 체제를 정비하면서 마에바시(前橋)와 다카사키(高崎)가 현청 소재지를 둘러싸고 다툼을 벌이자, 현청을 마에바시에 양도하는 대신 다카사키의 군이었던 군마군(群馬郡)의 명칭이 현의 이름으로 채용되었던 것이다.

군마군과 관련해서는 원래 구루마군(車郡)이었던 명칭이 나라 시대에 군마군(群馬郡)으로 바뀌었던 것이 확인되어 '구루마'가 '군마'로 전화(轉化)되었던 것으로 보고 있다. 구루마라는 이름과 관련해서는 여러 설이 있는데, 고대 호족 구루마모치군(車持君)이 살았기 때문이라는 설과 한반도에서 건너온 구레비토(吳人)가 사는 땅이라고 해서 구루마로 불렸다는 설 등이 있다. 그러한 측면에서 보면 일찍이 고대의 군마군에는 말 목장이 있었기 때문에 이와 관련된 지명이 붙여졌을 가능성이 있으며 이러한 말 사육문화는 한반도 도왜인과의 관련성을 배제할 수 없을 것이다.

아무튼 이 지역의 호족이었던 가미쓰케노씨(上毛野氏)는 『신찬성씨록』에 750년 백제계 도왜인인 다나베씨(田邊氏)로부터 가미쓰케노씨로 성을 바꾼 것으로 기록되어 있어 백제계임이 확인된다. 다카사키시(高崎市)의 가라시나신사(辛科神社)는 한반도 도왜계 신사로 알려져 있는데, 고대 당시에는 구다라쇼(百濟莊)라고 불려 예로부터 도왜인들이 많이 거주했던 지역으로 전해진다. 고즈케 3비(上野三碑) 중 하나로 부르는 다고비(多胡碑)는 새롭게 다고군(多胡郡)을 설치하고 이를 기념했던 석비이다. 다고군은 한반도계 도왜인들이 거주하던 터전을 생산 거점의 재정리 차원에서 새롭게 정비하여 설치했던 군인 것으로 판단된다.

1) 구다라쇼(百濟莊)와 가라시나신사(辛科神社)

군마현 다카사키시(高崎市)의 요시이정(吉井町)에는 입구에 '다고군총진수(多胡郡總鎭守)'라는 표지석이 세워져 있는 가라시나신사(辛科神社)가 있다. 가라시나신사가 위치한 지역은 과거 간라군(甘樂郡)이었는데, 간라는 가라(甘良, 韓)를 의미하는 것으로 보아 신라, 가야계 도왜인들에 의해 남겨진 지명으로 추정하고 있다. 이후 와도(和銅) 4년(711년) 간라군 등 여러 개의 마을을 분할하여 새로 다고군(多胡郡)을 설치했을 때 신사는 다고군총진수로 숭배되어 왔다고 한다.

가라시나라는 명칭은 간라군에서 분할되었을 때 붙여졌던 가라시나향(韓

가라시나신사

級鄉)에서 유래했다고 하며 가라시나신사도 본래는 '가라시나신사(韓級神社)'로 표기되었다고 한다. 그런데 신사 창건 이전에 이 지역을 개척했던 것은 백제인이었다. 신사에서 전하는 바에 따르면 몬무(文武) 다호(大寶) 연간(701~703년) 창건될 당시에는 이 땅을 구다라쇼(百濟莊)로 불렀다고 한다. 이는 다고군에 다수의 도왜인이 집단적으로 거주하고 있었던 사실을 알려주고 있다.

『일본서기』에는 백제 멸망 이후인 666년 백제인 남녀 2,000여 명을 동국(東國)으로 이주시켰다는 기록이 남아 있다. 따라서 당시 이 지역에 백제인들이 정착했을 가능성이 있다. 또한 『속일본기』766년조에는 고즈케국(上野國)에 있는 고마타리(子午足) 등 193명의 신라인에게 요시이노무라지(吉井連)라는 성(姓)을 주었다는 기록을 통해 이 지역에 신라인이 거주하고 있었다는 사실도 확인할 수 있다. 이처럼 백제의 지명이 보이는 곳에 신라계 지명이 함께 나타나고 있는 것은 초기 백제의 도왜인이 거주했던 지역에, 후대에 와서 신라계 도왜인이 추가로 이주했던 정황을 보여주는 것으로 생각된다. 아울러

다고비

백제가 멸망하고 난 후에 백제라는 이름이 사라지고 한반도엔 신라만이 남게 되었기 때문에 일본 측에서도 이젠 한반도에서 건너왔던 도왜인을 백제인으로 인식하기보다는 신라인으로 인식하게 되어 현재까지 신라의 명칭으로 남아있게 된 것은 아닐까 싶다.

가라시나신사가 있는 지역에서 약 3킬로미터 정도 떨어진 곳에는 다고비(多胡碑)가 자리하고 있다. 야마노우에비(山上碑), 가나이자와비(金井澤碑)와 더불어 고즈케 3비(上野三碑)로 부르는 다고비는 고대 당시의 상황을 알려주는 금석문의 전형으로 알려져 있다.

771년에 고즈케 지역의 가타오카군(片岡郡), 미도노군(緑野郡), 간라군(甘良郡)에서 300호(戶)를 떼어내어 새롭게 다고군(多胡郡)을 설치하고 이를 기념했던 것을 기록한 석비이다. 이 지역은 본래 한반도로부터 건너온 도왜인들에 의해 선진적인 기술이 도입되어 다양한 물산이 풍부하게 생산되었던 지역으로 다고군의 설치는 이러한 생산 거점의 재정리에 따르는 행정 구획이 목적이었던 것으로 판단된다. 석비에는 다고군을 위임받았다고 하는 '요(羊)'라는 인물이 나오는데, 이에 대해서 제설이 있지만 다고군 설치의 정황으로 짐작해보면 한반도 도왜계 인물이라는 설이 유력하다고 할 수 있다.

>>> 관련사료 131, 132, 133

2) 아카기신사(赤城神社)

군마현의 중앙에 위치한 아카기산(赤城山)에는 1,800미터에 달하는 산 정상 부근에 칼데라호수가 있고 호수 곁에는 아카기산을 모시는 아카기신사(赤城神社)가 자리하고 있다. 『엔기식』에는 명신대사(名神大社)로서 '고즈케노국(上野國) 세타군(勢多郡)의 아카기신사(赤城神社)'가 기재되어 있으며 아카기산 정상에 있는 아카기신사와 더불어 마에바시시(前橋市)의 미요사와정(三夜澤町)과 니노미야정(二之宮町)에 있는 아카기신사로 비정하고 있다.

아카기신사의 창건연대는 알려져 있지 않지만, 아카기신사의 제신으로는 과거 이 지역 호족이었던 가미쓰케노씨(上毛野氏)의 조상이라고 일컫는 도요키이리히코노미코토(豊城入彦命)를 제사 지내고 있다. 이처럼 아카기신사는 가미쓰케노씨와의 관련성이 두드러지며 일설에는 가미쓰케노씨가 창설했다고도 한다. 가미쓰케노씨와 관련하여 『신찬성씨록』에서는 도요키이리히코노미코토의 5세손인 다카하세군(多奇波世君)의 후예라고 기재되어 있다. 또한 이와 함께 덴표쇼호(天平勝寶) 2년(750년)에 백제계 도왜인인 다나베노후히토(田邊史)로부터 가미쓰케노공(上毛野公)으로 성을 바꾼 것으로 기록되어 있다. 『신찬성씨록』과 동시대의 기록인 『고닌사기(弘仁私記)』 서(序)에는 가미쓰케노씨가 다나베씨와 함께 백제로부터 온 도왜인으로 기록하고 있다. **》》》관련사료 6, 28**

아카기신사

군마현 백제계 지명과 신사 지도

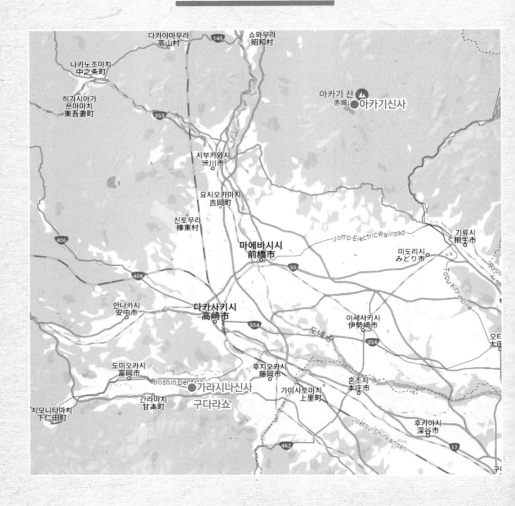

전형적인 도쿄의 베드타운, 사이타마현(埼玉縣)

　일본의 수도인 도쿄도(東京都)의 정북쪽에 위치하고 있는 사이타마현(埼玉縣)
에 와보면 바다가 없는 내륙에 위치하고 있어서인지 무역항이나 공업지대를 찾
아보기가 힘들다. 그럼에도 일본 전국에서 인구가 5번째로 많은 현이다. 사이타
마현이 전형적인 도쿄의 베드타운에 해당되고 있음을 여실히 보여주고 있다.

　사이타마현은 서쪽의 지치부(秩父) 지역만이 산지로 되어 있을 뿐 그 외 대
부분의 지역이 간토평야로 구성되어 대체로 평탄한 지형을 이루고 있기 때

고마역

고마신사   고려약광왕묘

문에 주거지로서는 안성맞춤인 곳이다. 고대 무사시(武蔵) 지역에 속했던 사이타마현은 고구려 유민과 관련된 지역으로 익히 알려져 있다.

『속일본기』에는 716년 무사시 지역에 고마군(高麗郡)을 설치하여 7개 지역에 이주되어 있던 고구려인 1,799명을 옮겼다는 기록이 있다. 도쿄 인근의 사이타마현 히다카시(日高市)에 가면 고구려의 왕족 출신인 고려약광(高麗若光)을 모시는 고마신사(高麗神社)와 고려산(高麗山) 성천원(聖天院) 등이 있어 일본 속 고구려의 흔적을 남기고 있다.

한편, 사이타마에는 백제와 관련된 지명과 신사도 함께 보이고 있다. 사이타마현 후카야시(深谷市)에는 구다라기(百濟木)라고 부르는 지역이 있으며 사이타마시에는 백제국 노리사주(努理使主)의 후예인 쓰키씨(調氏) 일족이 제사를 지냈던 것으로 추정되는 쓰키신사(調神社)가 있다. 이들 백제계의 흔적은 『일본서기』에서 666년 백제인 남녀 2,000여 명을 동국(東國)으로 이주시켰다는 기록과 관련이 있는 것으로 보기도 한다.

1) 나가하타베신사(長幡部神社)

사이타마현의 간나천(神流川) 유역에 위치한 고다마군(兒玉郡) 가미사토정(上里町)에는 나가하타베신사(長幡部神社)가 자리하고 있다. 이 지역은 고대 무사시(武藏)의 가미군(賀美郡)이었던 곳으로 나가하타베신사는 『엔기식』에 기재되어 있는 오래된 신사이다. 신사의 창건과 변천에 대해서는 16세기 중엽 화재로 인하여 고문서들이 소실되었기 때문에 자세한 내용을 알 수는 없다.

다만, 신사의 명칭이나 제신 등에서 견직물을 짜는 기술자 집단이 연상되어 고도의 베 짜기 기술을 가진 도왜계 씨족들이 이 지역에 진출하면서 제사 지냈던 신사로 판단된다. 한편 동쪽 이바라키현(茨城縣) 히타치오타시(常陸太田市)에도 같은 이름의 나가하타신사가 있다. 이 지역의 풍습과 지리를 담은 『히타치국 풍토기(常陸國風土記)』를 통해 방직 기술 집단과 관련 있는 신사임을 알 수 있기 때문에 참고가 될 수 있다. 『신찬성씨록』 일문(逸文)에 의하면 야마토노아야씨의 조상인 아지사주(阿智使主)와 동향(同鄕)의 사람들로서 오우진조에 일본으로 건너왔던 사람들의 자손으로 칭하는 촌주의 성씨족(姓氏族) 중에 나가하타베(長幡部)가 보인다. 야마토노아야씨를 백제계 도왜인으로 볼 수 있기 때문에 함께 건너왔던 나가하타베 씨족 또한 백제계통으로 볼 수 있을 것이다.

》》》 관련사료 8, 10, 134

나가하타베신사

2) 구다라기(百濟木)와 고히쓰신사(古櫃神社)

　사이타마현 후카야시(深谷市)의 혼다(本田)에 있는 돗판인쇄공장 부근에는 오래전부터 구다라기(百濟木)라고 부르는 지역이 있다. 이 지역을 구다라기로 부르는 연유에 대해 확실하지는 않지만 백제로부터 건너왔던 도왜인에 의해 이러한 명칭이 붙여졌을 가능성이 있을 것으로 판단된다.

　공장 부지 내에 있는 구다라기 유적에서는 조몬(繩文) 시대에서 중세에 이르는 유적이 발견되었으며 고대 시대에 해당하는 것으로는 다수의 수혈주거지와 굴립주 건물이 발굴되었다. 주변 유적에서도 8~9세기대에 해당하는 폐사지 유적이 발견되었으며 다수의 주거지가 발굴되어 구다라기 유적과의 관련성이 주목되기도 한다. 『일본서기』에는 백제 멸망 이후인 666년 백제인 남녀 2,000여 명을 동국(東國)으로 이주시켰다는 기록이 있기 때문에 이때 백제인들이 정착하면서 남긴 지명일 가능성도 있다.

구다라기

한편, 후카야시와 구마가야시(熊谷市) 일대는 고대 무사시국(武蔵國) 하타라군(幡羅郡)이 있었던 곳이다. '하타라'라는 명칭과 관련해서 제설이 있지만, 하타씨(秦氏)와 관련된 이름으로 보기도 한다. 또한 부근에 가미쓰하타향(上秦鄕), 시모쓰하타향(下秦鄕) 등의 지명이 보이기 때문에 이러한 명칭으로부터 도왜인들이 거주했던 중심지로 추정하고 있다. 부근 신가이(新戒)에 있는 고히쓰신사(古櫃神社)는 하타노가와카쓰(秦河勝)의 후예인 신카이아라지로다우지(新開荒次郎忠氏)가 가마쿠라(鎌倉) 시대에 관(館)을 짓고 전해오는 무기를 궤에 넣어 수호신으로 삼았던 것에서 비롯된 신사이다. 원래 시나노(信濃)의 사구(佐久) 지역을 본관지로 하고 있던 신카이씨 일파가 무사시(武蔵) 지역의 신가이로 이주하여 고히쓰신사를 창건했던 것으로 보고 있다.

6~7세기에 걸쳐 쇼토쿠태자(聖德太子)의 측근이었던 하타노가와카쓰가 교토(京都)를 비롯한 긴키 지역에서 활동하다가 그 후손이 시나노 지역에 근거지를 잡고 다시 도잔도(東山道)를 통해 무사시로 이주했던 행보로 추정된다.

》》》 관련사료 24, 25, 50, 53, 132

고히쓰신사

일본 백제계 지명과 신사

3) 쓰키신사(調神社)

　사이타마시 우라와구(浦和區) 기시정(岸町)에 있는 쓰키신사(調神社)는『엔기식』에 등재되어 있는 오래된 신사이다. 신사의 기록에 의하면 가이카(開化) 때 창건되었다고 하는데, 스진(崇神) 때에 이르러 야마토히메노미코토(倭姬命)가 이곳을 선택해서 신궁(神宮)에 헌상할 공물을 저장하는 창고를 만들고 간토(關東) 일원의 곡물이나 조(調)를 모아두는 장소로 정했다는 데서 비롯되었다고 한다.

　한편 쓰키신사와 관련해서는『신찬성씨록』에 쓰키노무라지(調連)가 백제국 노리사주(努理使主)의 후예로 기록되어 있어 백제계 도왜인의 씨족이 제사지냈던 신사로 보기도 한다.『신찬성씨록』이나『일본서기』 등에는 쓰키씨(調氏) 일족[調連, 調首. 調吉土, 調룬寸]이 등장하고 있는데 이들 도왜인이 무사시(武蔵) 지역으로 집단 거주했던 사실을 보여주고 있는 것으로 추정하고 있다.

　현재 신사가 소재하고 있는 곳의 지명이 기시인 것도 쓰키기시(調吉土)의 기시(吉土, 길사)에서 유래했던 것으로 보고 있는 등 백제계 도왜인과의 관련성이 지적되고 있다.

》》》 관련사료 115

쓰키신사

사이타마현 백제계 지명과 신사 지도

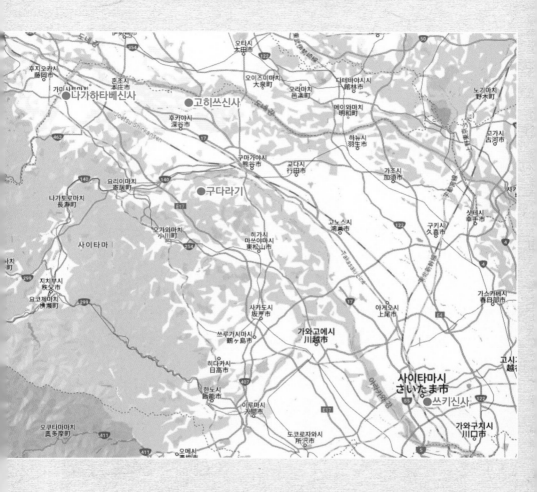

두 번째로 인구가 밀집한 고장, 가나가와현(神奈川縣)

간토 지방의 남서부에 위치하고 있는 가나가와현(神奈川縣)은 도쿄를 중심으로 하는 수도권에 포함되어 전국에서 인구가 도쿄 다음으로 많은 현이다.

특히 가나가와현은 현청 소재지인 요코하마시(橫浜市)를 중심으로 발달해왔는데, 요코하마는 19세기 중반까지만 하더라도 조그마한 어촌에 불과했던 곳이었다. 1853년 미국의 페리 함대가 우라가(浦賀)항으로 진입해 개항을

요코하마

요구해왔고 이듬해 요코하마에서 미일화친조약을 체결하기에 이른다. 이후 미일수호통상조약으로 개항하면서 요코하마는 급작스럽게 성장한 도시가 되었다. 헤이안 시대 말기에는 정이대장군(征夷大將軍) 미나모토노 요리토모 (源賴朝, 1147년~1199년)에 의해 가나가와현에 소재한 가마쿠라(鎌倉)에 가마쿠 라 막부가 설치되기도 했다.

서쪽에서부터 이동하여 하코네(箱根) 고개를 넘으면 가나가와현에 도달하는데, 해안을 따라가다 보면 일본 최초의 해수욕장인 오이소(大磯)가 나온다.

오이소 해수욕장

오이소에는 고마(高麗)라는 동네가 있다. 뒷산의 이름도 고려산(高麗山)이며 신사도 고려를 의미하는 고래신사(高來神社, 다카쿠신사)이다. 고구려의 패망 후 망명객들이 오이소에 들어와서 살았기에 산과 마을의 이름이 고마가 되었다고 한다.

부근 하다노시(秦野市)의 경우도 옛 지명이 하타(幡多)인데, 헤이안 시대 말기에는 지역의 명칭에서 이름 붙인 하타노씨(波多野氏)가 등장하는 것으로 보아 하타씨(秦氏, 波多氏)로부터 유래되었을 가능성이 높다. 고대에는 아직 야마토 정권이 간토 지역을 제대로 아우르지 못할 때였기에 당시 한반도로부터 건너온 도왜인들에게 간토라는 지역은 신개척지나 다름이 없었을 것이다.

가마쿠라대불

고래신사와 고려산

1) 하다노(秦野)

가나가와현 하다노시(秦野市)의 '하다노(秦野)'라는 명칭 유래에 대해서는 여러 가지 설이 있지만, 그중에서도 이 지역에 양잠, 직조의 기술을 들여왔던 도왜인 하타씨(秦氏, 波多氏)로부터 비롯되었다는 설이 가장 유력하다.

헤이안(平安) 시대에 쓰인 『화명류취초』에는 하다노의 옛 지명이 하타(幡多)였다고 기록되어 있다. 이후 헤이안 시대 말기가 되면 이 지역의 명칭에서 이름 붙인 하타노씨(波多野氏)가 등장하고 있다.

이러한 지명의 변천을 보더라도 하다노가 하타씨에서 유래했다는 설이 설득력이 있다. 교토를 근거지로 했던 하타씨가 간토(關東) 지방으로 이동했던 경로를 짐작할 수 있다.

하다노를 비롯하여 '秦', '羽田', '波田', '幡多', '幡' 등이 붙는 지명은 대체적으로 하타씨와 관련이 있는 지역으로 보고 있다.

>>> **관련사료** 24, 25, 50, 53

하다노역

가나가와현 백제계 지명과 신사 지도

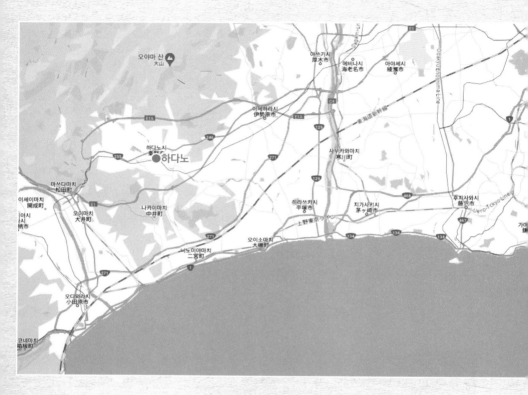

옛사람들의 이상향, 이바라키현(茨城縣)

    도쿄를 지나 동북쪽 해안을 따라 임해공업단지를 지나다 보면 현재 이바라키현(茨城縣)에 공업화가 진행되고 있음을 실감할 수 있다. 북동부에 있는 히타치시(日立市)가 히타치제작소의 모태가 되었던 곳이니 더 말할 나위가 없다.

    그러나 고대 히타치(常陸) 지역에 해당되었던 이바라키현은 본래 천혜의 풍부한 자연 자원을 바탕으로 성장한 고장이었다. 8세기 전반에 편찬된 『히타치국 풍토기(常陸國風土記)』는 이바라키현에 대해 '바다의 보고이며 육지의 창고로서 기름이 흐르는 산물의 극락이며 옛사람들이 이상향 도코요노구니(常世國)라고 하는 곳이 이를 일컫는 말이다'라고 쓰고 있을 정도이다. 육상과 해상을 통해 물산이 풍부했던 고장이었음을 알 수 있다.

    현재 이바라키현의 주요 명소로는 가이라쿠엔(偕樂園)이 있는데, 오카야마현(岡山縣)의 고라쿠엔(後樂園)과 이시카와현(石川縣)의 겐로쿠엔(兼六園)과 더불어 일본 3대 정원으로 손꼽힌다.

    북쪽 히타치오타시(常陸太田市)에 있는 나가하타베신사(長幡部神社)는 『히타

가이라쿠엔

치국 풍토기』에 등장하는 오래된 신사로 방직 기술 집단과 관련 있는 신사이다. 나가하타베(長幡部)는 백제계 도왜씨족으로서 이바라키현에 자리한 나가하타베신사는 백제계 일족이 간토 지역에 정착하는 과정을 보여주고 있는 것으로 판단된다.

1) 나가하타베신사(長幡部神社)

　이바라키현 히타치오타시에 있는 나가하타베신사(長幡部神社)는 하타정(幡
町) 마을 뒤편 산길의 좁은 계단을 오르게 되면 그 안에 도리이(鳥居)와 본전
이 자리하고 있다. 이 신사는『히타치국 풍토기』구지군조(久慈郡條)에 나가하
타베사(長幡部之社)로 적혀 있는 신사이다. 이 기록에 따르면 제신인 가무하타
히메노미코토(綺日女命)는 스메미마노미코토(珠賣美万命)를 따라서 하늘로부
터 내려와서는 규슈의 히무카(日向)에서 기후현 일대의 미노(美濃)로 이동하
였다고 한다. 그러다가 스진(崇神) 때에 이르러는 나가하타베의 먼 조상인 다
테노미코토(多弖命)가 미노에서 구지(久慈)로 옮겨 재봉틀을 만들어 처음으로
직물을 짰다고 전한다. 따라서 현재 신사의 제신은 가무하타히메노미코토
와 다테노미코토로 되어 있다.

　그런데,『신찬성씨록』일문(逸文)에는 야마토노아야씨의 조상인 아지사주
(阿智使主)와 동향(同鄕)의 사람들로서 오우진 때에 왜국으로 도왜했던 사람들

나가하타베신사

나가하타베신사

의 자손으로 칭하는 촌주의 성씨족(姓氏族) 중에 나가하타베(長幡部)가 보인다. 따라서 『히타치국풍토기』에서 가무하타히메노미코토가 히무카에서 미노로 이동하였다가 이후 다테노미코토가 이곳 구지로 옮겼다는 기록을 통해 백제로부터 도왜했던 나가하타베 씨족이 간토(關東) 지역으로 정착하는 이동 경로를 보여주고 있는 것으로 생각된다.

》》 관련사료 8, 10, 134

이바라키현 백제계 지명과 신사 지도

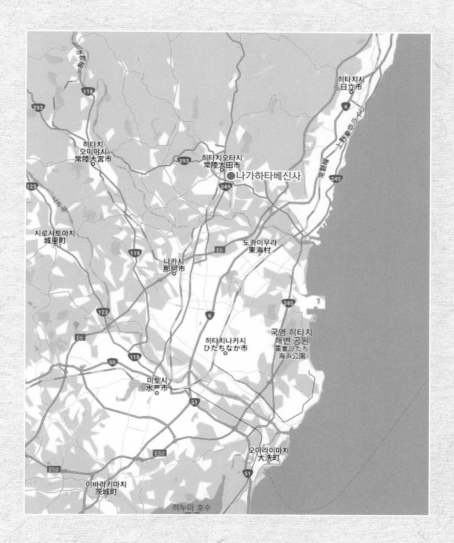

히타치시
日立市

히타치
오미야시
常陸大宮市

히타치오타시
常陸太田市

●나가하타베신사

시로사토마치
城里町

나카시
那珂市

도카이무라
東海村

히타치나카시
ひたちなか市

국영 히타치
해변 공원
國營ひたち
海浜公園

미토시
水戶市

오아라이마치
大洗町

이바라키마치
茨城町

히누마 호수

일본 백제계 지명과 신사

* 간토 지방의 백제 관련 지명과 신사

	지명	신사	관련 씨족, 인물	위치
군마현	구다라쇼(百濟莊)	가라시나(辛科)신사		다카사키시 요시이마치 진보 435
		아카기(赤城)신사	가미쓰케노씨(上毛野氏)	마에바시시 후지미마치 아카기산 4-2
사이타마현	구다라기(百濟木)	나가하타베(長幡部)신사	나가하타베씨(長幡部氏)	고다마군 가미사토마치 나가하마 1370
				후카야시 혼다 1158 부근
		고히쓰(古櫃)신사	하타씨(秦氏)	후카야시 신가이 300
		쓰키(調)신사	쓰키노무라지(調連)	사이타마시 우라와구 기시초 3-17-25
가나가와현	하다노(秦野)		하타씨(秦氏)	하다노시 일대
이바라키현		나가하타베(長幡部)신사	나가하타베씨(長幡部氏)	히타치오타시 하타초 539

고대 일본에서는 씨(氏: 우지)와 성(姓: 가바네)을 중심으로 하는 씨성제도가 있었다. 이는 조정으로부터 씨와 성을 사여 받아 특권적 지위를 세습하는 제도를 가리킨다.

씨(氏)는 유력한 혈연 집단의 가계를 중심으로 하여 형성된 집단을 의미하며 씨족 또는 일족 등 공통의 조상이나 동족 의식을 통해 연대감을 갖게 되는 칭호이다. 씨의 명칭을 나타내는 방법으로는 자신들의 거주지나 조정에서의 직무 내용을 이용하는 경우가 많았다.

한편 고대 일본의 성(姓)이라는 것은 유력한 씨족에게 위계, 체재, 성격을 부여하는 일종의 사회적 칭호를 말한다. 씨의 확립과 함께 천황으로부터 씨족이나 개인에게 사여되었던 것으로 주로 조상의 출신이나 사회적 지위, 관직 등에 의해 결정되는 것으로 알려져 있다. 즉, 당시 천황이 성을 하사함으로써 그들이 천황에게 복속하고 있음을 상징적으로 드러내는 데에 정치적 의의가 있었다. 대표적인 고대의 성으로는 오미(臣), 기미(君), 무라지(連), 아타이(直), 미야쓰코(造), 오비토(首) 등이 있다.

고대 일본의 사서에서는 성(姓)으로 씌어 있으면서 우지(氏)나 카바네(姓) 또는 양자 모두를 가리키는 경우도 있다.

과거 한반도에서 건너가 일본에 정착했던 이들을 애당초 일본에서는 '귀화인(歸化人)'이라고 불렀다. 지금도 법률 용어로서 다른 나라 국적을 얻어 그 나라 국민이 되었을 때 귀화라는 표현을 쓰고 있다. 하지만 고대에는 그 의미가 좀 달랐다. 원래의 개념은 문명화되지 않은 중국 주변의 이민족이 중국 황제의 덕을 흠모해서 문명화된 중국에 이주해 산다는 뜻이었다. 따라서 일본에서도 일본 천황의 덕을 흠모해서 일본으로 오게 되었다는 것을 의도적으로 강조하기 위해 고대사서인 『일본서기』에서는 '귀화'라는 표현을 썼다.

한동안 '귀화인'으로 불렸지만, 현재 일본에는 이들을 '도래인(渡來人)'이라는 표현으로 쓰는 경우가 많다. '귀화'에는 일본에 의한 노골적인 복속 개념이 들어있지만, '도래'라는 표현에는 단순히 '건너오다'라는 의미가 있어 가치중립적인 느낌을 줄 수 있기 때문이다.

그럼에도 불구하고 도래는 '건너오다'라는 뜻이다. 따라서 이는 일본 측의 입장에서 쓸 수 있는 표현이다. 우리의 입장에서 보면 '건너간 사람'이지 '건너온 사람'이라고는 할 수 없다. 그래서 종종 사용하는 또 다른 표현이 '도왜인(渡倭人)'이다. '도왜'는 '왜(倭)'의 땅으로 건너가다'라는 의미이기 때문에 '도왜인'은 왜로 건너간 사람을 말한다. 우리를 주체로 하는 표현이면서 아마 고대 당시에도 한반도에서 일본으로 건너갔던 이들의 마음 상태였을 수 있기 때문에 이 책에선 '도왜인'이라는 표현을 쓰고 있다.

1. 『헤이죠경 나가야왕저 출토 목간(平城京長屋王邸出土木簡)』

(앞)

百済郡南里車長百済部若末呂車三転米十二斛【上二石 中十石】

(뒤)

元年十月十三日【田辺廣国 八木造意弥万呂】

2. 『일본서기(日本書紀)』 덴지(天智) 3년

3월 백제왕(百濟王, 구다라노코키시) 선광왕(善光王) 등을 나니와(難波)에 살게 했다.

3. 『일본서기』 닌토쿠(仁德) 41년

봄 3월 기노쓰노노스쿠네(紀角宿禰)를 백제에 보내 처음으로 국군(國郡)의 경계를 나누고 상세하게 향토(鄕土)의 소출(所出)을 기록하였다. 이때 백제왕족 주군(酒君)이 무례하였기 때문에 기노쓰노노스쿠네가 백제왕을 질책하였다. 백제왕은 두려워하여 쇠사슬로 주군을 묶어 소쓰히코(襲津彦)에 딸려 진상하였다. 이에 주군이 와서 곧 이시카와(石川)의 니시고리노오비노코로시(錦織首許呂斯)의 집에 도망하여 숨었다. 거짓으로 말하기를, "천황은 이미 신(臣)의 죄를 용서하였다. 그러므로 그대에게 의지하여 살고 싶다"고 하였다. 오래 지난 뒤 천황이 그 죄를 용서하였다.

4. 『일본서기』 닌토쿠(仁德) 43년

가을 9월 경자삭 요사미 미야케(依網屯倉)의 아비코(阿弭古)가 기이한 새를 잡아 천황에게 바치며 "신(臣)은 항상 그물을 쳐서 새를 잡았는데 일찍이 이런 종류의 새는 잡아보지 못하였습니다. 그러므로 기이하게 생각되어 바칩니다"라고 하였다. 천황은 주군(酒君)을 불러 새를 보이며 "이것이 무슨 새인가"하고 물었다. 주군이 대답하길, "이런 종류의 새는 백제에 많이 있습니다. 길들이면 사람을 따르게 할 수 있습니다. 또한 빨리 날아서 온갖 새들을 잡습니다. 백제의 사람들은 이 새를 구지(俱知)【이것은 지금의 매이다】라고 부릅니다." 이에 주군에게 주어 길들이게 했는데 얼마 지나지 않아 길들일 수 있었다. 주군이 가죽의 끈을 새의 다리에 매고 작은 방울을 그 꼬리에 달아서 팔뚝 위에 올려놓고 천황에게 바쳤다. 이날 모즈노(百舌鳥野)에 행차하여 사냥을 하였다. 그때 암꿩이 많이 날아올랐는데 매를 놓아 잡도록 하니 잠깐 사이에 수십 마리의 꿩을 잡았다.

이달 비로소 다카카이베(鷹甘部)를 정하였으므로 사람들이 매를 기르는 곳을 가리켜 다카카이읍(鷹甘邑)이라 하였다.

5. 『신찬성씨록(新撰姓氏錄)』 우경(右京) 제번(諸蕃)상 한(漢)

다나베노후히토(田邊史)는 한왕(漢王)의 후손인 지총(知惣)으로부터 나왔다.

6. 『고닌사기(弘仁私記)』 서(序)

제번잡성(諸蕃雜姓)에는 다나베노후히토(田邊史), 가미쓰케노공(上毛野公), 이케하라노아손(池原朝臣), 스미노에노아손(住吉朝臣) 등의 조상인 시스미(思須美), 와토쿠(和德) 2인이 오사자키천황(大鷦鷯天皇) 때에 백제국(百濟國)으로부터 귀화했다고 한다.

7. 『속일본기(續日本紀)』 엔랴쿠(延曆) 4년(785년)

6월 계유(癸酉)...우위사독(右衛士督) 종3위 겸 하총수(下總守) 사카노우에노오이미키가리타마로(坂上大忌寸苅田麻呂) 등이 표(表)를 올려 말하기를, "신(臣)들은 본래 후한(後漢) 영제(靈帝)의 증손 아지왕(阿智王)의 후손입니다……"라고 했다.

8. 『일본서기』 오우진(應神) 20년

가을 9월 야마토노아야노아타이(倭漢直)의 조상인 아지사주(阿知使主, 아치노오미)와 그 아들 도가사주(都加使主, 쓰카노오미)가 그들의 무리 17현(縣)을 거느리고 내귀(來歸)하였다.

9. 『일본서기』 유랴쿠(雄略) 7년

이때 신라는 중국(中國)을 섬기지 않고 있었다. 천황이 다사노오미(田狹臣)의 아들 제군(弟君)과 기비노아마노아타이아카오(吉備海部直赤尾)에게 명하여 "너희들은 마땅히 가서 신라를 벌하라"고 하였다. 이에 가와치노아야(西漢)의 재기(才伎) 간인치리(歡因知利)가 옆에 있다가 나아가 "저보다 재주 있는 자가 한국(韓國)에는 많이 있으니 불러서 부릴만합니다"라고 아뢰었다. 천황이 군신(群臣)에게 "그러면 마땅히 간인치리(歡因知利)를 제군(弟君) 등에게 딸려서 백제에 길을 취하고 아울러 칙서를 내리고 재주가 있는 자를 바치게 하라"고 하였다. 이에 제군(弟君)은 명을 받들어 무리를 이끌고 백제에 도착하였다. 그 나라에 들어가는데 국신(國神)이 늙은 여자로 변하여 홀연히 길에서 맞이하였다. 제군은 나아가 나라의 멀고 가까움을 묻자 늙은 여자가 대답하기를 "다시 하루를 더 간 후에 도착할 수 있을 것이다"고 하였다. 제군(弟君)이 스스로 길이 멀다고 생각하고 정벌하지 않고 돌아왔다. 백제가 바친 금래재기(今來才伎, 이마키노테히토)를 큰 섬 안에 모아 놓고 바람을 기다린다는 핑계로 몇 달을 머물러 있었다. 임나국사(任那國司) 다사노오미(田狹臣)는 제군(弟君)이 치지 않고 돌아간 것을 기뻐하며 몰래 백제에 사람을 보내 제군(弟君)에게 경계하여 이르길, "너의 목이 얼마나 단단하길래 사람을 치는가. 전하는 말을 듣건대 천황이

나의 처와 통하여 자식까지 있다고 한다【자식은 이미 윗글에서 보았다】. 이제 화가 몸에 미치는 것이 발을 들고 서서 기다리는 것만큼 순식간일 것이다. 내 아들인 너는 백제를 차지하고 일본에 통하지 않도록 하라. 나는 임나를 차지하고 역시 일본에 통하지 않을 것이다"라고 하였다. 제군(弟君)의 아내 구스히메(樟媛)는 국가에 대한 정이 깊고 군신(君臣)의 의를 중히 여기며 충(忠)이 밝은 해보다도 낮고 절개가 청송보다 뛰어났다. 이 모반을 미워하여 몰래 그 남편을 죽여 방안에 숨겨 묻어두고 아마노아타이아카오(海部直赤尾)와 더불어 백제가 바친 재기(才伎)를 데리고 큰 섬에 있었다. 천황은 제군(弟君)이 없음을 알고 히타카노키시(日鷹吉士) 가타시와코안젠(堅磐固安錢)【견반(堅磐), 이를 가타시와(柯陀之波)라고 한다】을 보내어 함께 복명하게 하였다. 마침내 왜국의 아토노히로키쓰읍(吾礪廣津邑)【광진(廣津), 이를 히로키쓰(比慮岐頭)라고 한다】에 안치하였으나 병들어 죽은 사람이 많았다. 이로 말미암아 천황은 오토모노오무라지무로야(大伴大連室屋)에게 조(詔)하고 야마토노아야노아타이쓰카(東漢直掬)에게 명하여 이마키노아야노스에쓰쿠리코키(新漢陶部高貴), 구라쓰쿠리노겐키(鞍部堅貴), 에카키노인시라가(畵部因斯羅我), 니시고리노죠안나코무(錦部定安那錦), 오사노묘안나(譯語卯安那) 등을 가미쓰모모하라(上桃原), 시모쓰모모하라(下桃原), 마카미노하라(眞神原) 세 곳으로 옮겨 살게 하였다【어떤 책에는 기비노오미제군(吉備臣弟君)이 백제로부터 돌아와서 아야노테히토베(漢手人部), 기누누이베(衣縫部), 시시히토베(宍人部)를 바쳤다고 한다】.

10. 『신찬성씨록』 일문(逸文)

『성씨록(姓氏錄)』 제23권에서 이르기를, 아지왕(阿智王)은 호무타노스메라미코토(譽田天皇)【시호는 오우진(應神)이다】 때에 본국의 난을 피하여 어머니 및 처자, 모제인 천흥덕(迁興德)과 7성(姓)의 아야히토(漢人)를 이끌고 귀화하였다. 7성의 첫 번째는 단(段)【고기(古記)에는 단쿠와우공(段光公) 자는 후토(冨等)이고 어떤 책에서는 이성(員姓)이라 했다】인데, 이는 다카무쿠노스구리(高向村主), 다카무쿠노후히토(高向史), 다카무쿠노쓰키쓰카이(高向調使), 고오리노오비토(評首), 미타미쓰카이노오비토(民使主首) 등의 조상이다. 다음은 리성(李姓)인데, 이는 오사카베노후히토(刑部史)의 조상이다. 다음은 사우쿠와쿠성(皀郭姓)인데, 이는 사카이베노오비토(坂合部首), 사타노오비토(佐大首) 등의 조상이다. 다음은 슈성(朱姓)인데, 이는 오치(小市), 사나게(佐奈宜) 등의 조상이다. 다음은 다성(多姓)인데, 이는 히노쿠마노쓰키쓰카이(檜前調使) 등의 조상이다. 다음은 사우성(皀姓)인데, 이는 야마토국(大和國) 우다군(宇太郡) 사하타노스구리(佐波多村主), 나가하타베(長幡部) 등의 조상이다. 다음은 고성(高姓)인데, 이는 히노쿠마노스구리(檜前村主)의 조상이라고 하였다.

천황이 이들이 온 뜻을 긍휼하게 여겨 아지왕(阿智王)이라 이름하고 오미(使主)로 삼았다. 이에 야마토국(大和國) 히노쿠마군(檜前郡)의 마을을 주어 살도록 하였다. 이때 아지사주(阿智使主)가 아뢰길, "신(臣)이 입조할 때 본향(本鄕)에 같이 살던 사람들이 흩어졌는데, 지금 듣건대, 고려(高麗), 백제(百濟), 신라(新羅) 등의 나라에 있다고 합니다. 바라옵건대 사람을 보내 불러오기를 청합니다"라고 하였다. 천황이 곧 사신을 보내 불러오도록 하였다. 오사자키노스메라미코토(大鷦鷯天皇)【시호는 닌토쿠(仁德)이다】 때에 고을이 따라왔다. 지금은 다카무쿠노스구리(高向村主), 가와치노하타노스구(西波多村主), 히라카타노스구리(平方村主), 이와레노스구리(石村村主), 아쿠나미노스구리(飽波村主), 도노키노스구리(危寸村主), 나가노노스구리(長野村主), 히카노스구리(俾加村主), 지누노야마노스구리(茅沼山村主), 다카미야노스구리(高宮村主), 오이시노스구리(大石村主), 아스카노스쿠리(飛鳥村主), 가와치노오토모노스구리(西大友村主), 나가타노스구리(長田村主), 니시고리노스구리(錦部村主), 다무라노스구리(田村村主), 오시누미노스구리(忍海村主), 사비노스구리(佐味村主), 구와하라노스구리(桑原村主), 시라토리노스구리(白鳥村主), 누카타노스구리(額田村主), 무사노스구리(牟佐村主), 고카노스구리(甲賀村主), 구라쓰쿠리노스구리(鞍作村主), 하리마노스구리(播磨村主), 아야히토노스구리(漢人村主), 이마키노스구리(今來村主), 이와키노스구리(石寸村主), 가나쓰쿠리노스구리(金作村主), 오와리노후에노스구리(尾張吹角村主) 등이 그 후예이다. 그때 아지왕(阿智王)이 "이마키군(今來郡)을 세우고자 합니다"라고 아뢰었다. 후에 고쳐서 다케치군(高市郡)이라 이름했다. 그런데, 사람들이 많고 거주할 땅이 좁아서 다시 여러 지역에 나누어 살게 하였다. 셋쓰(攝津), 미카와(參河), 오우미(近江), 하리마(播磨), 아와(阿波) 등의 아야히토노스구리(漢人村主)가 이것이다.

11. 『부상략기(扶桑略記)』 요메이(用明) 2년

4월...백제 불공(佛工) 구라쓰쿠리노다수나(鞍部多須奈)가 천황을 받들어 출가하고 장육불상과 사카타사(坂田寺)를 세웠다. 4월 9일 천황이 죽었다.

12. 『고사기』 오우진단(應神段)

백제국주(百濟國主) 조고왕(照古王)이 암, 수 말 한 필을 아지길사(阿知吉師)에게 딸려 헌상하였다 【아지길사(阿知吉師)는 아지키노후히토(阿直史) 등의 선조이다】. 또 큰 칼(橫刀)과 큰 거울을 헌상했다. 또 천황은 백제국에 "만약 현인(賢人)이 있으면 헌상하라"고 했다. 그리하여 그 명을 받아 헌상된 사람이 화이길사(和邇吉師)였다. 논어(論語) 10권과 천자문(千字文) 1권, 도합 11권을 이 사람에게 딸려 헌상했다 【이 화이길사(和邇吉師)는 후미노오비토(文首) 등의 선조이다】. 또 탁소(卓素)라는 이름의 가라카누치(韓鍛, 한의 대장장이)와 고후쿠(吳服, 오인 직조기술자)의 서소(西素) 2인을 헌상했다.

13. 『일본서기』 오우진 16년

봄 2월 왕인(王仁)이 왔다. 태자 우지노와키이라쓰코(菟道稚郎子)는 왕인에게 여러 전적(典籍)을 배웠는데, 통달하지 않음이 없었다. 소위 왕인은 후미노오비토(書首) 등의 시조이다.

14. 『신찬성씨록』 가와치국(河內國) 제번(諸蕃) 백제(百濟)

요사미노무라지(依羅連)는 백제국인(百濟國人) 소녜지야마미내군(素禰志夜麻美乃君)으로부터 나왔다.

15. 『일본서기』 고교쿠(皇極) 원년(642년)

5월 을묘삭 기미에 가와치국(河內國) 요사미 미야케(依網屯倉) 앞에서 교기(翹岐) 등을 불러 활로 사냥하는 것을 관람케 하였다.

16. 『신찬성씨록』 가와치국(河內國) 황별(皇別)

누노시노오비토(布忍首) 이쿠하노오미(的臣)와 조상이 같으며 다케우치노스쿠네(武內宿禰)의 후손이다. 『일본기(日本紀)』에는 누락되어 있다.

17. 『고사기(古事記)』 고겐단(孝元段)

다케우치노스쿠네(建內宿禰)의 자식은 모두 9명이다【남자 7명, 여자 2명】. 하타노야시로노스쿠네(波多八代宿禰)【하타노오미(波多臣), 하야시노오미(林臣), 하미노오미(波美臣), 호시카와노오미(星川臣), 아후미노오미(淡海臣), 하쓰세베군(長谷部君)의 조상이다】, 다음은 고세노오카라노스쿠네(許勢小柄宿禰)【고세노오미(許勢臣), 사자키베노오미(雀部臣), 가루베노오미(輕部臣)의 선조이다】, 다음은 소가노이시카와노스쿠네(蘇賀石河宿禰)【소가노오미(蘇我臣), 가와베노오미(川邊臣), 다나카노오미(田中臣), 다카무쿠노오미(高向臣), 오하리다노오미(小治田臣), 사쿠라이노오미(櫻井臣), 기시다노오미(岸田臣) 등의 조상이다】, 다음은 헤구리노쓰쿠노스쿠네(平群都久宿禰)【헤구리노오미(平群臣), 사와라노오미(佐和良臣), 우마노미쿠이노무라지(馬御樴連) 등의 조상이다】, 다음은 기노쓰노노스쿠네(木角宿禰)【기노오미(木臣), 쓰누노오미(都奴臣), 사카모토노오미(坂本臣)의 조상이다】, 다음은 구메노마이토히메(久米能摩伊刀比賣), 다음은 노노이로히메(怒能伊呂比賣), 다음은 가쓰라기노나가에노소쓰히코(葛城長江曾都毘古)【다마테노오미(玉手臣), 이쿠하노오미(的臣), 이쿠에노오미(生江臣), 아기나노오미(阿藝那臣) 등의 조상이다】, 또 와쿠고노스쿠네(若子宿禰)【에노노다카라노오미(江野財臣)의 조상이다】 이다.

18. 『신찬성씨록』 이즈미국(和泉國) 제번(諸蕃) 백제(百濟)

백제공(百濟公)은 백제국(百濟國) 주왕(酒王)으로부터 나왔다.

19. 『신찬성씨록』 야마시로국(山城國) 제번(諸蕃) 백제(百濟)

스에사주(末使主)는 백제국인(百濟國人) 진유아사주(津留牙使主)로부터 나왔다

20. 『신찬성씨록』 좌경(右京) 제번(諸蕃) 상 한(漢)

사쿠라이노스쿠네(櫻井宿禰)는 사카노우에노오스쿠네(坂上大宿禰)와 조상이 같으며 도하직(都賀直, 쓰카노아타이)의 4세손인 동인직(東人直, 아즈마히토노아타이)의 후손이다.

21. 『신찬성씨록』 가와치국(河內國) 제번(諸蕃) 상 한(漢)

다카시노무라지(古志連)는 후미노스쿠네(文宿禰)와 조상이 같으며 왕인(王仁)의 후손이다.

22. 『신찬성씨록』 일문(逸文) 「사카노우에계도(坂上系圖)」 야마키노아타이(山木直)

『성씨록』에 이르기를, 야마키노아타이(山木直)는 미타미노이미키(民忌寸), 히하라노스쿠네(檜原宿禰), 히라타노스쿠네(平田宿禰), 히라타노이미키(平田忌寸), 구리무라노이미키(栗村忌寸), 오타니노이미키(小谷忌寸), 이세국 아무키군(伊勢國奄藝郡)의 미타미노이미키(民忌寸), 가루노이미키(輕忌寸), 나쓰미노이미키(夏身忌寸), 가라쿠니노이미키(韓國忌寸), 니이노미노이미키(新家忌寸), 가도노이미키(門忌寸), 다테하라노이미키(蓼原忌寸), 다카타노이미키(高田忌寸), 구니마기노이미키(國覔忌寸)【무쓰국 니이타군(陸奧國 新田郡)】, 다이노이미키(田井忌寸), 가리노이미키(狩忌寸), 야마토노후미베노이미키(東文部忌寸), 나가오노이미키(長尾忌寸), 히노쿠마노아타이(檜前直)【야마토국 가쓰조군(大和國 葛上郡)】, 다니노스쿠네(谷宿禰), 후미베노타니노이미키(文部谷忌寸), 후미베노오카노이미키(文部岡忌寸), 미치노이미키(路忌寸), 미치노스쿠네(路宿禰) 등 25 성(姓)의 조상이라고 하였다.

23. 『신찬성씨록』 이즈미국(和泉國) 제번(諸蕃) 백제(百濟)

시노다노오비토(信太首)는 백제국인(百濟國人) 백천(百千)의 후손이다.

24. 『신찬성씨록』 야마토국(大和國) 제번(諸蕃) 백제(百濟)

하타노미야쓰코(波多造)는 백제국인(百濟國人) 좌포리지사주(佐布利智使主)로부터 나왔다.

25. 『신찬성씨록』 일문(逸文) 「사카노우에계도(坂上系圖)」 아라노아타이(阿良直)

『성씨록』에 이르기를, 지누노아타이(志努直)의 셋째 아들 아라노아타이(阿良直)는 고오리노이미키(郡忌寸), 에노이노이미키(榎井忌寸)【야마토국(大和國) 요시노군(吉野郡)】, 가와하라노이미키(河原忌寸), 오사카노이미키(忍坂忌寸)【야마토(大和), 가와치(河內) 등의 국(國)】, 요노노이미키(與努忌寸), 하타노이미키(波多忌寸), 나가오노이미키(長尾忌寸) 등 7성(姓)의 조상이라고 하였다.

26. 『신찬성씨록』 미정잡성(未定雜姓) 가와치국(河內國)

나가타노오미(長田使主)는 백제국인(百濟國人) 위군왕(爲君王)의 후손이다.

27. 『일본서기』 유랴쿠(雄略) 9년

가을 7월 임진삭 가와치국(河內國)에서 말하길, "아스카베군(飛鳥戶郡) 사람인 다나베노후히토하쿠손(田邊史伯孫)의 딸은 후루이치군(古市郡) 사람인 후미노오비토카료(書首加龍)의 아내입니다. 하쿠손(伯孫)은 딸이 아이를 낳았다는 소식을 듣고 사위 집에 가서 축하하고 달밤에 돌아왔습니다. 이치비코노오카(蓬蔂丘)의 호무타릉(譽田陵) 아래에서【봉류(蓬蔂), 이를 이치비코(伊致寐姑)라고 한다】 붉은 준마를 탄 사람을 만났습니다. 그 말이 때로는 용이 날아오르는 것처럼 갑자기 높이 솟아오르고 갑자기 뛰어올라 기러기처럼 놀랐습니다. 기이한 몸집은 산봉우리처럼 생겼고 특이한 모습은 빼어났습니다. 하쿠손(伯孫)은 가까이 가서 살펴보고 마음에 들었습니다. 이에 타고 있던 푸른 빛의 말을 채찍질해서 말머리를 가지런히 하고 고삐를 나란히 하였습니다. 그러나 곧 붉은 말이 뛰어올라 먼지를 일으키며 쏜살같이 달려가서 사라졌습니다. 이에 푸른 빛의 말은 뒤처져서 다시 쫓아갈 수 없었습니다. 그 준마에 탄 사람은 하쿠손이 가지고 싶어 하는 바를 알고 곧 멈추어 말을 바꾸고 서로 인사하며 헤어졌습니다. 하쿠손은 준마를 얻어서 매우 기뻐하며 달려가 마구간으로 들어갔습니다. 그리고 안장을 풀고 말에게 먹이를 주고 잤습니다. 다음 날 아침에 보니 붉은 준마가 흙으로 빚은 말[土馬]로 변해있었습니다. 하쿠손이 이상하게 여겨 돌아가서 호무타릉을 찾아가니 그곳에서 흙으로 만든 말들 사이에 자신의 말이 있는 것을 보았습니다. 이에 자신의 말과 바꾸었던 흙으로 빚은 말을 대신 그곳에 두었다고 합니다"라고 하였다.

28. 『신찬성씨록』 좌경(左京) 황별(皇別)하

가미쓰케노노아손(上毛野朝臣)은 시모쓰케노노아손(下毛野朝臣)과 조상이 같으며 도요키이리히코노미코토(豊城入彦命)의 5세손인 다키하세군(多奇波世君)의 후손이다. 오하쓰세와카타케노스메라미코토(大泊瀬幼武天皇)【시호는 유랴쿠(雄略)이다】때에 누카군(努賀君)의 아들인 하쿠손(百尊)이 딸의 출산을 위해 사위의 집에서 밤에 돌아왔는데, 오우진(應神) 천황의 능(陵) 주위에서 말을 타고 있는 사람을 만나서로 이야기를 나누다 말을 서로 교환하고 헤어졌다. 다음날 교환했던 말을 보니이것은 흙으로 빚은 말[土馬]이었다. 이에 성(姓)을 미사자키베군(陵邊君)으로 했다. 하쿠손의 아들은 도쿠손(德尊), 손자는 시라(斯羅)이다. 고교쿠(皇極) 천황 때에 가와치(河内)의 야마시모(山下)의 땅을 사여했고 문서를 잘 해독했으므로 다나베노후히토(田邊史)로 하였다. 고켄(孝謙) 천황 덴표쇼호(天平勝寶) 2년 가미쓰케노공(上毛野公)으로 개성하였다. 지금 고닌(弘仁) 원년(810년) 아손(朝臣)으로 개성(改姓)하여 내려주었다. 『속일본기』와 일치한다.

29. 『왕후(王後)의 묘지(墓誌)』

(앞면)

惟船氏故　王後首者是船氏中租　王智仁首児　那沛故

首之子也生於乎娑陁宮治天下　天皇之世奉仕於等由

羅宮　治天下　天皇之朝至於阿須迦宮治天下　天皇之

朝　天皇照見知其才異仕有功勲　勅賜官位大仁品為第

(뒷면)

三殞亡於阿須迦　天皇之末歳次辛丑十二月三日庚寅故

戊辰年十二月殯葬於松岳山上共婦　安理故能刀自

同墓其大兄刀羅古首之墓並作墓也即為安保万

代之霊其牢固永劫之寶地也

(해석)

　후나씨왕후수(船氏王後首)는 후나씨의 중조인 왕지인수(王智仁首)의 아들인 나패
고수(那沛故首)의 아들이다. 비다쓰천황(乎娑陁宮治天下天皇) 때에 태어나 스이코천
황(等由羅宮治天下天皇) 조정에서 봉사하고, 조메이천황(阿須迦宮治天下天皇)의 대에
이르렀다. 천황이 그 재능의 탁월함과 높은 공적을 알고 제3위 대인(大仁)의 관위를
내렸다. 조메이천황(阿須迦天皇)의 말년, 신축(641년) 12월 3일 경인(庚寅)에 사망하
였다. 무진년(668년) 12월에 마쓰오카산(松岳山) 위에 묻었다. 부인 안리고능도자(安
理故能刀自)의 묘와 합장하고, 그의 장형 도나고수(刀羅古首)의 묘 옆에 만들었다. 즉
만대의 영령을 편안하게 하고 이 땅을 영원히 굳건하게 지키려 한다.

30. 『일본서기』 긴메이(欽明) 14년(553년)

가을 7월 신유삭 갑자에 구스노마가리궁(幸樟勾宮)에 행차하였다. 소가노오오미

이나메노스쿠네(蘇我大臣稻目宿禰)가 칙을 받들어 왕진이(王辰爾)를 보내 선박세를 기록하게 하였다. 그래서 왕진이를 선장(船長)으로 삼고 이에 성(姓)을 내려 후나노후히토(船史)로 하였다. 지금 후나노무라지(船連)의 선조이다.

31. 『신찬성씨록』 가와치국(河內國) 제번(諸蕃) 백제(百濟)

후루이치노스구리(古市村主)는 백제국 호왕(虎王)으로부터 나왔다.

32. 『일본서기』 비다쓰(敏達) 3년(574년)

겨울 10월 무자삭 병신 소가노우마코노오오미(蘇我馬子大臣)를 기비국(吉備國)에 보내 시라이노미야케(白猪屯倉)와 전부(田部)를 늘렸다. 그리고 전부(田部)의 명부를 시라이노후히토담진(白猪史膽津)에게 주었다.

무술(戊戌) 후나노후히토(船史) 왕진이(王辰爾)의 아우 우시(牛)에게 성(姓)을 내려 쓰노후히토(津史)로 하였다.

33. 『속일본기(續日本紀)』 엔랴쿠(延曆) 9년(790년)

가을 7월 신사(辛巳) 좌중변(左中辨) 정5위상 겸 목공두(木工頭) 백제왕인정(百濟王仁貞), 치부소보(治部少輔) 종5위하 백제왕원신(百濟王元信), 중위소장(中衛少將) 종5위하 백제왕충신(百濟王忠信), 도서두(圖書頭) 종5위상 겸 동궁학사(東宮學士) 좌병위좌(左兵衛佐) 이요수(伊豫守) 쓰노무라지노마미치(津連眞道) 등이 표를 올려 아뢰길, "마미치(眞道) 등의 원래 계보는 백제국(百濟國) 귀수왕(貴須王)으로부터 나왔습니다. 귀수왕은 백제가 처음 일어난 이후 제16세 왕입니다. 무릇 백제 태조(太祖) 도모대왕(都慕大王)은 일신(日神)이 영(靈)을 내려 부여(扶余)를 차지해 나라를 열고, 천제(天帝)의 녹(籙)을 받아서 여러 한(韓)을 총괄하면서 왕이라 칭했습니다. 근초고왕(近

肖古王)에 이르러 멀리 성화(聖化)를 그리워하다가 비로소 귀국(貴國)에 찾아왔습니다. 이는 곧 진구황후(神功皇后)가 섭정한 때입니다. 그 후 가루시마노토요아키라조(輕嶋豊明朝)에서 나라를 다스린 오우진천황(應神天皇)이 가미쓰케노씨(上毛野氏)의 먼 조상인 아라타와케(荒田別)에게 명하여 백제에 사신으로 가서 지식이 있는 자를 데려오게 했습니다. 국주(國主) 귀수왕은 삼가 사신의 뜻을 받들어 종족(宗族)을 가려서 그 손자인 진손왕(辰孫王)【일명 지종왕(智宗王)이다】을 보내 사신을 따라 입조(入朝)하게 했습니다. 천황은 기뻐하면서 총애하는 명령을 더했으며, 그를 황태자의 스승으로 삼았습니다. 이에 처음으로 서적(書籍)을 전했으며 널리 유풍(儒風)을 펼치게 하였습니다. 문교(文敎)가 흥한 것이 진실로 여기에 있습니다. 나니와노다카쓰조(難波高津朝)에서 나라를 다스린 닌토쿠천황(仁德天皇)이 진손왕의 장자인 태아랑왕(太阿郎王)을 근시(近侍)로 삼았습니다. 태아랑왕의 아들은 해양군(亥陽君)이고 해양군의 아들은 오정군(午定君)입니다. 오정군은 세 아들을 낳았는데, 장자는 미사(味沙)이고 둘째는 진이(辰爾)이고 막내는 마려(麻呂)입니다. 이때부터 나뉘어져서 3성(姓)이 되었는데, 각각 맡은 바에 따라 씨(氏)를 정했습니다. 후지이(葛井), 후나(船), 쓰노무라지(津連) 등이 바로 이것입니다. 오사다조(他田朝)에서 나라를 다스린 비다쓰천황(敏達天皇) 때에 이르러 고려국(高麗國)이 사신을 보내 까마귀 깃털에 쓴 표(表)를 올렸습니다. 군신(群臣), 제사(諸史)들이 능히 읽을 수 없게 되자 진이(辰爾)가 나아가 그 표를 능히 읽고 솜씨 좋게 베꼈습니다. 천황은 열심히 학문을 닦는 것을 기뻐하면서 크게 칭찬하며 말하기를, '부지런하니 훌륭하구나. 그대가 만약 학문을 사랑하지 않았다면 누가 능히 해독할 수 있었겠는가. 지금 전중(殿中)의 근시(近侍)로 삼음이 마땅할 것이다'라고 하셨습니다. 또 동서(東西)의 제사(諸史)들에게 말하길, '그대들은 비록 많지만 진이(辰爾)에 미치지 못한다'고 하셨습니다. 국사(國史)와 가첩(家牒)에 이 일이 상세하게 기록되어 있습니다. 엎드려 생각하건대, 황조(皇朝)는 하늘을 본보기로 삼아 교화를 펼치며 옛것을 헤아려 가르침을 드리웁니다. 넓은 은혜는 무리에게 두루 미치며 밝은 정치는 모든 사물에 미칩니다. 따라서 못 쓰게 된 것을 능히 고치고 끊어진 것을 이으니 만백성이 경사스러움에 의지하고 이름을 바르게 하고 사물을 분간하니 온 세상 사람들이 돌아오고 무릇 살아 있는 생명체라면 손뼉을 치고 즐거워하지 않는 것이 없습니다. 마미치(眞道) 등의 선조가 성조(聖朝)에 위질(委質)한 것이 여러 해가 지났습니다. 집안은 시문을 짓고 읊는 풍류의 도를 전하고 일족은 서상(西庠)의 직을 관장합니다. 마미치(眞道) 등이 태어나면서 창운(昌運)을 만나서 천은(天恩)을 입었습니다. 엎드려 바라건대, 무라지(連)라는 성(姓)을 다시 바꾸어 아손(朝臣)을 내려주십시오"라고 했다. 이에 칙하여 사는 곳에 따라 스가노노아손(菅野朝臣)의 성(姓)을 내려주었다.

34. 『속일본기』 요로(養老) 4년(720년)

5월 임술(壬戌). 시라이노후히토(白猪史)를 후지이노무라지(葛井連)로 개성(改姓)하여 내려주었다.

35. 『일본서기』 긴메이(欽明) 30년(569년)

봄 정월 신묘(辛卯) 초하루 조를 내려 "전부(田部)를 헤아려 둔 것은 그 유래가 오래되었다. 나이가 10여 세가 되었는데도 호적에서 빠져 과역(課役)을 면제받는 사람이 많다. 마땅히 담진(膽津)【담진은 왕진이(王辰爾)의 조카이다】을 보내어 시라이 전부(白猪田部)의 정적(丁籍)을 살펴 정하도록 하라"고 하였다.

여름 4월 담진(膽津)이 시라이 전부(白猪田部)의 정(丁)의 수를 조사하여 조(詔)에 따라 호적을 작성하였다. 이에 따라 전호(田戶)가 이루어졌다. 천황은 담진이 호적을 정리한 공을 칭찬하여 성(姓)을 내려 시라이노후히토(白猪史)로 하였다. 전령(田令)에 임명하고 미쓰코(瑞子)를 부관으로 삼았다【미쓰코는 위에 나왔다】.

36. 『신찬성씨록』 좌경(左京) 제번(諸蕃)하 백제(百濟)

하야시노무라지(林連)는 백제국인(百濟國人) 목귀공(木貴公)의 후손이다.

37. 『신찬성씨록』 가와치국(河內國) 제번(諸蕃) 백제(百濟)

하야시노무라지(林連)는 백제국 직지왕(直支王)【고기(古記)에서는 주왕(周王)이라고 하였다】으로부터 나왔다

38. 『일본삼대실록(日本三代實錄)』 조간(貞觀) 9년(867년)

2월 26일 병신(丙申), 가와치국(河內國) 오가타군(大縣郡)의 이시신(石神), 도코요키히메신(常世岐姬神), 시키군(志紀郡)의 하야시씨신(林氏神), 가라쿠니신(辛國神), 와카에군(若江郡)의 가쓰라신(加津良神), 나카무라신(中村神)을 관사(官社)로 하였다.

39. 『신찬성씨록』 가와치국(河內國) 제번(諸蕃) 한(漢)

마사무네노이미키(當宗忌寸)는 후한(後漢) 헌제(献帝)의 4세손인 산양공(山陽公)의 후손이다.

40. 『신찬성씨록』 가와치국(河內國) 제번(諸蕃) 백제(百濟)

니시고리노무라지(錦部連)는 미요시노스쿠네(三善宿禰)와 조상이 같고 백제국(百濟國) 속고대왕(速古大王)의 후손이다.

41. 『신찬성씨록』 야마시로국(山城國) 제번(諸蕃) 한(漢)

니시고리노스구리(錦部村主)는 니시고리노스구리(錦織村主)와 조상이 같고 파능지(波能志)의 후손이다.

42. 『신찬성씨록』 우경(右京) 제번(諸蕃)상 한(漢)

니시고리노스구리(錦織村主)는 한국인(韓國人) 파노지(波努志)로부터 나왔다.

43. 『일본서기』 유랴쿠(雄略) 5년

여름 4월 백제 가수리군(加須利君)【개로왕(蓋鹵王)이다】이 …(중략)… 그의 아우 군군(軍君)【곤지(崑支)이다】에게 "네가 일본에 가서 천황을 섬겨라"고 말하였다. 군군(軍君)이 "왕의 명을 어기지 않겠습니다. 바라건대 왕의 부인을 저에게 주시면 그런 다음 떠나라는 명을 받들겠습니다"라고 대답하였다. 가수리군(加須利君)은 임신한 부인을 군군(軍君)에게 주며 "나의 임신한 아내는 이미 해산할 달이 되었다. 만약 도중에 아이를 낳게 되면, 바라건대 1척의 배에 태워서 다다른 곳이 어디건 속히 나라에 보내도록 하라"고 하였다. 마침내 작별하고 조정에 파견되는 명을 받들었다.

6월 병술 초하루 임신한 부인이 과연 가수리군(加須利君)의 말처럼 쓰쿠시(筑紫)의 가카라시마(各羅嶋)에서 아이를 낳았다. 그래서 이 아이의 이름을 도군(嶋君)이라 하였다. 이에 군군(軍君)은 곧 한 척의 배로 도군(嶋君)을 본국에 보내었는데, 이가 무령왕이다. 백제 사람들은 이 섬을 주도(主嶋)라 일컬었다.

가을 7월 군군(軍君)이 서울에 들어왔다. 이윽고 5인의 자식이 있었다【『백제신찬(百濟新撰)』에 "신축년(461년)에 개로왕이 아우 곤지군(崑支君)을 보내어 대왜(大倭)에 가서 천왕(天王)을 모시게 했는데, 선왕(兄王)의 우호를 닦기 위해서였다"라고 했다】.

44. 『신찬성씨록』 가와치국(河內國) 제번(諸蕃) 백제(百濟)

아스카베노미야쓰코(飛鳥戶造)는 백제국주(百濟國主) 비유왕(比有王)의 아들 곤지왕(琨伎王)으로부터 나왔다.

45. 『신찬성씨록』 가와치국(河內國) 제번(諸蕃) 백제(百濟)

아스카베노미야쓰코(飛鳥戶造)는 백제국(百濟國) 말다왕(末多王)의 후손이다.

46. 『일본서기』 지토(持統) 5년(691년)

봄 정월 기묘(己卯) 공경(公卿)에게 음식과 의상을 주었다. 정광사(正廣肆) 백제왕(百濟王) 여선광(餘禪廣), 직대사(直大肆) 원보(遠寶)·양우(良虞)·남전(南典)에게는 넉넉히 주었는데, 각각 차등이 있었다.

47. 『속일본기』 덴표(天平) 15년(743년)

6월 정유(丁酉) 종5오위하 백제왕경복(百濟王敬福)을 무쓰노가미(陸奧守)로 삼았다.

48. 『속일본기』 덴표쇼호(天平勝寶) 원년(749년)

여름 4월 을묘(乙卯) 무쓰노가미(陸奧守) 종3위 백제왕경복(百濟王敬福)이 황금 900량을 바쳤다.

49. 『속일본기』 엔랴쿠(延曆) 2년(783년)

10월 경신 백제왕(百濟王) 등 행재소(行在所)에 공봉(供奉)한 자 12인에게 계(階)를 올려주고 작(爵)을 더했다. 백제사(百濟寺)에 오우미(近江), 하리마(播磨) 2국에서 정세(正稅) 각 5,000속(束)을 시주했다.

50. 『일본서기』 오우진(應神) 14년

이 해에 궁월군(弓月君)이 백제(百濟)로부터 내귀(來歸)하였다. 이에 주(奏)하여, "신(臣)이 나라 120현(縣)의 사람들을 거느리고 귀화(歸化)하려 하였습니다. 그러나 신라 사람이 방해하여 다 가라국(加羅國)에 머물러 있습니다"라고 말하였다. 이에 가쓰라기소쓰히코(葛城襲津彦)를 보내 궁월의 사람들을 가라로부터 불렀다.

51. 『이요국 풍토기(伊豫國風土記)』 일문(逸文) 석일본기(釋日本紀) 미시마(御嶋)

오치군(乎知郡). 미시마(御嶋)에 진좌된 신(神)의 이름은 오야마모리노가미(大山積神), 일명 와타시대신(和多志大神)이다. 이 신은 나니와(難波)의 다카쓰궁(高津宮)에서 천하를 평정하신 천황[仁德] 때에 나타나셨다. 이 신은 백제국(百濟國)에서 건너와서 쓰국(津國)의 미시마에 모셔졌다. 미시마라는 것은 쓰국에 있는 이름이다.

52. 『신찬성씨록』 야마시로국(山城國) 제번(諸蕃) 한(漢)

하타노이미키(秦忌寸)는 우즈마사노기미노스쿠네(太秦公宿禰)와 조상이 같고 진시황제(秦始皇帝)의 후예이다. 공지왕(功智王), 궁월왕(弓月王)이 호무타노스메라미코토(譽田天皇)【시호는 오우진(應神)이다】 14년에 내조(來朝)하였다. 표를 올려 다시 귀국하여 127현의 백성을 이끌고 귀화하였다. 아울러 금은옥백(金銀玉帛) 등 여러 종류의 보물을 바쳤다. 천황이 이를 기뻐하여 야마토(大和)의 아사쓰마(朝津間) 와키카미(腋上)의 땅을 주어 거주하게 하였다. 아들은 진덕왕(眞德王)이고 다음은 보통왕(普洞王)【고기(古記)에는 포동군(浦東君)이라고 한다】이다. 오사자키노스메라미코토(大鷦鷯天皇)【시호는 닌토쿠(仁德)이다】 때에 성(姓)을 주어 하타(波陀)라 하였다. 지금은 진(秦)자의 훈(訓)이다. 다음은 운사왕(雲師王)이고 다음은 무량왕(武良王)인데 보통왕의 아들 하타노사케공(秦酒公)이다. 오하쓰세와카타케노스메라미코토

(大泊瀬稚武天皇)【시호는 유랴쿠(雄略)이다】 때에 진(秦)이라 칭하였다. 보통왕(普洞王) 때에 하타의 백성[秦民]이 모두 미움을 받아 지금 보이는 사람은 열에 하나도 없다. 칙사를 보내 불러 모으도록 청하였다. 천황이 지이사코베노이카즈치(小子部雷)를 보내어 오스미(大隅) 아타(阿多)의 하야토(隼人) 등을 이끌고 하타씨 92부 18,670인을 불러 모아 드디어 술을 하사하였다. 이에 하타의 백성[秦民]을 이끌고 누에를 치고 명주를 짜서 바구니에 담아 천황에게 공진(貢進)하였다. 산악과 같이 조정에 쌓아놓으니 천황이 이를 기뻐하여 특별히 은혜를 베풀고 호를 내려 우즈마사(禹都万佐)라고 하였다. 이것은 쌓여서 이익이 있다는 의미이다. 하타씨(秦氏)로 하여금 궁궐 옆에 8장(丈)의 대장(大藏)을 짓게 하여 공물을 납입시켰다. 이에 그 이름을 하쓰세노아사쿠라궁(長谷朝倉宮)이라 불렀다. 이때 비로소 대장의 관원을 두고 하타노사케공[酒]을 장관으로 삼았다. 하타씨(秦氏) 등 같은 조상의 자손들은 거주나 직무에 따라 여러 부분으로 나누어졌다. 덴표(天平) 20년에는 경기(京畿)에 있는 자에게 모두 새로 이미키(伊美吉)의 성(姓)을 내렸다.

53. 『신찬성씨록』좌경(左京) 제번(諸蕃)상 한(漢)

우즈마사노기미노스쿠네(太秦公宿禰)는 진시황제(秦始皇帝) 3세손 효무왕(孝武王)으로부터 나왔다. 아들은 공만왕(功滿王)이고 다라시나카쓰히메노스메라미코토(帶仲彦天皇)【시호는 주아이(仲哀)이다】 8년 내조(來朝)하였다. 아들 융통왕(融通王)【어떤 곳에는 궁월궁(弓月王)이라 한다】은 호무타노스메라미코토(譽田天皇)【시호는 오우진(應神)이다】 14년에 127현의 백성을 거느리고 귀화하여 금은옥백(金銀玉帛) 등의 물건을 바쳤다. 오사자키노스메라미코토(大鷦鷯天皇)【시호는 닌토쿠(仁德)이다】 때에 127현의 하타씨(秦氏)를 여러 군(郡)에 나누어 안치시켜 양잠과 명주를 바치게 하였다. 천황이 조(詔)를 내려 말하길, "진왕(秦王)이 바친 실, 솜, 명주, 비단은 짐이 입으면 부드럽고 따뜻하여 피부와 같았다"고 하였다. 이에 하타(波多)의 성(姓)을 내렸다. 다음으로 도로시공(登呂志公), 하타노사케공(秦酒公)은 오하쓰세와카타케노스메라미코토(大泊瀬幼武天皇)【시호는 유랴쿠(雄略)이다】 때에 실, 솜, 명주, 비단을 쌓으니 산과 같았다. 천황은 이를 기뻐하여 호를 내려 우즈마사(禹都万佐)라고 하였다.

54. 『일본서기』 유랴쿠(雄略) 15년

하타의 백성[秦民]이 오미무라지(臣連) 등에 분산되어 있어서 각각 원하는 바에 따라 일을 시켜 하타노미야쓰코(秦造)에게 위임되어 있지 않았다. 이 때문에 하타노미야쓰코사케(秦造酒)는 매우 걱정하면서 천황을 섬겼다. 천황은 그를 총애하여 조(詔)를 내려 하타의 백성[秦民]을 모아서 하타노사케공(秦酒公)에게 주었다. 그래서 공(公)은 180종류의 승(勝)을 거느리고 용(庸)과 조(調)로 비단을 바쳐 조정에 가득 쌓아두었다. 그로 인하여 성(姓)을 내려 우즈마사(禹豆麻佐)라고 하였다【어떤 곳에서는 우즈모리마사(禹豆母利麻佐)는 가득 채운 모습을 말한다고 한다】.

55. 『일본서기』 유랴쿠(雄略) 16년

가을 7월에 조(詔)를 내려 뽕 재배에 맞는 국현(國縣)에는 뽕을 심게 하였다. 또 하타의 백성[秦民]을 흩어져 살게 하여 용(庸)과 조(調)를 바치게 하였다.

56. 『본조월령(本朝月令)』 하타씨본계장(秦氏本系帳)

마쓰오대사는 쓰쿠시(筑紫) 무나카타(胸形)에 계신 주부대신(中部大神)이 무진년(戊辰年) 3월 3일 마쓰자키노히노오(松埼日尾)【또는 히자키노미네(日埼岑)라고 한다】로 강림하였는데, 다이호(大寶) 원년 가와베(川邊)의 아들 하타노이미키도리(秦忌寸都理)

가 히자키노미네로부터 마쓰오(松尾)로 오도록 권청하여 다쿠치(田口)의 딸 하타노이미키치마루메(秦忌寸知麻留女)가 처음으로 미아레(御阿禮)를 세워 봉사했다.

57. 『야마시로국 풍토기(山城國風土記)』 일문(逸文) 이나리사(伊奈利社)

풍토기(風土記)에서 말하길, 이나리(伊奈利)라는 것은 하타노나카쓰야노이미키(秦中家忌寸)의 먼 조상인 이로구하타공(伊侶具秦公)이 이삭이나 조 등의 곡물을 쌓아 풍요로웠는데, 그때 떡을 과녁으로 삼아 활을 쏘게 되자 떡은 흰 새가 되어 산봉우리 날아갔다. 그 흰 새가 이네나리(伊禰奈利, 벼)로 변해 마침내 신사의 이름으로 하였다고 한다.

58. 『신찬성씨록』 우경(右京) 제번(諸蕃)하 백제(百濟)

아야히토(漢人)는 백제국인(百濟國人) 다야가(多夜加)의 후손이다.

59. 『신찬성씨록』 야마시로국(山城國) 제번(諸蕃) 백제(百濟)

오카노야공(岡屋公)은 백제국 비류왕(比流王)의 후손이다.

60. 『일본삼대실록(日本三代實錄)』 조간(貞觀) 6년(864년)

8월 8일 임술 우경인(右京人) 옛 외종5위하 오카노야노기미노오야시로(岡屋公祖代)가 하타노아손(八多朝臣)의 성(姓)을 받았다. 그 선조는 하타노야시로노스쿠네(八太屋代宿禰)로부터 나왔다.

61. 『신찬성씨록』 우경(右京) 황별(皇別)상

하타노아손(八多朝臣)은 이시카와노아손(石川朝臣)과 조상이 같으며 다케우치노스쿠네(武內宿禰)의 후손이다. 『일본기(日本紀)』와 합치된다.

62. 『신찬성씨록』 야마시로국(山城國) 제번(諸蕃) 임나(任那)

다타라공(多々良公)은 미마나국주(御間名國主) 이리구모왕(爾利久牟王)으로부터 나왔다. 아메쿠니오시하라키히로니와노스메라미코토(天國排開廣庭天皇) 【시호는 긴메이(欽明)이다】 때에 투화(投化)하여 금으로 만든 다타리(多々利), 금호거(金乎居) 등을 바쳤다. 천황이 이를 칭찬하여 다타라공(多々良公)의 성(姓)을 주었다.

63. 『신찬성씨록』 미정잡성(未定雜姓) 우경(右京)

가라씨(加羅氏)는 백제국인(百濟國人) 도구군(都玖君)의 후손이다.

64. 칠지도 명문

(앞면) 奉□四年十一月十六日丙午正陽造百練[銕]七支刀[出]辟百兵宜供供侯王□□□□作

(뒷면) 先世以來未有此刀百濟王世子奇生聖音故爲倭王旨造傳示後世

(해석)

(앞면) 전지왕 4년(봉(奉)□4년, 408년) 11월 16일 병오(丙午)날 정양(正陽)에 백번 단련한 철을 재료로 칠지도를 만들었다. 이 칼은 나아가 백병을 물리치고 마땅히 후왕에게 보내 줄만 하다. ……

(뒷면) 선세 이래로 아직 이와 같은 칼은 없었다. 백제왕세자가 부처님의 가호로 태어나면서부터 특별(특이)했기 때문에 왜왕을 위하여 만들 것을 지시하니 후세에 전하여 보여라.

65. 『신찬성씨록』 좌경(左京) 황별(皇別) 하

기치타노무라지(吉田連)는 오가스가노아손(大春日朝臣)과 시조가 같으며 미마쓰히코카에시네노스메라미코토(觀松彦香殖稻天皇)【시호는 고쇼(孝昭)이다】의 황자 아메타라시히코쿠니오시히토노미코토(天帶彦國押人命)의 4세손 히코쿠니후쿠노미코토(彦國葺命)의 후손이다. 일찍이 시키노미즈카키궁(磯城瑞籬宮)의 미마키이리히코노스메라미코토(御間城入彦天皇) 때에 임나국(任那國)에서 "신(臣)의 나라 동북에 세 개의 기문(己汶)【상기문, 중기문, 하기문】이 있는데, 땅의 넓이가 300리이고 토지와 인민이 풍족합니다. 신라국과 서로 다투어 피차 이곳을 통치하는 것이 불가합니다. 전쟁이 계속되어 백성이 안심하고 살 수 없습니다. 신(臣)은 장군을 파견하여 이 땅을 다스리게 하여 귀국(貴國)의 부(部)로 삼기를 청합니다"라고 아뢰었다. 천황이 크게 기뻐하여 여러 경들에게 명하여 파견할 만한 사람을 주상하라고 하였다. 경들이 "히코쿠니후쿠노미코토(彦國葺命)의 손자 시오타레쓰히코노미코토(鹽垂津彦命)는 머리 위에 혹이 있어 세 갈래로 갈라진 소나무와 같으며【이로 인해 마쓰노키군(松樹君)이라고 불렀다】키가 5척이고 힘은 무리 중에 뛰어나며 성격도 용맹합니다"라고 아뢰었다. 천황이 시오타레쓰히코노미코토를 파견하였다. 명을 받들어 진수(鎭守)하였다. 그 당시에 미코토모치[宰]를 칭하여 기치(吉)라고 하였다. 이로 인해 그 후손의 성을 길씨(吉氏)라고 불렀다. 아들 종5위하 지수(知須) 등은 나라경(奈良京) 다무라노사토노가와(田村里河)에 거주하였다. 이로 인해 아메시루시쿠니오시하라키토요사쿠라히코노스메라미코토(天璽國押開豊櫻彦天皇)【시호는 쇼무(聖武)이다】진키(神龜) 원년(724년)에 기치타노무라지(吉田連)이라는 성(姓)【길(吉)은 본성, 전(田)은 거주하는 지명에서 취한 것이다】을 받았다. 지금 고닌(弘仁) 2년(811년)에 새로 스쿠네(宿禰)라는 성을 받았다. 『속일본기』와 합치된다.

66. 『일본서기』 덴지(天智) 10년(671년) 1월

이달에 좌평(佐平) 여자신(余自信), 사택소명(沙宅紹明)【법관대보(法官大輔)이다】에게 대금하(大錦下)를 주었다. 그리고 귀실집사(鬼室集斯)【학직두(學職頭)이다】에게 소금하(小錦下)를 주었다. 달솔(達率) 곡나진수(谷那晋首)【병법을 잘 알았다】, 목소귀자(木素貴子)【병법을 익혔다】, 억례복류(憶禮福留)【병법을 익혔다】, 답본춘초(答炑春初)【병법을 잘 알았다】, 본일비자(炑日比子), 찬파라(贊波羅), 금라금수(金羅金須)【의약에 통달하였다】, 귀실집신(鬼室集信)【의약에 통달하였다】에게는 대산하(大山下)를 주었다. 또한 달솔(達率) 덕정상(德頂上)【의약에 통달하였다】, 길대상(吉大尙)【의약에 통달하였다】, 허솔모(許率母)【오경(五經)에 밝았다】, 각복모(角福牟)【음양(陰陽)을 잘 알았다】에게 소산상(小山上)을 주었다. 나머지 달솔(達率) 등 50여 인에게는 소산하(小山下)를 주었다. 동요(童謠)에서 노래하였다. '귤나무 열매는 각각 다른 가지에 열려 있지만, 이를 실에 꿸 때는 다 하나가 되지요.'

67. 『속일본기』 진키(神龜) 원년(724년)

5월 신미.....종5위상 길의(吉宜), 종5위하 길지수(吉智首)에게 모두 기치타노무라지(吉田連)를 성으로 주었다.

68. 『일본서기』 조메이(舒明) 11년(639년)

가을 7월에 조(詔)하길, "금년에 대궁(大宮) 및 대사(大寺)를 만들라. 백제천(百濟川) 옆을 궁터로 하라"고 명하였다. 이에 서쪽의 백성들은 궁을 짓고 동쪽의 백성들은 절을 지었다. 후미노아타이아가타(書直縣)를 대장(大匠)으로 하였다.

가을 9월에 대당 학문승 혜은(惠隱)·혜운(惠雲)이 신라의 송사(送使)를 따라 입경하였다.

겨울 11월 경자삭에 신라 사신을 조정에서 향응하였다. 관위(冠位) 1급을 수여하였다.

12월 을사삭 임오에 이요(伊豫)의 온천탕으로 행차하였다.

이달에 백제천 옆에 9층탑을 세웠다.

69. 『신찬성씨록』 미정잡성(未定雜姓) 가와치국(河內國)

니키노오비토(新木首)는 백제국인(百濟國人) 이거류군(伊居留君)의 후손이다

70. 『신찬성씨록』 셋쓰국(攝津國) 제번(諸蕃) 한(漢)

히노쿠마노이미키(檜前忌寸)는 이시우라노이미키(石占忌村)과 조상이 같고 아지왕(阿智王)의 후손이다.

71. 『신찬성씨록』 우경(右京) 제번(諸蕃)하 백제(百濟)

마노노미야쓰코(眞野造)가 백제국 초고왕(肖古王)으로부터 나왔다.

72. 『신찬성씨록』 우경(右京) 제번(諸蕃)하 백제(百濟)

미타미노오비토(民首)는 미즈우미노무라지(水海連)와 조상이 같고 백제국인(百濟國人) 노리사주(努利使主)의 후손이다.

73. 『신찬성씨록』 야마시로국(山城國) 제번(諸蕃) 백제(百濟)

미타미노오비토(民首)는 미즈우미노무라지(水海連)와 조상이 같고 백제국인(百濟國人) 노리사주(怒理使主)의 후손이다.

74. 『신찬성씨록』미정잡성(未定雜姓) 가와치국(河內國)

오토모노후히토(大友史)는 백제국인(百濟國人) 시라이노나세(白猪奈世)의 후손이다.

75. 『신찬성씨록』미정잡성(未定雜姓) 우경(右京)

시가노아노우노스구리(志賀穴太村主)는 후한(後漢) 효헌제(孝献帝)의 아들 미파야왕(美波夜王)의 후손이다.

76. 『일본서기』덴지(天智) 8년(669년)

이해에 소금중(小錦中) 가와치노아타이구지라(河內直鯨) 등을 대당(大唐)에 사신으로 보냈다. 또 좌평(佐平) 여자신(餘自信)·좌평(佐平) 귀실집사(鬼室集斯) 등 남녀 700여 명을 오우미국(近江國) 가모군(蒲生郡)에 옮겨 살게 하였다. 또 대당(大唐)이 곽무종(郭務悰) 등 2,000여 명을 보냈다.

77. 『일본서기』덴지(天智) 2년(663년)

가을 8월 무술(戊戌) 적장(賊將)이 주유(州柔)에 이르러 그 왕성을 에워쌌다. 대당(大唐)의 장군이 전선(戰船) 170척을 이끌고 백촌강(白村江)에 진을 쳤다.

무신(戊申) 일본의 수군 중에 처음에 온 사람들이 대당의 수군과 싸웠다. 그러나 일본이 이기지 못하고 물러났다. 대당은 진열을 굳건히 하여 지켰다.

기유(己酉)에 일본의 장군들과 백제왕이 기상을 살피지 않고 말하길 "우리가 선수를 친다면 저쪽은 스스로 물러갈 것이다"라고 말하였다. 대오가 흔들린 일본 중군(中軍)의 병졸을 이끌고 다시 나아가 진열을 굳건히 하고 있는 대당의 군사를 공격하였다. 그러자 대당이 곧 좌우에서 배를 둘러싸고 싸웠다. 눈 깜짝할 사이에 관군(官軍)이 패배하였다. 이때 물속으로 떨어져서 익사한 자가 많았다. 또한 뱃머리와 고물을 돌릴 수가 없었다. 에치노다쿠쓰(朴市田來津)는 하늘을 우러러 맹세하고 이를 갈며 분노하면서 수십 인을 죽이고 마침내 전사하였다. 이때 백제왕 풍장(豊璋)은 몇 사람과 함께 배를 타고 고구려로 도망갔다.

78. 『일본서기』 오우진(應神) 15년

가을 8월 임술삭(壬戌朔) 정묘(丁卯). 백제왕이 아직기(阿直伎)를 보내어 좋은 말 2필을 바쳤다. 곧 가루(輕)의 산비탈 부근에 있는 마굿간에서 길렀는데, 아직기(阿直伎)로 하여금 사육을 맡게 하였다. 그 때문에 말 기르는 곳을 이름하여 우마야사카(廐坂)라고 한다. 아직기는 또한 경전(經典)을 잘 읽었으므로 태자인 우지노와키이라쓰코(菟道稚郞子)의 스승으로 삼았다. 이때 천황은 아직기에게, "혹 너보다 뛰어난 박사가 또 있느냐"고 물으니, "왕인(王仁)이라는 분이 있는데 뛰어납니다"라고 대답하였다. 그러자 가미쓰케노군(上毛野君)의 조상인 아라타와케(荒田別)와 가무나키와케(巫別)를 백제에 보내어 왕인을 불렀다. 아직기는 아지키노후히토(阿直岐史)의 시조이다.

79. 『신찬성씨록』 좌경(左京) 황별(皇別)상

기노아손(紀朝臣)은 이시카와노아손(石川朝臣)과 조상이 같으며 다케우치노스쿠네(建內宿禰)의 아들 기노쓰노노스쿠네(紀角宿禰)의 후손이다.

80. 『일본서기』 덴무슈쵸(天武朱鳥) 원년(686년)

7월 계묘(癸卯) 기이국(紀伊國)에 있는 국현신(國懸神, 가라쿠니카라노가미)·아스카 4사(飛鳥四社)·스미노에노오가미(住吉大神)에게 폐백을 바쳤다.

81. 스다하치만신사(隅田八幡神社) 인물화상경 명문

未年八月日十 大王年 男弟王 在意柴沙加宮時 斯麻 念長奉 遣歸中費直 穢人今州利二人等 所白上同二百旱 取此竟矣

(해석)

미년(未年, 기미년, 479년) 8월 10일 대왕년(大王年, 삼근왕의 치세) 남제왕(男弟王, 동성왕)이 오시사카궁(意柴沙加宮, 忍坂宮)에 있을 때 사마(斯麻, 무령)가 오랫동안 섬길 것을 생각하면서(念長奉) 귀중비직(歸中費直) 예인금주리(穢人今州利) 2인을 보내서 아뢴바 동(銅) 이백한(二百旱)을 올려 이 거울을 취한다.

82. 『일본서기』 오우진(應神) 31년

가을 8월 여러 신하들에게 "관선(官船) 가운데 가라노(枯野)라고 하는 것은 이즈국(伊豆國)에서 바친 배인데, 이것이 썩어서 사용할 수 없게 되었다. 그러나 오랫동안 관용으로 쓰인 공로를 잊을 수가 없으니 어떻게 하면 그 배의 이름이 끊이지 않고 후세에 전해질 수 있겠는가?"라고 물었다. 여러 신하들이 명을 받고 담당 관리에게 명령하여 그 배의 목재를 땔감으로 하여 소금을 굽도록 명하였다. 그리고 500 광주리의 소금을 얻어 여러 나라에 두루 나누어 주고는 배를 만들도록 하였다. 이에 여러 나라에서 한꺼번에 500척의 배를 만들어 바쳤다. 그것을 모두 무코(武庫)의 수문(水門)에 모아 놓았다. 마침 이때 신라의 조공 사신이 무코에 머무르고 있었는데 신라가 머무르는 곳에서 홀연히 불이 나서 이로 인하여 모아 놓은 배에까지 번져 많은 배가 불에 탔다. 이로 말미암아 신라인을 책망하였다. 신라왕이 그것을 듣고 크게 놀라서 이에 뛰어난 장인을 바쳤으니, 이들이 이나베(猪名部) 등의 시조이다.

83. 『일본서기』 유랴쿠(雄略) 12년

겨울 10월 천황이 목공(木工)인 쓰케노미타(鬪鷄御田)【어떤 책에서는 이나베노미타(猪名部御田)라고 했는데, 아마 잘못일 것이다】에게 처음으로 누각을 세우게 하였다.

84. 『일본서기』 유랴쿠(雄略) 13년

가을 9월 목공(木工) 이나베노마네(韋那部眞根)가 돌을 가지고 나무를 괴는 받침대로 삼아 도끼를 휘둘러 재목을 깎았다. 종일토록 깎아도 잘못해서 날을 상하는 일이 없었다.

85. 『신찬성씨록』 셋쓰국(攝津國) 제번(諸蕃) 백제(百濟)

이나베노오비토(爲奈部首)는 백제국인(百濟國人) 나카쓰하테로부터 나왔다.

86. 『신찬성씨록』 좌경(左京) 신별(神別)상 천신(天神)

이나베노미야쓰코(猪名部造)는 이카가시코오노미코토(伊香我色男命)의 후손이다.

87. 『신찬성씨록』 미정잡성(未定雜姓) 셋쓰국(攝津國)

이나베노오비토(爲奈部首)는 이카가시코오노미코토(伊香我色乎命)의 6세손 가네노무라지(金連)의 후손이다.

88. 『신찬성씨록』 셋쓰국(攝津國) 제번(諸蕃) 백제(百濟)

무코노오비토(牟古首)는 백제국인(百濟國人) 우사길지(汙氾吉志)로부터 나왔다.

89. 『신찬성씨록』 셋쓰국(攝津國) 제번(諸蕃) 한(漢)

아시야노아야히토(葦屋漢人)는 이시우라노이미키(石占忌寸)와 조상이 같고 아지왕(阿智王)의 후손이다.

90. 『신찬성씨록』 셋쓰국(攝津國) 제번(諸蕃) 백제(百濟)

스구리(村主)는 아시야노스구리(葦屋村主)와 조상이 같고 의보하라지왕(意寶荷羅支王)의 후손이다.

91. 『신찬성씨록』 이즈미국(和泉國) 제번(諸蕃) 백제(百濟)

아시야노스구리(葦屋村主)는 백제(百濟) 의보하라지왕(意寶荷羅支王)으로부터 나왔다.

92. 『일본서기』 오우진(應神) 41년 봄 2월

이달에 아지사주(阿知使主) 등이 오(吳)로부터 쓰쿠시(筑紫)에 도착하였다. 그때 무나카타대신(胸形大神)이 공녀(工女)들을 달라고 원했기 때문에 에히메(兄媛)로 하여금 무나카타대신을 받들도록 하였다. 이것이 지금 쓰쿠시국(筑紫國)에 있는 미쓰카이군(御使君)의 선조이다. 3인의 공녀를 데리고 쓰국(津國)에 와서 무코(武庫)에 닿았을 때 천황이 죽어 때를 맞추지 못하였다. 오사자키노미코토(大鷦鷯尊, 닌토쿠)에게 바쳤다. 이 여인들의 후예가 지금의 구레노기누누이(吳衣縫) · 가야노기누누이(蚊屋衣縫)이다.

93. 『일본서기』 스이코(推古) 11년(603년)

11월 기해삭(己亥朔) 황태자는 모든 대부(大夫)들에게 말하길, "나에게는 존귀한 불상이 있다. 누가 이 불상을 가지고 공경할 것인가"라고 물었다. 이때 하타노미야쓰코가와카쓰(秦造河勝)가 나와서 "제가 예배하겠습니다"라고 대답하였다. 이내 불상을 받아 하치오카사(蜂岡寺)를 세웠다.

94. 『속일본기(續日本紀)』 엔랴쿠(延曆) 9년(790년)

11월 임신 외종5위하 가라쿠니노무라지노미나모토(韓國連源) 등이 주상하기를, "미나모토(源) 등은 모노노베노오무라지(物部大連) 등의 자손입니다. 모노노베노무라지(物部連) 등은 각각 지내는 곳과 하는 일에 따라서 180씨로 나눠졌습니다. 그래서 미나모토 등의 선조인 시오코(鹽兒)는 부친, 조부가 사신으로 파견되었던 나라 이름에 근거하여 모노노베노무라지(物部連)를 고쳐 가라쿠니노무라지(韓國連)를 성(姓)으로 했습니다. 곧 오무라지의 자손은 일본의 옛 백성인데 지금 가라쿠니(韓國)라고 부르니 오히려 삼한(三韓)에서 새로 온 것처럼 보입니다. 이름을 부르고 말할 때마다 항상 다른 사람들이 듣고 놀랍니다. 거주지에 따라서 성을 내리는 것이 고금의 관례입니다. 엎드려 바라옵건대, 가라쿠니라는 두 글자를 고쳐서 다카하라(高原)의 성을 내려주십시오"라고 했다. 청에 따라서 이를 허락하였다.

95. 『신찬성씨록』 이즈미국(和泉國) 신별(神別) 천신(天神)

가라쿠니노무라지(韓國連)는 채녀신(采女臣)과 조상이 같으며 부레쓰(武烈) 때에 한국(韓國)으로 파견되었다가 귀국할 때 가라쿠니노무라지(韓國連)의 성(姓)을 받았다.

96. 『일본서기』 유랴쿠(雄略) 14년

3월에 오미무라지(臣連)에게 명해서 오(吳)의 사신을 맞이하게 하였다. 곧 오인(吳人)을 히노쿠마노노(檜隈野)에 안치하였다. 이로 인하여 구레하라(吳原)라 이름하였다. 기누누이(衣縫) 에히메(兄媛)로 오미와노가미(大三輪神)를 받들게 하고 오토히메

(弟媛)를 아야노기누누이베(漢衣縫部)로 삼았다. 아야하토리(漢織) 구레하토리(吳織)의 기누누이(衣縫)는 아스카기누누이베(飛鳥衣縫部), 이세노기누누이(伊勢衣縫)의 선조이다.

97. 『신찬성씨록』 가와치국(河內國) 제번(諸蕃) 백제(百濟)

구레하토리노미야쓰코(吳服造)는 백제국인(百濟國人) 아루이노후히토(阿漏史)로부터 나왔다.

98. 『신찬성씨록』 미정잡성(未定雜姓) 우경(右京)

고씨(吳氏)는 백제국인(百濟國人) 덕솔(德率) 오기측(吳伎側)의 후손이다.

99. 『신찬성씨록』 셋쓰국(攝津國) 신별(神別) 천신(天神)

하토리노무라지(服部連)는 히노하야히노미코토(熯之速日命)의 12세손 마라노스쿠네(麻羅宿禰)의 후예이다. 인교천황(允恭天皇) 때에 오리베노쓰카사(織部司)에 임명되어 전국의 오리베(織部)를 거느렸다. 이로 인하여 하토리노무라지(服部連)라고 불렀다.

100. 『만엽집(万葉集)』

거친 가네의 곶(金崎, 鐘崎)이 지나가 버렸다고 해도 나는 잊지 못하네, 시카(志賀)의 신(神)을. [千磐破 金之三埼乎 過輛 吾者不忘 壯鹿之須賣神]

101. 『신찬성씨록』 야마시로국(山城國) 제번(諸蕃) 백제(百濟)

스구리(勝)는 가미노스구리(上勝)와 조상이 같으며 백제국인(百濟國人) 다리수수(多利須須)의 후손이다.

102. 『오우치계도(大內系圖)』 임성태자(琳聖太子)

스이코제(推古帝) 19년 신미(辛未) 백제왕 여장(余璋)의 아들【세번째 아들】인 임성태자(琳聖太子)가 내조(來朝)하였다. 스오국(周防國) 사와군(佐波郡) 타다라하마(多々良浜)에 정박하였다. 자손인 마사쓰네(正恒)가 다타라(多々良)라는 성(姓)을 받았다. 이것이 오우치(大內)의 조상이다. 성씨록(姓氏録)을 살펴보니, 다타라공(多々良公)은 미마나국주(御間名國主) 이리구모왕(爾利久牟王)으로부터 나왔다. 긴메이(欽明) 천황 때에 투화(投化)하여 금으로 만든 다타리(多々利), 금호거(金乎居) 등을 바쳤다. 천황이 이를 칭찬하여 다타라공(多々良公)의 성(姓)을 주었다.

103. 『일본서기』 덴지 4년 8월

백제인 달솔(達率) 답본춘초(答㶱春初)를 보내 나가토국(長門國)에 성을 축조하게 하였다. 동시에 달솔 사비복부(四比福夫)와 달솔 억례복류(憶禮福留)를 쓰쿠시국(筑紫國)에 보내 오노(大野)와 기(椽) 두 성을 쌓게 하였다.

104. 『일본서기』 진구(神功) 5년

봄 3월 경묘삭 기유 …… 이에 신라로 가서 도비진(蹈鞴津)에 진을 치고, 초라성(草羅城)을 함락하고 돌아왔다. 이때의 포로들은 지금의 구와하라(桑原), 사비(佐麋), 타카미야(高宮), 오시누미(忍海) 등 4읍(邑) 아야히토(漢人)들의 시조이다.

105. 『히젠국 풍토기(肥前國風土記)』

옛날 구메황자(來目皇子)가 신라를 정벌하려고 오시누미(忍海)의 아야히토(漢人)에게 명령하여 이 마을에 살면서 병기를 만들게 했던 것에서 아야베향(漢部鄉)이라 불렀다.

106. 『일본서기』 스이코(推古) 5년(597년)

여름 4월 정축삭 백제왕이 왕자 아좌(阿佐)를 파견하여 조공하였다.

107. 『일본서기』 비다쓰(敏達) 12년(583년)

가을 7월 정유삭에게 말하길, "…… 선고천황(先考天皇)이 임나를 회복하고자 꾀하였다. 그러나 이루지 못하고 죽어서 그 뜻을 달성하지 못하였다. 이로써 짐은 신령스러운 계책을 받들어서 다시 임나를 일으키고자 한다. 지금 백제에 있는 히노아시키타노구니노미야쓰코(火葦北國造) 아리사등(阿利斯登)의 아들 달솔(達率) 일라(日羅)는 어질고 용맹하다. 그러므로 짐은 그와 함께 도모하고자 한다"라고 말하였다. 곧 기노구니노미야쓰코오시카쓰(紀國造押勝)와 기비노아마노아타이하시마(吉備海部直羽嶋)를 보내어 백제에서 불러들였다.

이 해 …… 이때 일라는 갑옷을 입고 말을 타고 문 앞에 이르러 곧 건물 앞으로 나아갔다. 그리고 절도 있게 무릎 꿇어 절을 하고, "히노쿠마노미야니아메노시타시로시메시시스메라미코토(檜隈宮御寓天皇) 때에 우리 군주 오토모노가나무라노오무라지(大伴金村大連)가 나라를 위해서 해외로 사신으로 보냈던 히노아시키타노구니노미야쓰코(火葦北國造) 오사카베노유게이 아리사등(刑部靫部阿利斯登)의 아들인 신 달솔(達率) 일라는 천황의 부름을 듣고 두려워하며 내조(來朝)하였습니다"라고 하였다.

…… 일라가 말하길, "천황이 천하를 다스리는 정치는 모름지기 백성을 보호하고 기르는 것입니다. 어찌 갑자기 병사를 일으켜서 도리어 백성을 잃어버리고 없애겠습니까? 그러므로 지금 정사를 의논하는 자로 하여금 천황을 섬기고 받드는 오미무라지(臣連) 및 이조(二造)【이조는 구니노미야쓰코(國造)·도모노미야쓰코(伴造)이다】부터 아래로 백성에 이르기까지 모두 넉넉하고 부유하며 궁핍한 바가 없게

해야 합니다. 이와 같이 3년이 지나면 음식이 충분해지고 무기가 충분해지니, 기쁘게 백성을 부릴 수 있습니다. 물불 가리지 않고 같이 나라의 어려움을 근심할 것입니다. 그러한 이후에 선박을 많이 만들어서 진(津)마다 늘어세워 두고 객인(客人)에게 보게 하여 두려움을 가지게 하십시오. 그리하여 곧 좋은 사신을 백제에 보내서 그 국왕을 부르십시오. 만약 오지 않으면, 그 태좌평(太佐平)과 왕자(王子) 등을 불러서 오게 하십시오. 곧 자연히 삼가고 복종하게 됩니다. 그 이후에 죄를 묻는 것이 마땅합니다"라고 대답하였다. 또 "백제 사람이 모의하여 '배 3백 척이 있으니 쓰쿠시(筑紫)를 달라고 하자'라고 말하였습니다. 만약 실제로 청한다면, 마땅히 주는 척하십시오. 그리하면 곧 백제는 신국(新國)을 세우려고 반드시 먼저 여인과 어린아이를 배에 실어서 보낼 것입니다. 천황께서는 이때를 기다려 이키(壹伎)와 쓰시마(對馬)에 많은 복병을 두고 도착하는 것을 살펴 죽이십시오. 도리어 속임을 당하지 마십시오. 요해지에 견고한 요새를 쌓으십시오"라고 말하였다.

…… 이에 일라는 구와이치촌(桑市村)에서 나니와(難波)의 관(館)으로 옮겼다. 덕이(德爾) 등은 밤낮으로 함께 모의하여 죽이고자 하였다. 이때 일라는 몸에서 빛이 발하여 불꽃과 같았다. 이 때문에 덕이 등은 두려워 죽이지 못하였다. 그러다가 드디어 12월의 그믐에 빛을 잃는 것을 기다렸다가 죽였다. 일라는 다시 살아나서 "이는 내가 부리는 노비들이 한 짓이다. 신라가 한 일이 아니다"라는 말을 끝내고 죽었다【이때 마침 신라의 사신이 있었으므로 이렇게 말한 것이다】. 천황은 니에코노오무리지(贄子大連)와 아라테코노무라지(糠手子連)에게 명하여 오군(小郡)의 서쪽 근처 언덕 위에서 거두어 장사 지내게 하였다. 그리고 그 처자(妻子)와 수수(水手) 등을 이시카와(石川)에서 살게 하였다. 이에 오토모노아라테코노무라지(大伴糠手子連)가 "한곳에서 모여 살면 변란을 일으킬까 두렵습니다"라고 의논하여 말하였다. 그리하여 처자를 이시카와의 백제촌(百濟村)에서 지내게 하고, 수수 등을 이시카와의

오토모촌(大伴村)에서 지내게 하였다. 그리고 덕이 등을 잡아서 묶고 하백제(下百濟)의 가와타촌(河田村)에 두었다. 몇 명의 대부(大夫)를 보내어 그 일을 추문하자 덕이 등은 죄를 인정하며 "사실입니다. 이는 은솔과 참관이 시켜서 한 일입니다. 저희들은 아랫사람이기 때문에 감히 거역할 수 없었습니다"라고 말하였다. 이로 인하여 옥에 가두고 조정에 복명하였다. 곧 사신을 아시키타(葦北)에 보내어 일라의 일족을 모두 불러서 덕이 등을 주고 마음대로 죄를 결정하게 하였다. 이때 아시키타군(葦北君) 등이 넘겨받아서 모두 죽이고, 미메시마(彌賣島)에 던졌다【아마도 히메시마(姫島)일 것이다】. 그리고 일라를 아시키타로 옮겨 장사 지냈다. 그 후에 바다 근처의 사람이 "은솔(恩率)의 배는 바람으로 인해서 바다에 가라앉았습니다. 참관(參官)의 배는 쓰시마(津島)에 표박(漂泊)하다가 겨우 되돌아갈 수 있었습니다"라고 말하였다.

108. 『일본서기』 스이코(推古) 17년(609년)

여름 4월 정유삭 경자에 쓰쿠시 대재(筑紫大宰)가 "백제승려인 도흔(道欣)과 혜미(惠彌)를 우두머리로 한 10명과 75명의 속인들이 히노미치노시리국(肥後國)의 아시키타(葦北) 나루에 도착하였습니다"라고 주상하였다. 이때 나니와키시(難波吉士) 도코마로(德摩呂)와 후나노후히토타쓰(船史龍)를 보내어 "어찌하여 왔느냐?"라고 물었다. 그러자 "백제왕의 명령으로 오국(吳國)에 파견되었는데, 그 나라에 전란이 있어 들어가지 못하였습니다. 다시금 본향으로 돌아가려고 하던 중 홀연히 폭풍을 만나 해중에서 표류하게 되었습니다. 그러나 다행스럽게도 성제(聖帝)의 변경에 도착하게 되어 기쁩니다"라고 대답하였다.

109. 『속일본기』 몬무(文武) 2년(698년)

5월 갑신(甲申) 대재부(大宰府)로 하여금 오노(大野), 기이(基肄), 기쿠치(鞠智) 3성을 수리하도록 하였다.

110. 『일본몬토쿠실록(日本文德實錄)』 덴안(天安) 2년(858년)

2월 24일 병진 히노미치노시리국(肥後國)에서 말하길, "기쿠치성원(菊池城院) 무기고의 북이 스스로 울렸다"라고 하였다.

2월 25일 정사 다시 울렸다.

111. 『일본몬토쿠실록(日本文德實錄)』 덴안(天安) 2년(858년)

6월 20일 히노미치노시리국(肥後國) 기쿠치성원(菊池城院) 무기고의 북이 스스로 울렸다. 성(城)의 부동창(不動倉) 11우(宇)가 불에 탔다.

112. 『일본삼대실록(日本三代實錄)』 간교(元慶) 3년(879년)

3월 16일 히노미치노시리국(肥後國) 기쿠치군성원(菊池郡城院) 무기고의 문(戶)이 스스로 울렸다.

113. 『만엽집(万葉集)』

오키(沖) 부근의 바다로부터 밀려오는 한(韓)의 포(浦)에 먹이를 찾아다니는 학들 울며 떠드네 [於枳敞欲理　之保美知久良之　可良能宇良尒　安佐里須流多豆　奈伎弖佐和伎奴].

114. 『일본후기(日本後紀)』 고닌(弘仁) 2년(811년)

4월 기축(己丑) …… 아와국인(阿波國人) 구다라베노히로사마(百濟部廣濱) 등 100인에게 백제공(百濟公)이라는 성(姓)을 내렸다.

115. 『신찬성씨록』 좌경(左京) 제번(諸蕃)하 백제(百済)

쓰키노무라지(調連)는 미즈우미노무라지(水海連)와 조상이 같으며 백제국(百済國) 노리사주(努理使主)의 후손이다. 호무타노스메라미코토(譽田天皇)【시호는 오우진 (應神)이다】 때에 귀화하였다. 손(孫)은 아구태(阿久太)의 아들 미화(彌和), 다음은 가야(賀夜), 다음은 마리(麻利)이다. 미화는 오케노스메라미코토(弘計天皇)【시호는 겐소(顯宗)이다】 때에 양잠, 명주의 직조법을 바쳤다. 이에 쓰키노오비토(調首)의 성(姓)을 내렸다.

116. 『신찬성씨록』 우경(右京) 제번(諸蕃)하 백제(百済)

나카노노미야쓰코(中野造)는 백제국인(百済國人) 저솔(杵率) 답타사지(答他斯智)의 후손이다.

117. 『속일본기』 덴표호지(天平寶字) 5년(761년)

3월 경자(庚子) …… 답타이나마려(答他伊奈麻呂) 등 5인에게 나카노노미야쓰코(中野造)를 내렸다.

118. 『신찬성씨록』 야마시로국(山城國) 제번(諸蕃) 백제(百済)

이베노미야쓰코(伊部造)는 백제국인(百済國人) 내리사주(乃里使主)로부터 나왔다.

119. 『일본삼대실록(日本三代實錄)』 조간(貞觀) 15년(873년)

12월 임진삭 2일 계사 에치젠국(越前國) 쓰루가군인(敦賀郡人) 우대사(右大史) 정6 위상 이베노미야쓰코노토요모치(伊部造豊持)가 이타카노아손(飯高朝臣)의 성(姓)을 사여 받았다.

120. 『신찬성씨록』 우경(右京) 제번(諸蕃)하 백제(百濟)

후와노스구리(不破勝)는 백제국인(百濟國人) 순무지등(淳武止等)의 후손이다.

121. 『신찬성씨록』 우경(右京) 제번(諸蕃)하 백제(百濟)

후와노무라지(不破連)는 백제국인(百濟國人) 도모왕(都慕王)의 후손인 비유왕(毗有王)으로부터 나왔다.

122. 『신찬성씨록』 우경(右京) 제번(諸蕃)하 백제(百濟)

스가노노아손(菅野朝臣)은 백제국(百濟國) 도모왕(都慕王)의 10세손 귀수왕(貴首王)으로부터 나왔다.

123. 『신찬성씨록』 우경(右京) 제번(諸蕃)하 백제(百濟)

후지이노스쿠네(葛井宿禰)는 스가노노아손(菅野朝臣)과 조상이 같으며 염군(鹽君)의 아들인 미산군(味散君)의 후손이다.

124. 『신찬성씨록』 우경(右京) 제번(諸蕃)하 백제(百濟)

미하라노스쿠네(宮原宿禰)는 스가노노아손(菅野朝臣)과 조상이 같으며 염군(鹽君)의 아들인 지인군(智仁君)의 후손이다.

125. 『신찬성씨록』 우경(右京) 제번(諸蕃)하 백제(百濟)

쓰노스쿠네(津宿禰)는 스가노노아손(菅野朝臣)과 조상이 같으며 염군(鹽君)의 아들인 마려군(麻侶君)의 후손이다.

126. 『신찬성씨록』 우경(右京) 제번(諸蕃)하 백제(百濟)

나카시나노스쿠네(中科宿禰)는 스가노노아손(菅野朝臣)과 조상이 같으며 염군(鹽君)의 손(孫)인 우지(宇志)의 후손이다.

127. 『신찬성씨록』 우경(右京) 제번(諸蕃)하 백제(百濟)

후나노무라지(船連)는 스가노노아손(菅野朝臣)과 조상이 같으며 대아랑왕(大阿郎王)의 3세손인 지인군(智仁君)의 후손이다.

128. 『일본서기』 비다쓰(敏達) 14년(585년)

3월 병술 모노노베노유게노모리야노오무라지(物部弓削守屋大連)는 스스로 절에 가서 걸상에 걸터앉았다. 그리고 탑을 자르고 무너뜨린 다음 불을 질러 태웠으며, 아울러 불상과 불전을 태웠다. 타다 남은 불상을 거두어 나니와(難波)의 호리에(堀江)에 버리게 하였다.

129. 『신찬성씨록』 미정잡성(未定雜姓) 우경(右京)

데라공(료良公)은 백제국주(百濟國主) 의리도해(意里都解)의 4세손인 진라군(秦羅君)의 후손이다.

130. 『신찬성씨록』 좌경(左京) 제번(諸蕃)하 백제(百濟)

마쓰다노후히토(沙田史)는 백제국인(百濟國人) 의보니왕(意保尼王)으로부터 나왔다.

131. 『속일본기』 덴표진고(天平神護) 2년(766년)

5월 임술(壬戌) 고즈케국(上野國)에 있는 신라인(新羅人) 고마타리(子午足) 등 193인에게 요시이노무라지(吉井連)라는 성(姓)을 내렸다.

132. 『일본서기』 덴지(天智) 5년(666년)

이해 겨울에 미야코(京都)의 쥐들이 오우미(近江)로 옮겨갔다. 백제 남녀 2,000여 명을 동국(東國)에 살게 하였다.

133. 『다고비(多胡碑)』

弁官符上野國片罡郡緑野郡甘
良郡并三郡內三百戶郡成給羊
成多胡郡和銅四年三月九日甲寅
宣左中弁正五位下多治比真人
太政官二品穂積親王左太臣正二
位石上尊右太臣正二位藤原尊

(해석)

변관의 명으로 기록한다. 고즈케국(上野國) 가타오카군(片岡郡), 미도노군(綠野郡), 간라군(甘良郡) 내의 300호를 합쳐 군(郡)을 만들어 요(羊)에게 주어 다고군(多胡郡)을 만든다. 와도(和銅) 4년 3월 9일 갑인일에 선포한다. 좌중변 정5위하 다지히노마히토(多治比眞人) 태정관 2품 호즈미친왕(穂積親王) 좌태신 정2위 이소노카미노미코토(石上尊) 우태신 정2위 후지와라노미코토(藤原尊)

134. 『히타치국 풍토기(常陸國風土記)』 구지군(久慈郡)

군청의 동쪽 7리에 오타향(太田郷)이 있고 나가하타베사(長幡部之社)가 있다. 옛 노인이 이르길 "스메미마노미코토(珠賣美万命)가 하늘에서 내려오실 때 옷을 지으려 고 같이 따라온 가무하타히메노미코토(綺日女命)는 본래 쓰쿠시국(筑紫國) 히무카 (日向)의 후타가미 봉우리에서 미노국(三野國) 히키쓰네(引津根) 언덕에 이르렀다. 훗 날 미마키천황(美麻貴天皇) 때에 이르러 나가하타베(長幡部)의 먼 조상인 다테노미 코토(多弖命)가 미노에서 구지(久慈)로 옮겨서 재봉틀을 만들어 처음으로 직물을 짰 다……"고 하였다.

참고문헌

1. 사료

『古事記』
『日本書紀』
『續日本紀』
『日本後紀』
『日本文德實錄』
『日本三代實錄』
『新撰姓氏錄』
『万葉集』
『弘仁私記』
『本朝月令』
『肥前国風土記』
『常陸国風土記』
『山城国風土記』逸文

2. 단행본

岡山市史編集委員会, 『岡山市史(古代編)』, 岡山市役所, 1962
谷川健一編, 『日本の神々-神社と聖地(1) 九州』, 白水社, 2000
谷川健一編, 『日本の神々-神社と聖地(5) 山城/近江』, 白水社, 2015
谷川健一, 金達寿, 『地名の古代史』, 河出書房新社, 2012
韮崎市教育委員会, 『中田小学校遺跡』, 1985
九州の中の朝鮮文化を考える会, 『九州のなかの朝鮮』, 明石書店, 2002
吉田東伍, 『大日本地名辞書』2, 冨山房, 1992
金正柱, 『畿內の緣故遺蹟』, 韓國資料研究所, 1964
金達寿, 『日本の中の朝鮮文化』1, 講談社, 1983
金達寿, 『日本の中の朝鮮文化』2, 講談社, 1983
金達寿, 『日本の中の朝鮮文化』3, 講談社, 1975
金達寿, 『日本の中の朝鮮文化』4, 講談社, 1973
金達寿, 『日本の中の朝鮮文化』6, 講談社, 1976
金達寿, 『日本の中の朝鮮文化』7, 講談社, 1983
金達寿, 『日本の中の朝鮮文化』8, 講談社, 1984
金達寿, 『日本の中の朝鮮文化』10, 講談社, 1988
金達寿, 『日本の中の朝鮮文化』11, 講談社, 1994

金鉉球,『大和政権の対外関係研究』, 吉川弘文館, 1985

김현구, 박현숙, 우재병, 이재석,『일본서기 한국관계기사 연구』I, 일지사, 2002

奈良文化財研究所,『平城宮発掘調査出土木簡概報(21)-長屋王家木簡1-』, 1989

奈良文化財研究所,『吉備池廃寺発掘調査報告-百済大寺跡の調査-』, 2003

段熙麟,『日本に残る古代朝鮮』(近畿編), 創元社, 1985

大田市鳥井町,『鳥井町史誌』, 明福會, 1977

大和岩雄,『新版 信濃古代史考』, 大和書房, 2013

朴鐘鳴,『京都のなかの朝鮮』, 明石書店, 1999

兵庫のなかの朝鮮編集委員会,『兵庫のなかの朝鮮』, 明石書店, 2001

山内和幸,『地名由来 飛騨・美濃』, まつお出版, 2014

石上神宮社務所,『石上神宮』, 1999

須田牧子,『中世日朝関係と大内氏』, 東京大学出版会, 2011

신종원, 오길환,『일본 신사에 모셔진 한국의 신神』, 민속원, 2014

연민수, 김은숙, 이근우, 서보경, 박재용,『新撰姓氏録』中, 동북아역사재단, 2020

연민수, 김은숙, 이근우, 서보경, 박재용,『新撰姓氏録』下, 동북아역사재단, 2020

永山卯三郎,『吉備郡史』上卷, 名著出版, 1971

熊本県教育委員會,『鞠智城跡II-鞠智城跡第8~32次調査報告』, 大和印刷所, 2012

栗田寛,『新撰姓氏録考証』, 臨川書店, 1969

일본 속의 韓國史蹟 편찬위원회,『日本 속의 韓國史蹟』, 駐日本國大韓民國大使館, 2001

佐伯有清,『新撰姓氏録の研究』考證篇2, 吉川弘文館, 1982

佐伯有清,『新撰姓氏録の研究』考證編3, 吉川弘文館, 1982

佐伯有清,『新撰姓氏録の研究』考證編5, 吉川弘文館, 1972

宗像市史編纂委員会編,『宗像市史 通史編』2, 宗像市, 1999

川本町遺跡調査会,『百済木遺跡』, 川本町遺跡調査会報告書8集, 2003

村山正雄,『石上神宮七支刀銘文図録』, 吉川弘文館, 1996

坂本太郎, 平野邦雄(監修),『日本古代氏族人名辞典』, 吉川弘文館, 2010

平凡社編,『日本歴史地名大系18 福井県の地名』, 平凡社, 1981

平凡社編,『日本歴史地名大系20 長野県の地名』, 平凡社, 1979

平凡社編,『日本歴史地名大系21 岐阜県の地名』, 平凡社, 1989

平凡社編,『日本歴史地名大系22 静岡県の地名』, 平凡社, 2000

平凡社編,『日本歴史地名大系23 愛知県の地名』, 平凡社, 1981

平凡社編,『日本歴史地名大系24 三重県の地名』, 平凡社, 1990

平野邦雄,『帰化人と古代国家』, 吉川弘文館, 1993

阿部正路,『神道がよくわかる本』, PHP研究所, 1997

홍성화,『한일고대사 유적답사기』, 삼인, 2008

홍성화,『칠지도와 일본서기 : 4-6세기 한일관계사 연구』, 경인문화사, 2021

3. 논문

나행주, 「일본의 역사서와 연구물에 그려진 왕인박사-왕인 관련 문헌과 그 후예씨족을 중심
　　으로-」, 『왕인박사에 대한 교육의 현황과 개선방향』전라남도·(사)왕인박사현창협회, 2014
노성환, 「일본 시코쿠(四国)지역의 고대한국계 신사(사원)와 전승」, 『일본학연구』46, 2015
大竹弘之, 「河内百済寺跡の発掘調査」, 『百済學報』8, 2012
大和岩雄, 「秦氏 葛城氏 蘇我氏」, 『東アジアの古代文化』36, 1983
笠井倭人, 「朝鮮語より見た秦·漢氏の始祖名」, 『古代の日朝関係と日本書紀』, 吉川弘文館,
　　2000
박남수, 「백제 동성왕 인물화상경('隅田八幡鏡'과 斯麻」, 『동연』11, 2022
박재용, 「고대 일본 藤原氏와 백제계 渡倭人」, 『백제연구』54, 2011
박재용, 「6세기 고대일본 백제계 渡倭人과 불교」, 『백제문화』50, 2014
北條勝貴, 「松尾大社における市杵島姫命の鎮座について」, 『国立歴史民俗博物館研究報告』
　　72, 1997
서보경, 「8세기 秦氏의 씨족 분화와 官人化」, 『日本研究』67, 2016
宋浣範　「奈良時代의 百濟王氏社會와 文化的特性」, 『日本語研究』10, 2007
신종원, 오길환, 「일본 야마나시현, 나가노현의 고대 한국 관련 신사와 사찰 조사 보고」, 『일
　　본 신사에 모셔진 한국의 신神』, 민속원, 2014
오길환, 「일본에 있는 고대 한반도 관련 신사 조사 보고」, 『일본 신사에 모셔진 한국의 신神』,
　　민속원, 2014
有働智奘, 「古代肥後における仏教伝来－百済達率日羅と鞠智城出土遺物を中心として－」,
　　『鞠智城と古代社会』2, 2013
積山洋, 「難波と百済王氏」, 『東アジアにおける難波宮と古代難波の国際的性格に関する総
　　合研究』(財)大阪市文化財協會, 2010
정재윤, 「阿利斯等 日羅를 통해본 6세기 한일 관계」, 『백제학보』15, 2015
平野邦雄, 「秦氏の研究」, 『史学雑誌』70-3, 1961
하정용, 「일본 속에 우리 신을 모시는 신사」, 『한국 신을 모시는 일본의 신사』, 한국학중앙연
　　구원, 2005
洪性和, 「百済と古代日本の関係-王室関係と交流を中心として-」, 『熊本日韓文化交流研究
　　會·藝城文化研究會 研究發表會』發表文, 2017
홍성화, 「石上神宮 소장 七支刀의 신해석에 대한 추가 쟁점 연구」, 『백제연구』78, 2023
홍성화, 「隅田八幡神社(스다하치만신사) 인물화상경에 대한 일고찰」, 『한국고대사탐구』43,
　　2023

＊이 저서는 2023년도 건국대학교 저역서발간연구비 지원에 의한 결과임.

일본은 왜 한국역사에 집착하는가 2
일본 백제계 지명과 신사

초판 1쇄 발행 2024년 6월 21일

지은이 홍성화
펴낸이 곽유찬

이 책은 **편집 손영희 님, 표지디자인 장상호 님,**
본문디자인 곽승겸 님과 함께 진심을 다해 만들었습니다.

펴낸곳 레인북
출판등록 2019년 5월 14일 제 2019-000046호
주소 서울시 서대문구 홍은중앙로3길 9 102-1101호
이메일 lanebook@naver.com
-

인쇄·제본 (주)상지사

ISBN 979-11-93265-44-4 (03910)